古代歷史文化 研究輯刊

十六編

王明蓀 主編

第2冊

中國曆算文明萌發暨《易》教源自消息盈虛說
——狄宛聖賢功業祖述之一（下）

周興生 著

國家圖書館出版品預行編目資料

中國曆算文明萌發暨《易》教源自消息盈虛說——狄宛聖賢
功業祖述之一（下）／周興生 著 -- 初版 -- 新北市：花木蘭
文化出版社，2016〔民 105〕
目 6+226 面：19×26 公分
（古代歷史文化研究輯刊 十六編；第 2 冊）
ISBN 978-986-404-746-8（精裝）
1. 天文學 2. 中國
618   105014255

ISBN-978-986-404-746-8

古代歷史文化研究輯刊
十六編 第 二 冊   ISBN：978-986-404-746-8

中國曆算文明萌發暨《易》教源自消息盈虛說 ——狄宛聖賢功業祖述之一（下）

作　　者　周興生
主　　編　王明蓀
總 編 輯　杜潔祥
副總編輯　楊嘉樂
編　　輯　許郁翎、王筑　美術編輯　陳逸婷
出　　版　花木蘭文化出版社
社　　長　高小娟
聯絡地址　235 新北市中和區中安街七二號十三樓
　　　　　電話：02-2923-1455／傳眞：02-2923-1452
網　　址　http://www.huamulan.tw 信箱 hml810518@gmail.com
印　　刷　普羅文化出版廣告事業
初　　版　2016 年 9 月
全書字數　404409 字
定　　價　十六編 35 冊（精裝）台幣 68,000 元

中國曆算文明萌發暨《易》教源自消息盈虛說
——狄宛聖賢功業祖述之一（下）

周興生 著

表　次

第三卷 從袋狀穴到袋狀房基定春分暨日宿度辨識與角宿歲建

一、圓底巢屋演曆暨春分播種起源

（一）前仰韶時期房屋起源研究諸問題

1.前仰韶時期房址研究狀況與疑問

1）狄宛一期房址研究狀況與疑問

（1）房址樣貌與研究狀況

依《發掘報告》，發掘者清理一期房址四座，F342、F371、F372、F378，面積 6～7 平方米。除 F342 門向不清外，其餘房址門向朝北。房基俱是圓形半地穴，穴口直徑 2.5～2.6 米，穴底徑略大於穴口徑。根據房基結構、柱洞分佈，其復原圖應是圓形攢尖頂建築。房屋結構簡單，營建方法簡陋。俱是先在原地挖一地穴，居住面與牆壁修飾而成。穴壁土質緊密而且較硬，是灰黃色粘土。在房基一側有斜坡狀旋轉門道。在房址內未發現灶坑。F371、F372穴壁上端都有紅燒土痕跡，是生火所致。

史前建築史研究者承認，涉及一期房址面積小於二期房址面積，一期圓形房基與二期方房基差異，考古界以爲，從遺跡、遺物觀察，狄宛一期與狄宛仰韶早期存在一定時間的缺環〔註1〕。

關於一期房址，郎樹德認爲，一期與二期房屋之間存在一定的親緣關

〔註 1〕 鐘曉青：《秦安大地灣建築遺址略析》，《文物》2000 年第 5 期。

係，而二期、三期、四期、五期之間顯示出一脈相承的繼承關係。一、二期同爲半地穴式建築，二期Ｉ段多數房址與一期房址一樣，都無牆柱。但平面形狀與內部結構有明顯差異〔註2〕。

張之恒以爲，狄宛一期房屋是簡陋的窩棚式房屋〔註3〕。何如樸等人比較狄宛一期房址與其後房址復原模樣，認爲一期居住條件差〔註4〕。程曉鐘認爲一期四座房址是橢圓形袋狀半地穴式建築，並依楊鴻勛復原新石器時代圓形房屋，推測 F378 由 1～2 根中間木柱支撐，外圍木柱斜聚於上方，再捆綁加固，外附以樹枝、長草，形成「圓錐頂」或「攢尖頂」式建築，應是人們脫離「自然洞穴居」和「袋形豎穴居」的一種「半地穴居建築」雛形〔註5〕。

張睿祥等人認爲，一期房屋很少，分佈似無規律。從平面形態變化看，圓形房屋是建造技術低情況下的必然產物。他們認爲，方形房屋在縱向的空間擴展和橫向的空間劃分上更具優勢。長方形房屋解決了房屋跨度上的難題，若非技術提高，很難出現分間式房屋〔註6〕。

（2）研究者舉言及觀點端緒

狄宛一期房基從圓形變爲二期方形，此是事實。以爲此間存在缺環，此謂研究者未見一期房基圓形向二期方形轉變蹤跡。不能見其轉變蹤跡，故在不知房基形變背後動因。此題恰是根本。不決此疑，建築考古其實停留在述，而未嘗達到考。《發掘報告》述，四房子是先在原地挖一地穴，居住面與牆壁修飾而成。此言包含掘穴處所問題，須質詢何地是原地。尤須詢問，一期前賢隨意發掘，還是擇地而掘？倘使推斷無擇，即謂聖賢不加思考。推斷聖賢擇地掘穴，即須解答擇地標準。

張睿祥等人等人以爲，一期房少，分佈似無規律。又言圓形房屋是建造技術低條件下產物。又以方屋空間劃分方便、木料便於跨隔牆爲據，解釋營

〔註2〕 郎樹德：《大地灣遺址房屋遺存的初步研究》，《考古與文物》2002 年第 5 期。
〔註3〕 張之恒：《中國新石器時代考古》，南京大學出版社，2004 年，第 27 頁。
〔註4〕 何如樸、許新亞、侯秋鳳：《甘肅史前建築和大地灣文化遺存》，《建築與文化》2008 年第 2 期。
〔註5〕 程曉鐘：《大地灣居住遺址的復原推測及初步研究》，《考古與文物》2010 年第 3 期。
〔註6〕 張睿祥、歐秀花等：《7.8～4.8 ka B.P 秦安大地灣遺址房屋遺存相關問題研究》，《天水師範學院學報》2015 年第 5 期。

造方屋之工巧。那麼，何謂技術低？技術有何要素？看來，涉及一期房址研究，迄今研究結論包藏諸多疑問。倘不解疑，必不見聖賢造物巧思。

2）磁山房址研究狀況與疑問

（1）磁山遺址房址研究狀況

關中前仰韶遺址不少，但僅在關桃園與白家村遺址揭露房址。依《關桃園遺址發掘簡報》，發掘揭露五座房址，都是半地穴式圓角長方形或圓形房址。白家村遺址發掘揭露兩座房址。涉及兩地房址研究，學界觀點近似如上陳述，不再據引、評價。今嘗試檢討磁山遺址房址研究狀況。

早在 1976 年底，河北邯鄲文物保管所考古者在試掘磁山遺址時，已推測此遺址橢圓形地穴似乎是房址，譬如 H29、H28、H38，此等地穴較淺，長徑 3 米、寬 2 米左右。多從口至底有坡道，或臺階。穴中遺留很多類似蘆葦壓印痕跡的燒土快，雜以草木灰。試掘者推測，諸地穴是房址殘部（揭前注）。另據《河北武安磁山遺址》，其第二文化層發掘揭露房址兩座，F1 與 F2。F1 是圓形半地穴建築。形狀很不規整，直徑 2.9 米、深 1.1 米。東北角有缺口，有臺階二級。坑壁未修整，外緣有等距柱洞四個，直徑約 10 釐米、深 30 釐米左右。居住面直徑 1.5 米，中央有一大石塊。房內堆積灰燼等，遺物豐富，別為石器、骨器、陶器。

F2 是橢圓形半地穴建築，長徑 3 米、短徑 2.5 米、深 1.2 米。西邊被 H195、北部被 H209 打破。周壁下發現柱洞八個，柱洞間距 0.6～0.7 米。居住面東高西低，未受夯擊。圖樣見發掘紀實圖一三（揭前注）。

關於磁山房址，羅平考察確認印痕模樣或來自木棍、或來自蘆葦、或來自葦席壓印。木棍印痕呈十字交叉，或弧形。羅平遞進推測房屋構造：較粗十字交叉紋來自木棍，細弧形印痕來自圍在柱子外面的橫木，在橫木外層插木棍、樹枝、蘆葦，房頂蓋席，席外糊上草泥，乾燥後以火燒烤，如此能得完整陶頂房屋。房頂形狀不清〔註7〕。

（2）研究者舉言及觀點端緒

關於磁山遺址房址復原，羅說其實是難得貢獻。但是，羅氏言論發端仍是現成房屋。其餘研究者也未曾將磁山遺址前仰韶時期房址視為中國境內系統建築局部，而視為當地唯一建築樣式。這促使研究者未曾結合狄宛一期房

〔註7〕 羅平：《磁山人住的房子》，《文物春秋》2006 年第 1 期。

址，並展開基礎研究，譬如房基模樣、尺寸、柱洞數字、房屋復原後外形等。這招致房址研究未能揭示磁山前賢在中國建築文明上增色加彩。

與上述話題關聯，以既有房址爲研究對象，未曾照顧前賢爲何使此房址誕生：爲何在某處設置門道，或爲何在某處打破房址。諸事之間存在何等聯繫，這是根本問題。總之，物狀、度數、精神觀念之間毫無必然聯繫。

2. 前仰韶時期房址研究須重視疑問

1）研究目的與方法決定研究者持論

（1）主旨與言端暨目的與出發點

房址研究是古遺址研究要題之一，確定研究重點是破題基礎。但研究重點猶如張弓、搭矢，二事須著力匹配，而靶心猶如研究目的，在前召喚善射者。建築考古是考古側翼。定何等研究目的，是工作基礎。依楊鴻勛述，建築考古學以復原爲核心〔註8〕。此言基於建築考古學須面對建築史學，爲它饋給材料。倘使建築考古不能弼輔建築遺跡復原，必不顯建築水準與建築文明。

一些學人嘗試討論房屋佈局與房屋擴建模型，凸顯學界檢討前仰韶時期房址，楊建華，羅恩從史前既成房屋出發，研究其佈局變化與價值〔註9〕。另外一些人研究聚落內房屋模樣變遷，由此推導單人生活環境、家庭生存環境、聚落人群活動，以及人與環境關係。甚或有人嘗試從聚落考古引申出城市起源〔註10〕，此研究旨在爲聚落研究與三代都城營建搭建橋樑，而且都城建築文明研究是民國建築考古迄今重點之一。

（2）迄今研究貴流而輕源

如上四等研究頻見於文獻，我不欲考究研究者思考與持論，彰顯短長。所欲不外考究諸研究出發點，以顯房屋生成史研究塙是建築考古根基，廓清地穴與房屋關聯與差異。

迄今研究者俱從既成房屋出發，默認起點是狄宛一期時代存在房屋，以

〔註8〕 楊鴻勛：《楊鴻勛建築考古學論文集》（增訂版），文物出版社，2008年，第7頁。

〔註9〕 楊建華，〔美〕羅恩：《史前房屋佈局變化的比較及其意義》，《古代文明》（第3卷），2005年，第40～53頁。

〔註10〕 陳淳：《聚落考古與城市起源研究》，《杭州師範大學學報》（社會科學版）2014年第1期。

房屋爲房屋，未曾思慮房屋生成，而言房屋分期。未盡討早期房屋功能，而聚焦於居住功能。照顧房屋構造轉變的歷史，學人嘗試辨識房屋基礎、外形、建築材料，展示房屋功能與轉變。其實，此等研究輕忽了一個根本問題，即房屋起源。輕忽此題，必不能解釋房基外形、尺寸、柱洞方向、柱洞數、房址所見遺物，也不能推斷木柱篷材與單個房屋外貌。關於半地穴房屋處所，迄今學人也未曾深入研究。總之，房屋復原之類研究結論不能完全顯示中國古聖肇造水準，至多顯其物料與外相，未顯其精神內藏。學人以房屋既有爲成見，輕忽房屋生成史，此是迄今研究不曾重視要題。

2）狄宛房址研究須清源而決疑

（1）房址研究清源五題

狄宛房址早於其他遺址房址，堪爲前仰韶時期房址楷模。今舉須答六問，以爲透勘其內核之器，展陳聖人信念之所：其一，爲何狄宛一期四座房基是圓形。其二，爲何門向朝北。其三，爲何房基底大口小。其四，四座房址位置有何特點。其五，無灶坑房功能何在。其六，圓房基如何轉變爲方房基。

能否解答如上六問，決定房址研究是否面對眞題。我遞進認爲，解答此六問不獨是解釋中國建築文明起源必由之路，而且是開啓東亞與中亞早期房屋建造精神大廈之鑰匙。

（2）房址研究須決嫌疑及研究之道

今將房址研究須決嫌疑分三等，便於讀者檢校祖述者答覆如上問題。嫌疑之一，單房如何生成；其二，單房位置或數房如何在表意上關聯；其三，期內築房表意更改蹤跡何在。決此三疑即能解答房屋起源，解釋單房或數房位置關係，狄宛一期聖人以房表意體系，也能澄清房屋流變基礎。

決疑之道如後：以曆算解釋房基模樣與尺度，解釋柱洞數，給推斷房基外形奠定基礎，由此解釋建房目的。此舉旨在饋給前仰韶時期房址研究之參考，並爲解釋二期聖人造房理路奠定基礎。此間，房址形與意是考究重點。形涵蓋模樣與小大、深淺、朝向、數房址關聯之狀。意即由形論導出聖人造房原旨。現代人操心構築物功能各側面，譬如深掘、容納、覆蓋，甚或外形塑造、夯實、找平、攤鋪等能致身心舒適不是檢討話題。蓋皮毛舒適非爲聖人心機也。

（二）一期房基地穴尺寸度當暨袋狀穴算春分是房基起源

1. 一期房址房基曆譜

1）圓形房基地穴模樣及辨識基礎

（1）三房址描述及 F378「門向」問題

《發掘報告》述云：清理四座房址，F371、F378、F372、F342，得圓形半地穴房基。穴口直徑 2.5～2.6 米。除 F378 外，穴底徑稍大於穴口徑。依據房基模樣與柱洞分佈，房屋復原模樣應是圓底攢尖狀，房基一側有一斜坡狀旋轉式門道。穴壁土質密，是較硬的黃色粘土。F371 與 F372 穴壁見紅燒土痕跡，是生火所致。F378 穴壁無紅燒土。底面面積約 6～7 平方米，無灶坑或火塘。底面出土物皆含深腹罐，交錯繩紋，另有其他陶器。

F371：穴底有一層踩踏所致硬面，厚約 0.02～0.04 米。門道向北，方向 48°，門道寬 0.4～0.6 米，底部係踩踏所致硬面，厚度在 0.02～0.04 米，硬面以斜坡旋入坎內，斜坡中間有一層臺階，硬面坡狀連接硬居住面。門道上部有一柱洞，編號第 3，應是門棚支撐，房基在生土層上。穴壁上端有 6 個直徑約 0.2～0.25 的柱洞，第 2，第 4 柱洞位於門道兩側，洞壁垂直，1 號柱洞位於穴壁外西部，3 號柱洞位於門道中部偏東。其餘第 5、第 7～10 號柱洞分佈於穴壁外的東半部，洞壁與洞口向房屋中心傾斜，洞深 0.3～0.4 米。在居住面上有一直徑 0.2 米，深 0.4 米的圓形 6 號柱洞，洞壁垂直，曾是中心立柱。柱洞壁曾受夯打，表面堅硬。房基出土遺物多爲陶片、石丸、石斧、石敲砸器，能復原、辨識的器物有罐形鼎、缽形鼎、筒狀深腹罐、圓底盆、圓底缽、圈足碗、壺、杯、陶紡輪等。穴口徑約 2.5 米，穴底微大於穴口，底徑約 2.7 米，深度 0.94 米。穴壁土質緊密，土色發白而堅硬。居住面是厚約 0.02～0.04 米的踩踏硬面。房基東部高出居住面 0.65 米的東壁上發現長 0.4 米，寬 0.25 米的不規則狀紅燒土殘跡。其模樣見《發掘報告》圖一五。

F372：穴底是踩踏形成的硬面，厚約 0.02～0.04 米。門朝北開，方向 41°，門道寬 0.5～0.6 米，踩踏所致硬面是旋轉斜坡，與居住面坡狀相連，居住面是一層厚約 0.02～0.04 米的踩踏硬面。門道中上部有一直壁柱洞，編碼第 1，此木柱支撐門棚。穴底徑約 2.9 米，口徑約 2.6 米，深 0.78 米。西北穴壁上端見長約 0.4 米，寬約 0.5 米的不規則紅燒土殘跡。穴壁上部一周散佈 10 個直徑在 0.15～0.3 米之間的柱洞，2 號柱洞位於門道一側，洞底圓形，洞壁垂直。3～11 號柱洞洞壁、洞口均向房屋中部傾斜。房基內出土物多係陶片。

能復原辨別者是罐形鼎、圜底盆、圜底碗、圈足碗、壺、杯等。石刀、石鑿等。F342 門向不清。其模樣見《發掘報告》圖一四。

　　F378：穴底有一層踩踏所致硬面，厚度 0.02～0.03 米。門北向，方向 355°。門道寬 0.6～0.8 米。底部是厚度 0.02～0.04 米的踩踏硬面。上端有一臺階，下端以斜坡通入房內，通達居住面。北壁靠近門道有一長約 0.8 米，寬約 0.2 米，深約 0.3 米，平面呈不規則長條形小龕。穴口徑與底徑近乎同大，直徑約 2.6 米，殘深 0.76 米。穴壁有微弧度，表面較硬。居住面是硬面，厚度 0.02～0.03 米，中部堅硬。穴壁之上，南邊有 6 個直徑約 0.18～0.22 米，深約 0.2～0.3 米的圓柱洞，北邊有 3 個直徑 0.2～0.3 米，深 0.25～0.3 米的柱洞。居住面中部有一直徑 0.3 米、深 0.4 米的柱洞。穴壁上端 1～9 號柱洞的洞口、洞壁向房基中心傾斜。出土物多係陶片，包括交錯繩紋，復原後物件有罐形鼎、筒狀深腹罐、圜底缽、壺、碗等。另外，北壁靠近「門道」處有一長約 0.8 米，寬約 0.2 米，深約 0.3 米，平面呈不規則長條形小龕。此「房址」模樣見《發掘報告》圖一六。

　　《發掘報告》述「門向」355°，面北。程曉鐘曾推測狄宛一期「居住遺址復原」，他將 F378 門向西北，但不曾述角度。而我察圖一六，也見似門構築向西北。但其角度不等於三百五十五度。

　　（2）爲房基之袋狀地穴曆算觀念

　　前述圓穴 H3107 曆算基礎在此仍約束檢討。房基與曆算關聯之義出自穴下、上時間差異，此差異是人類從獸類分化之證。狩獵能力不外乎自身氣力與發現並遵循法則之力。位置之上下、地勢之高低認知，發力是否及時俱屬此列。在下即藏身，在上謂衝出謀獵。在藏身與出擊之間，存在時間差異。對於狄宛早期聖賢，藏身之所是謀獵之所。後世言房屋謂恆久居住之所，彼時不存在此等處所，故而狄宛一期房址簡陋，以致不見灶坑。

　　基於此等關聯，爲房基地穴須以曆算解釋，即穴底爲往、穴口爲今，而且其尺寸表述關聯節氣日數，如前訓狄宛一期地穴曆譜一般，此處也存在穴底尺寸喻秋分、穴口尺寸喻春分日數。

　　比較前訓地穴曆譜，此處地穴穴口異乎前訓圓口地穴，差異在於底、口小大變化。前訓穴底小而穴口大，而四座房址房基圓口穴穴底大，穴口小。這顯非遊獵者須挖掘地穴模樣：直壁地穴是狩獵藏身謀獵最佳處所，但穴口小而穴底大不便衝出，口小而穴口棱坎阻礙跳出。而且，穴口沿土層薄而不

負重，倘使狩獵者自穴底跳出，足登穴邊沿，崩塌在所難免。袋狀穴起源唯是曆算，而非狩獵。

站立口沿附近俯視穴底，能見小大之變，初見徑小，後見底大。此謂密疏之變。自下而察，此謂自大而小，即往時曆算疏闊，而今時曆算緻密。

2）房基地穴尺寸度當為曆

（1）F371 地穴曆譜

房址 F371，穴口徑約 2.5 米，底徑約 2.7 米，殘深 0.94 米。這三個參數是為曆基礎。今先算穴底尺寸度當日數：

2.7÷0.33＝8.18

8.18×3＝24.54

此數告喻，狄宛聖賢掘此穴照顧到關聯節氣是前番春分日，此日是二月二十四日。今番春分日數須依穴口直徑算得：

2.5÷0.33＝7.57

7.57×3＝22.71

此謂來年春分日是二月二十二日。再以穴深尺寸度當換算前番秋分與今番關聯春分節氣日數差：

0.94÷0.33＝2.84

2.84×3＝8.25

此謂關聯節氣參差八個月有餘，餘數算法：

0.25×30＝7.5

由此得知，關聯節氣相差八個月又七日。此數大於關聯節氣基準差一百八十日。

247－180＝67

檢此房基門道朝向 48°，依此校對此數，得知 247 日應修正為 248 日。

248－180＝68

這六十八日多算節氣應依減法清除。配數有三組：

68＝（10×6）＋8

68＝30＋38

68＝48＋20

我擇第二組，由於穴口穴底尺寸度當春分日數相差唯二日，此得數所恃房址穴口尺寸由於房底有殘而不夠精準。儘管如此，其誤差不大。依此計

算，不得爲六歲曆譜。四十八日與二十日匹配，但不與穴底穴口尺寸度當日數參證。

推測前賢曾混淆日全食與月全食，誤以爲月全食也能致節氣延遲三十日，在預算春分節氣時謬加三十日。今欲精算春分日數，故減三十日。剩餘三十八日。三十日誤差來自誤算三歲太陰曆節氣延遲，八日出自誤算九點六個月節氣延遲。

我推斷前賢混淆日全食與月全食，此思想出自瓦線陀功能認知，以及瓦線陀半成品功能認知。狄宛一期瓦線陀喻日全食，而半成品瓦線陀喻月全食，它表面不光滑，中央無孔，而且表面無「乂」紋飾，其證據是 F371 遺跡出土了標本 F371：8，《發掘報告》圖二八，第 5。涉及瓦線陀喻日全食，後將考證。

表二四　F371 袋狀穴曆譜

頭　　年	第二年	第三年	九點六個月
2 月 24 日（穴底）	2 月 22 日	2 月 20 日	2 月 18 日（穴口）
1 月 23 日	1 月 21 日	1 月 19 日	1 月 17 日
12 月 23 日	12 月 21 日	12 月 19 日	12 月 17 日
11 月 23 日	11 月 21 日	11 月 19 日	11 月 17 日
10 月 23 日	10 月 21 日	10 月 19 日	10 月 17 日
9 月 23 日	9 月 21 日	9 月 19 日	9 月 17 日
8 月 23 日	8 月 21 日	8 月 19 日	8 月 17 日
7 月 22 日	7 月 20 日	7 月 18 日	7 月 16 日
6 月 22 日	6 月 20 日	6 月 18 日	6 月 16 日
5 月 22 日	5 月 20 日	5 月 18 日	5 月 28 日
4 月 22 日	4 月 20 日	4 月 18 日	五月末，六月初一日發生月全食
3 月 22 日	3 月 20 日	3 月 18 日	
減十日正二分	減十日正二分	減十日正二分	

由此曆譜得知二事。其一，曆譜期間，曾見月全食，時在曆譜起算月下月初一。其二，穴口直徑尺寸有誤，此誤差足以勘正。穴口直徑算法：

$$18 \div 3 = 6$$

$$6 \times 0.33 = 1.98$$

此數與發掘者測得 2.5 米相差：

$$2.5 - 1.98 = 0.52$$

殘房基地穴穴口今存直徑 2.5 米大於原尺寸，這是 F371 房基口沿在二期 I 段垮塌導致。此算法與 H254 算法一樣，都是密算。此算法進階發生於狄宛二期時代，例如《發掘報告》圖八五袋狀穴 H233 曆譜見三年多誤差一日有餘。此是旁題，不在此處展開。

（2）F372 地穴曆譜

房址 F372 房基地穴口徑約 2.6 米，穴底直徑約 2.9 米，深度 0.78 米。今先算穴底徑尺寸度當春分日數。

$$2.9 \div 0.33 = 8.78$$

$$8.78 \times 3 = 26.34$$

此謂曆譜始於春分日二月二十六日。

穴口尺寸度當日數：

$$2.6 \div 0.33 = 7.87$$

$$7.87 \times 3 = 23.61$$

此謂穴口尺寸喻關聯節氣是春分日，此日是二月二十三日。

穴深尺寸度當：

$$0.78 \div 0.33 = 2.36$$

$$2.36 \times 3 = 7.08$$

此數折算日數：

$$(7 \times 30) + (0.08 \times 3) = 210.24$$

$$210 - 180 = 30$$

此數含義是，前賢曾算節氣日數，但此數誤差三十日。欲解此難，須減算。減算三歲即得相應節氣日數。其減算曆譜如後：

表二五　F372 袋狀穴曆譜

頭　　年	第二年	第三年
2 月 26 日（穴底）	2 月 24 日	2 月 22 日（穴口）
1 月 25 日	1 月 23 日	1 月 21 日

12 月 25 日	12 月 23 日	12 月 21 日
11 月 25 日	11 月 23 日	11 月 21 日
10 月 25 日	10 月 23 日	10 月 21 日
9 月 25 日	9 月 23 日	9 月 21 日
8 月 25 日	8 月 23 日	8 月 21 日
7 月 24 日	7 月 22 日	7 月 20 日
6 月 24 日	6 月 22 日	6 月 20 日
5 月 24 日	5 月 22 日	5 月 20 日
4 月 24 日	4 月 22 日	4 月 20 日
3 月 24 日	3 月 22 日	3 月 20 日
減十日正二分	減十日正二分	減十日正二分

此曆譜顯示，發掘者測算穴口直徑有誤。其尺寸度當不應等於二十三日，而應等於二十二日。今溯算尺寸並勘誤如後：

$$22 \div 3 = 7.33$$

$$7.33 \times 0.33 = 2.4189$$

發掘者測算穴口尺寸與房基穴口沿垮塌前誤差等於：

$$2.6 - 2.4189 = 0.1811$$

誤差等於十八釐米餘，此誤差由此穴口沿在二期 I 段垮塌所致。

（3）F378 地穴曆譜

「房址」F378，穴口徑與底徑近乎同大，直徑約 2.6 米，殘深 0.76 米。

$$2.6 \div 0.33 = 7.87$$

$$7.87 \times 3 = 23.61$$

倘使以發掘紀實供給口徑、底徑同大為準，穴底、穴口尺寸度當同為二十三日。此日數謂穴底關聯節氣日是某月二十三日，穴口尺寸是二月二十三日。此處適用穴底為前番秋分日算法。

穴深尺寸度當算法：

$$0.76 \div 0.33 = 2.30$$

$$2.30 \times 3 = 6.9$$

六點九個月折算半年又二十七日。此數比標準日數一百八十日多二十七日。此日數折算太陰曆兩年又七日。七日是八點四個月太陰曆延遲日數。

$27 = (2 \times 10) + 7$

此房址房基地穴曆譜異乎前陳兩曆譜，由於此處太陰曆節氣日數預算確乎顯示節氣延遲，其故在於穴口徑、底徑尺寸相同，穴狀不是袋狀。

表二六　F378 地穴曆譜

頭　年	第二年	八點四個月
8 月 23 日	8 月 23 日	8 月 23 日
9 月 23 日	9 月 23 日	9 月 23 日
10 月 23 日	10 月 23 日	10 月 23 日
11 月 23 日	11 月 23 日	11 月 23 日
12 月 23 日	12 月 23 日	12 月 23 日
1 月 23 日	1 月 23 日	1 月 23 日
2 月 23 日	2 月 23 日	2 月 23 日
3 月 23 日	3 月 23 日	3 月 23 日
4 月 23 日	4 月 23 日	4 月 5 日
5 月 23 日	5 月 23 日	補七日
6 月 23 日	6 月 23 日	
7 月 23 日	7 月 23 日	
補十日	補十日	

值得重視一點在於，此穴曆譜無平二分。這值得驚訝。其故何在，值得檢討。我推測，此穴曆譜是狄宛聖人定一歲關聯節氣日數之嘗試，即設關聯節氣間隔日數俱爲恆定數。

（4）F342 地穴曆譜

照顧 F342「門向」角不清，在後計算此穴尺寸度當。依《發掘報告》（下冊）附表二（第一期房址登記表），F342 有柱洞 16 眼。地穴是圓口圓底，穴口徑 1.9 米，底徑 2 米，深 0.16 米。此穴最淺，口徑最小，此穴也未出土遺物。其表意似乎異於前訓三穴。《發掘報告》未俱圖樣，今唯依尺寸度當算其曆譜。

先算底徑尺寸度當：

$2 \div 0.33 = 6.06$

6.06×3＝18.18

再算口徑尺寸度當：

1.9÷0.33＝5.75

5.75×3＝17.25

此二數關係是：曆譜始於穴底，終於穴口，舊算春分日與新算春分日數差等於 1 日。

穴深尺寸度當：

0.16÷0.33＝0.484

0.484×3＝1.45

此數寡於六個月，折算日數等於：

（1×30）＋（0.45×30）＝43

這個日數寡於半歲日數，須精算誤差涉及曆算期間不足半歲，僅有一月有餘。曆譜起點應是春分前一個月。此曆譜不須歲減十日。但是，十三日如何處置，這是問題。我以為，此數須加至春分後，以為二月底日數。這樣，春分所在月當月日數完滿。

表二七　F342 地穴曆譜

舊算春分日（穴底）	今算春分日（穴口）	算迄月底加十三日
2 月 18	2 月 17 日	2 月 30 日

今推測舊算此穴曆譜誤差一日出自誤平二分之一。舊算平秋分或平春分增一日有誤，聖人以此袋狀穴精算，修正誤差。此穴春分日精算異乎前三穴春分日精算，曆算差異導致此穴構造差異。

2.駢枝：狄宛袋狀穴密算春分是浮選粟種及春分播種之源

1）狄宛袋狀穴曆譜流傳於關桃園

（1）關桃園袋狀穴尺寸

臨潼白家村遺址揭露坎穴三十五座，無一座是袋狀。但是，關中西部關桃園遺址發掘揭露前仰韶時期袋狀地穴，此於狄宛袋狀穴在中國傳播饋給佐證。《陝西寶雞市關桃園遺址發掘簡報》圖八，H104 是圓口袋狀穴，口徑 1.4 米、底徑 1.6 米、深 1.38 米。穴壁堅硬，是紅燒土面，表面平整光滑。出土碗、缽、罐等。其模樣如後。

圖七五　關桃園 H104 平面與剖面

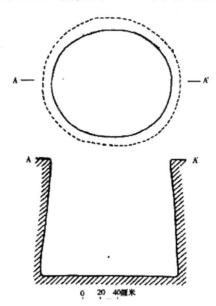

（2）H104 尺寸度當密算曆譜

今測算 H104 尺寸度當，以顯其密算關聯節氣日數。穴底尺寸度當算法：

　　1.6÷0.33＝4.84

　　4.84×3＝14.52

此謂密算起點是春分日二月十四日。穴口尺寸度當算法：

　　1.4÷0.33＝4.24

　　4.24×3＝12.72

此數謂算迄當下，春分日是二月十二日。

今又須計算兩春分日間隔時間：

　　1.38÷0.33＝4.18

　　4.18×3＝12.5

　　12.5＝6＋6.5

十二點五個月大於關聯節氣基準差數六個月，多餘六點五個月。如何看待此數字，以為調曆算法，值得深思。照顧前算狄宛 H279 有此例，今援引此例即可。依此算法，今捨棄穴深度當月數等於標準月數，唯存大於六個月部分，以為調曆基礎。故六個半月是計算基礎：

　　6.5×30＝195

以此數比較基準日數六個月：

195－180＝15

這十五日須分佈於穴底、穴口度當春分日區間。十五日即太陰曆一歲又六個月節氣延遲。但是，此日數是誤差日數，須減算清除。

表二八　關桃園 H104 袋狀穴曆譜

一　年	六個月
2 月 14 日（穴底）	2 月 12 日（穴口）
1 月 13 日	1 月 11 日
12 月 13 日	12 月 11 日
11 月 13 日	11 月 11 日
10 月 13 日	10 月 11 日
9 月 13 日	9 月 11 日
8 月 12 日	減五日正春分
7 月 12 日	
6 月 12 日	
5 月 12 日	
4 月 12 日	
3 月 12 日	
減十日正二分	

此穴曆譜絲毫不誤，其算法出自狄宛 H279 曆譜算法，其模樣來自 H254、F371、F372。關桃園文明絕非當地文明，而是狄宛文明向東傳播橋樑之一。

2）袋狀穴是浮選法播種起源暨驗證春分曆算之證

（1）以袋狀穴爲糧倉論農業發達說指瑕

自地質調查在民國隆盛，瑞典學人 Anderson 給予中國考古學頗多疑問。他曾指導發掘河南澠池縣仰韶村某種狀似口袋的土穴。起初，安特生用 pocket 描述土坑，袁復禮譯之「袋狀土穴」〔註11〕，其實是「袋坑」：若豎立容納穀物的麻袋或布袋，提起此袋，而後下垂，鬆開袋口，其狀下大而上小。

〔註11〕J. G. Andersson: An Early Chinese Culture, Ministry of Agriculture and Commerce, the Geological Survey of China, 1923, p.15~24.

此是安特生以 pocket（袋）指稱之故。地穴能夠儲物似乎不言而喻。

儲物說出自 Hooton，此說由瑞典人 Anderson 傳播開來，我國考古學者無保留採納此說（《河南濬縣大賚店史前遺址》，第 82 頁）。《西安半坡》第二章第二節獨述「儲藏東西的窖穴」，此名涵納早期圓形袋狀穴，H115 係其一例。此穴口徑 1.15 米、底徑 1.68 米，深 0.52 米，穴底邊緣是一圈淺槽，坑壁有細膩黃土，厚約 1 釐米，窖內堆積糧食朽敗後灰殼達 18 釐米，圖四一，第 4。

寶雞北首嶺遺址下層發掘也揭露圓形袋狀穴。H3 坑內填土有木炭末、草灰爐（揭前注）。磁山遺址蘊藏豐富，出土了動物骨骼，大量炭化粟，陶器。此地遍見「糧食窖穴」。計算得知，磁山文化後期 88 個糧窖存粟達 14 萬斤。陶器有陶占菁草器、圭盤。申禮成等據此以為，磁山先民結束了遊牧，以農耕定居，遞進推斷磁山時期有完善曆法，此地先民知曉種粟、收穫〔註12〕。

我承認磁山遺址見大量粟灰佐證農耕發達，但否認彼地自為曆法。發掘者在第二文化層未見袋狀穴，此謂未曾精算春分日。粟適春分播種，但須先精準曆算春分日。既不能驗證精算春分日，豈敢言磁山人有無誤曆法？其實，磁山遺址第二文化層八十六圓口、橢圓口地穴多數規整，即穴壁垂直。依狄宛 H3107 曆算，直壁穴即謂穴底、穴口喻關聯節氣日數不須勘誤，是標準節氣日。那麼，標準春分從何推導？其實，磁山遺址諸地穴曆譜基礎來自狄宛，由於磁山遺址第二文化層也出土三足器，此器佐證磁山遺址通行曆補十日，此法出自狄宛聖人，後傳播到磁山。

以域外早期窖穴論儲糧功能說更難以立足〔註13〕，論者不察彼地無黃河流域黃土層，地穴處所差異，不得比較。晚近，陳明輝檢討「灰坑」名源，將此名與「袋狀土穴」聯繫。他察知，石璋如 1940 年初用「灰坑」名，1944 年李濟採納此名，指稱殷墟考古揭露的「灰土填滿的地穴與地窖」。陳氏又指出，原名「袋狀土穴」已逸出視域（揭前注）。看來，學人喪失深究袋狀穴趣味，儲袋狀穴用如倉庫之論似乎是歷史定論，毫無探究餘地。袋狀穴、灰坑差別何在似乎不再是要題。

文明與農業關係頗受重視，有人以為農業推動文明〔註14〕。其實此說難以立足：農業是文明發展結果，二者出現時段參差，不得混淆。狄宛一期存

〔註12〕 申禮成等：《農曆最早發源地》《中國文物報》2006 年 9 月 22 日，第 4 版。
〔註13〕 張青：《半坡史前聚落居民營造技術初探》，《史前研究》2006 年，第 223 頁。
〔註14〕 張良仁：《農業和文明起源》，《考古》2011 年第 5 期。

在高度文明，但無發達農業，最多給農業發達奠定基礎。

（2）半坡前賢以 H115 算春分曆法以粟種驗證

凡有耕種知識者皆知，土塊散亂之地，人難以察知植物萌芽，待其長高過土塊後，始見生機勃發。對於播種意念不強邑眾，何時播種是難決話題。但是，聖人理路既成，適用不再艱難。既造設精算春分之曆，又察春日草木勃發，故由此嘗試依曆算春分節氣播種。秋日收穫黍、粟。此二者是中國聖人最早播種、收穫之穀物。其播種時間既定，不須調整。此時節即春分，不誤春分而播種，即收穫頗豐。但是，前賢如何算得春分日，這是問題。而且，此題涉及狄宛春分日算法革新，須深入檢討。

關中前賢承襲狄宛先人曆算與密算春分日算法，他們未曾放棄校驗春分日數曆算。此是寶雞北首嶺遺址下層見袋狀穴、半坡早期見袋狀穴之故。

依狄宛 H254 訓釋理順算法，今先算此穴穴底尺寸度當春分日數：

$$1.68 \div 0.33 = 5.09$$

$$5.09 \times 3 = 15.27$$

此謂依早先計算，春分日是二月十五日。但此算法不準，故修正。修正之證是造袋狀穴 H115，此穴收口，收口謂狹、辟。辟者，逼也。《爾雅》辟謂法、罪，其源在此。此穴口徑是正謬、校過之數，數見於土穴，此謂形、刑。故刑辟法數於古頻見通用，但其義參差。總之，密率為旨，精算為道。

$$1.15 \div 0.33 = 3.48$$

$$3.48 \times 3 = 10.44$$

此得數證實，半坡某年春分日是二月十日。誤算日數等於：

$$15.27 - 10.44 = 4.83$$

糾正早先春分日誤差四點八三日，此是 H115 曆算含義。

此誤差存在期間是起算點某年春分日，算迄當年春分日，期間算法：

$$0.52 \div 0.33 = 1.57$$

$$1.57 \times 3 = 4.71$$

四個月折算一百二十日，零點七月折算二十一日。此數寡於標準數一百八十。其差數：

$$141 - 180 = -39$$

此日數是益算節氣日，是誤差數。其誤差產生之源是四歲曆算每歲多見十日所致。如此，即能還原半坡 H115 曆譜。

表二九　半坡早期 H115 袋狀穴曆譜

頭　年	第二年	第三年	第四年
2 月 15 日	2 月 13 日	2 月 11 日	2 月 10 日
1 月 14 日	1 月 12 日	1 月 10 日	1 月 9 日
12 月 14 日	12 月 12 日	12 月 10 日	12 月 9 日
11 月 14 日	11 月 12 日	11 月 10 日	11 月 9 日
10 月 14 日	10 月 12 日	10 月 10 日	10 月 9 日
9 月 14 日	9 月 12 日	9 月 10 日	9 月 9 日
8 月 14 日	8 月 12 日	8 月 10 日	8 月 9 日
7 月 13 日	7 月 11 日	8 月 10 日	7 月 9 日
6 月 13 日	6 月 11 日	6 月 10 日	6 月 9 日
5 月 13 日	5 月 11 日	5 月 10 日	5 月 9 日
4 月 13 日	4 月 11 日	4 月 10 日	4 月 9 日
3 月 13 日	3 月 11 日	3 月 10 日	3 月 9 日
減十日正二分	減十日正二分	減十日正二分	減十日正二分

此曆譜證實，H115 用於演示春分日曆算。當然，驗證春分須以播種。彼時半坡以粟爲糧，此穴出土粟殼灰，其故在於驗證春分。

（3）半坡 H115 穴底浮選種籽、浸種、催芽是春分播種之源

如上解釋雖澄清春分播種起源，但猶存空缺：既言播種，須先有種、選種。狄宛一期地穴 H398 含已炭化稷種，郎樹德曾評價此物出土之含義〔註15〕，其說不誤。稷與粟同科，培育粟不是難事，在何處培育，是一個問題。我迄今未獲得原始證據。但狄宛二期有粟。選粟種等於是也是一大難題。彼時，半坡前賢以浮選選種，而且他們知曉浸種、催芽。

察 H115 穴底邊緣是一圈淺槽，坑壁有細膩黃土，厚約 1 釐米。此二物有何用，迄今不爲學界知曉，考古界未嘗以此爲題。今增補之：

穴底淺槽用於容納多餘水，也用於容納虛泡粟種，溝槽水多，輕粟漂浮在溝槽，而種子存留於穴底槽圈內。此是選種。穴底見種，故種子浸潤，腫脹而能發芽。此法與水稻育秧同理。彼時浮選用水是河流淡水，而非井水。

〔註15〕郎樹德：《大地灣遺址的發現和初步研究》，《甘肅社會科學》2002 年第 5 期。

半坡遺址毗鄰滻河，不愁汲水。甕、缸之類瓦器已不稀罕。此類容積較大器物有口沿，外壁有便於把抓或指扣處，數人從河畔搬移，途中換人，即能取水返回。但尖底瓦器不是汲水器。此是旁題，此處不再展開。

　　坑壁細膩黃土出自塗抹黃泥漿，封閉小縫隙，此謂「漫墻」。此舉輔助密閉空間，穴口覆蓋後即是密閉空間，此是催芽之道。關中鄉民春節前掃屋，清除墻面塵垢，以細黃土兌水為漿，以笤帚蘸泥漿後塗抹墻面，如此即能封閉小縫隙。其源是半坡催芽之道。H115 底堆積粟殼灰達 18 釐米，此證此穴被用於選種較長時段。殼灰不得視為粟炭化所致。

（4）袋狀穴與灰坑暨平底穴源於狄宛一期辨

　　發掘揭露袋狀穴穴底別為平整與未找平二等，另外話題是有無灰土。倘使將此二者相混，即得袋狀穴等同袋狀灰坑觀點。事實上，地穴（坑）與灰坑是兩題，不得混淆。直壁穴見灰土涉及用火，但其功能在於記述數個關聯節氣期間，節氣日數固定。而關聯節氣即春分日。這種地穴反映曆算水準甚高。而袋狀穴反映春分日曆算精算。曆算文明史上，愈早遺址見直壁穴愈少，而口大底小地穴較多。稍後，直壁穴更多，而袋狀穴較少。故而，磁山遺址橢圓穴、圓穴、方穴以直壁為主，房基地穴也是直壁。姜寨早期袋狀穴甚多，此謂當地前賢在精算春分上頗費心機。

　　有袋狀穴，即能撒粟種以驗春分日。但是，如何處理坑底，以便及時察知種籽萌發，這有講究。凡有耕作或碾曬閱歷者俱知，植物發芽初不為人知，故在萌發地地表凹凸不平，地表土塊遮蔽嫩芽。新石器時代聖人知曉此情，故找平底面。找平底面需要器物，故造石鏟、骨鏟等，以為平整器。以表面平整石塊夯擊地面，輔助找平。此致袋狀穴平底出現。在春分日前後，倘使種籽萌發，前賢便於察知穴底平面鼓包處有嫩芽。

　　袋狀穴平底出現較遲，是狄宛一期房址底面加工後，聖賢總結、歸納所致，並非關桃園袋狀穴施工所致。而袋狀穴見灰土，出自聖賢察袋狀穴底植物萌芽時用火。地穴曆算功能盡顯，聖賢後嗣記曆算於瓦器，能搬移此「典」，故稍遲後填埋此穴，此是袋狀穴廢棄之故。但聖賢子嗣照顧舊事，埋物於穴，埋灰土於穴。此非謂不能獲得淨土，而由於查看春分嫩芽萌發時曾用火。燒火即生光，能看清穴底底面有無嫩芽。這是灰坑起源。袋狀穴硬地、以及有灰土事涉狄宛四房址底面加工，而且此事又關聯屋底模樣、門道朝向，後將展開。

二、狄宛聖人觀天象與星象暨赤經黃道曆算系統

（一）聖人建赤經黃道以觀日運動方便曆算

1. 豁口朝向、穴底硬面與木柱表意基礎

1）舊說指瑕

（1）袋狀穴一邊豁口不是門道

考古界未嘗澄清房屋起源，而前仰韶時期地穴研究此前未揭示聖人動土度數與目的，學人以地穴外壁有柱而論房址，其說不外揣測與聯想。構築物細部功能不清，構築物是何物必是不得迴避疑問。以豁口爲「門道」說難以立足。今日門道出自房屋建造設計，但在人類穴居而勉強存身，不須建造房屋時代，動土不等於造房，穴口不等於門道。這個時代也不等於穴居時代，而是嚴格區分邑眾居住與演示天象觀測知識處所之時代。這個處所於今是狄宛一期遺跡。

狄宛聖人依預算挖掘土地，即得地穴。破開袋狀圓口穴一邊，穴有豁口，此是通道，初非門道。門有兩扇，戶有一扇。甚或在狄宛二期 I 段，也未出現戶。故不得斷定 F371、F372、F378 豁口是前賢起居進出通道。考古界言狄宛一期門向、門道，俱出自謬識。

欲辨識通道有何功能，須照顧樣貌與處所。倘使照顧坡地面北降低落差，前賢欲下坡「出屋」謀生，爲何不在河畔平地造房而挖掘直門道？此一問足以顯示，研究者須直面深刻問題。同時，F371 等構築物不足以爲房屋，但我不否認，諸構造物確乎是房屋雛形。

（2）F371、F372 室內有兩平面不便生活

前已申明，此構築物不是房屋。室內硬面不是居住面。發掘者以硬面爲居住面，此斷來自猜測，而非確證。依發掘者測繪地穴圖樣，三地穴內有兩平面，坡上與坡下有接茬。硬面有坡度，即便堅硬而不使重物下陷，硬面仍不便起居坐臥。臥倒於傾斜地面，感覺將傾覆，誰能安然睡眠？彼時聖賢與你我一樣，仰臥或側臥俱須平面。斷無在斜面睡眠需求。

而且，聖人欲造休息起居之所，須照顧身形，以及睡眠時身形。跼曲如球狀睡眠者定非人類。舊石器人類學討論雖不能定人類仰臥起源時代，但直立人直臥或側臥是身體構造決定，不須跼曲睡眠。新石器時代人類是其後嗣，也須平臥、側臥。狄宛一期四「房址」地穴地面模樣參差，但底面輪廓都近圓形。

此外，彼時前人已知用火便利生活，論其不用火而居，這是自相矛盾。

（3）F371 等三穴內柱俱不是支撐柱

《發掘報告》陳述 F371 等三遺跡俱以室內立柱爲支撐柱，此認識基礎是援引楊鴻勛上世紀七十年代末曾言仰韶時期「居住建築」。細察 F371 等三構築物內柱，即知此說不得用於解釋前仰韶時期袋狀地穴蓬木構築物。關聯三座地穴穴壁上蓬木與室內立柱，即見立柱不在地穴中央。狄宛聖人是舊石器時代聖賢後嗣，他們知曉重力，也知曉重心，搭拼木料絕非陌生話題。即使此前不曾搭拼木料，他們也知數人搬起石塊，抬石塊須照顧重心。懸置重物猶如數人抬起重物，須維持重心相對穩定。維持重心穩定須覓得重心處所。而三地穴內立柱處所絕非蓬木覆壓重力聚合下垂之所。無一地穴內立柱在穴內圓心附近。舊說穴內柱是支撐柱顯無工程結構依據。

憑此一條，足以否定 F371 等四構築物是房屋說。諸構築物最多是房屋源頭，而非房屋。考古界以房屋建築爲出發點討論諸構築物頗顯倉猝，這抹煞了聖人初衷。此基礎上規劃遺址復原遠離聖賢觀念，而復原後形成的佈局模樣其實差強聖心。如此一廂情願而爲必致更多不知古史者誤會中華建築文明起源。

2）坡道與口內硬面及木柱關聯是赤經面曆算基礎

（1）F371 與 F378 坡道有臺階係日升降軌道節點

F371 通道底部是硬面，它以斜坡旋入室內，連接「居住面」，斜坡中部有一層臺階。出土物有石丸、圜底缽、鼓腹罐、瓦線陀。F378 通道以斜坡連接室內「居住面」，上端有一臺階。出土物有鼓腹罐、圜底缽等。如何解釋坡道有臺階，此是考古界前未解釋話題。我以爲，通道斜坡其實不異於一期地穴 H3116 內坡道。此斜坡喻日升降。日行又非在平地行動，而在天際。日行天際即循軌道。依前訓 H363 含義，狄宛聖人已知日月五星行道，故在他們或接受先輩知識，或自觀星象而知氐宿，也知格星、角宿、尾宿、紫微垣運動。他們知曉日行道絕非平道，而是坡道。晝觀日行，必知日行道是弧線，而非直線。F371 弧線是橢圓一部，弧線自顯高低，是表達日行道最佳線段。又檢 F371 通道有雙弧線，F372 穴內通道有單弧線，F378 通道室內有單弧線。F371 穴壁內有兩曲線，彎曲盤旋，豁口面向柱 6，但在其西北方消亡。柱洞 6 猶如終點一般。察穴西南迄正南邊緣虛線猶如日運動底邊，是軌道外沿，近處曲線是夾心曲線。這兩曲線匹配西邊穴底。東部穴底與西邊穴底接茬處正對夾心弧線在南部端點。夾心弧線與東北部弧線也是弧狀坡道。故而，F371 包含日行道高低之別。由此觀

F371，其盤道與穴內坡道線是論定狄宛聖人知日行道之最佳佐證。

此穴外通道兩曲線對稱，弧狀道路足以表述日行道。此道謂日上升與下降通道。上升、下降各一番即謂一歲。每歲爲一單元，故須別歲而察日升降。依此劃分，故形成臺階。臺階者，陛也。後世歲除之除本乎此構造，人間尊卑階梯之端是王、天子、皇帝，俱以陛下稱謂，此是引申義，其本是王掌歲建元日。

此外，F371 見石丸，此物述日。石頭堅硬，喻陽氣凝結，日爲陽，故石丸喻日。日猶如石丸，能在圜底坑往返運動。此點恰是狄宛聖人造圜底穴述日行道之初衷。圜底鉢象半天球，傾斜鉢體，即見鉢口能摹寫橢圓軌道，平口沿，此線即爲橢圓中線。

F371 圖樣唯有東西向剖面圖，故難以最終印證坡道爲日行道説。但F372 剖面圖包含南北坡道落差。對於在北半球觀測日行道者，四季日行高低參差，但若不顯示日軌道南北差異，難以窺測日行規律。F372 穴內高低參差，是檢討狄宛聖人討論日行道變遷最佳物證，此圖樣是中國最早關於日南北遊軌道變遷圖樣。

（2）F372 南北地平述日行橢圓軌道以節點變遷

F372 南北向剖面圖顯示，盤道南北向由北高而降爲南低，A、A'兩點不在同水平面上。自南邊察穴剖面圖，見穴底有兩個平面。此謂穴南邊東西無統一地平。如何解釋地平差異，是難題。今嘗試依出土物檢討此題。

此穴出土鼓腹罐、圜底鉢等。鼓腹罐述春秋分，而圜底鉢喻半天球。將圜底鉢口傾斜，以目能視鉢口邊緣爲限，即見橢圓狀。當鉢口齊平時，必見平面。掌握此鉢並使口沿北高南低，即得 F372 剖面圖南北向模樣，即北高而南低。倘若面北，將鉢口沿右部向下壓，能見 F371 穴底一個平面。將此鉢右邊向上抬，超過水平面，使左邊下傾，於是得 F372 南邊剖面圖上兩個地平線相交。此線是赤經橢圓軌道面長軸。短軸半徑應是柱洞 2 到柱洞 1。

如此解釋 F372 圖樣變動，能知聖人曾面臨難點：某時節與基準時節間存在日數差。如何理解這個日數差，涉及曆算。

2.「反景」「卻日」以廢誤算六十八日關聯赤經與星宿認知

1）F371 柱洞關聯與聖人觀星溯跡

（1）F371 外柱關聯內柱之義及外柱洞 9、10 模樣問題

檢三地穴內外俱有木柱，木料或在狄宛二期以後朽敗無存，或在二期被

抽去。我傾向於推斷後者：演示天文、天象與曆算已畢，聖賢子嗣受教，鏤畫於器物，即可廢棄。此處不得言房柱。那麼，是否可言聖人以木柱切分圓周？此言雖有解圓木之器〔註16〕與圓周認知佐證，但仍不足以解釋 F371、F372、F378 木柱別爲立柱與斜柱。

今將木柱別爲外柱、內柱。F371 有外柱 9 根。木柱不是切分圓周之器，而且聖人根本不需在此展示他們能夠精準劃分圓周。一期瓦器圓周足以旁證，聖人知曉圓周構造。既知堆砌弧形以爲圓周，必知拆解圓周並均分之。由此推斷，聖人欲以 F371 指示旁事。今以赤線關聯外柱洞與內柱洞，得圖樣如後。此間見最長木料是柱洞 2、6 之間木料，最短木料即柱洞 9、6 之間木料。柱洞處所頗顯雜亂，似乎毫無秩序。倘使以木料述日照解釋此圖，柱洞 2 與柱洞 6 應述冬至日日照。柱洞 8 與柱洞 6 與冬至日照無關。冬至日不正南出。但是，柱洞 2、3、7、8、5 近乎圓形，柱洞 9、10 模樣怪異，前者頗似兩弧線相扣，後者頗似兩端有三角之物，而且其兩長邊俱顯內凹？聖賢造物必有依據，須備細申述。

圖七六　F371 冬至迄春分前日照與盤道寫日行旋轉

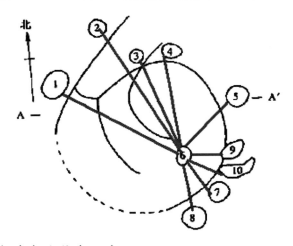

（2）聖人觀季冬迄仲春星宿

細察柱洞 9、10 平面模樣，比較其外廓與星宿輪廓，即知兩柱洞狀似奎宿與弧矢宿。《月令》：「仲春之月，日在奎，昏弧中，旦建星中。」奎爲西垣

〔註16〕楊鴻勛曾專論石楔也是原始木工重要工具。此說詳實可信。楊鴻勛：《論石楔及石扁鏟——新石器考古中被誤解了的重要工具》《建築考古學論文集》，文物出版社，1987 年，第 61～64 頁。

之一,是白虎七宿第一宿。奎宿有十六星。彼時聖人是否察知這十六星,今不知。但他們連屬奎宿諸星,見其兩端似三角,三角相連部兩邊有凹陷或凸起,故塑造柱洞9。此等相似促使我斷定此柱洞摹寫奎宿。

柱洞10摹寫弧矢宿。經文言弧即弧矢,屬南垣,在井宿之下,有九星,其八星如弓形。柱洞9輪廓狀似兩弧線相扣,故是弧。後世觀星者將兩弧外一星關聯此宿,似矢,故名弧矢。但狄宛聖人未嘗如此,他們僅狀摹弧形。建即建六星,位於北垣七宿斗宿背後,F371柱洞未顯示其狀,但F378穴壁外東南、西南散佈六柱洞有其模樣,即其證,此題將在後述。F371壁外柱洞不見某柱洞摹寫其狀。此證彼時聖人已知建星有六顆。

細察F371柱洞喻星宿,須細問彼時觀星時段是否起於仲春。我以為否。聖人察星宿起於季冬某日旦時。畫柱洞4、1間連線以為基準,畫柱洞5、8連線,畫柱洞4、5連線,必得魁斗狀,此是氐宿,詳後F371赤經面變動曆日圖。此狀足以佐證《禮記·月令》述季冬日宿:「季冬之月,日在婺女,昏婁中,旦氐中。」婺女宿是北垣一宿,婁是西垣一宿。推測婺女宿已被認知,由於此星宿去格星不遠。H363訓釋已揭示,聖人已知格星,女宿在格星南。聖人是否已認知婁宿,不能以某柱洞模樣求證,而應連屬數柱洞。察柱洞1、2、4相連。得開口向下三星狀,狀似鈍角三角形。此述婁宿。其形狀在東西出沒時變遷:東升時,大星在東。西沒時,大星在西。察柱洞1、2、4,見柱洞1粗於柱洞2、4,由此斷定。此三柱洞述昏刻婁宿。

關聯如上觀星期間,知聖人查看季冬迄仲春星宿。但問,他們有無觀測孟春星宿?在此,須關聯四座似房址遺跡。F371在一期遺跡正東偏南。這告喻我等,倘使以F371喻星宿,此宿是東垣某宿。關聯四座似房遺跡,見其狀如角宿,此題後將申述。再察F371外柱洞,見九柱洞關聯後,狀似尾宿。這是揭示聖人孟春觀星之把柄。

從東北查看後圖,見柱洞連屬模樣似前繪一期九地穴連屬構成尾宿。依據《發掘報告》陳述,此「房基上部除穴壁南邊被二期F366打破外,其餘保存基本完整。」依據發掘者給二期房址分期,F366是二期II段房屋,屬二期較遲時段,其所在地層更高。施工者破壞原構築物外貌不深。由此推定,狄宛一期聖賢造F371時初未在其正南與西南挖掘柱洞。總之,F371外柱述尾宿,這不得否認。柱洞10不獨述尾宿三,而且述尾宿旁神宮星,連屬二者後即顯條狀。

圖七七　F371 外柱洞尾宿

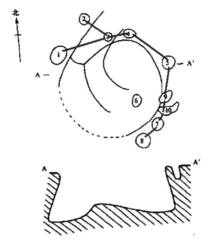

《月令》：「孟春之月，日在營室，昏參中，旦尾中。」由此推斷，F371
是孟春某日旦時見星宿。但 F371 外廓柱洞關聯後，不見營室、參宿狀。F372
北有營室、F378 北有參宿，詳後 F372、F378 星宿訓。

另須重視柱洞別爲內傾柱洞與直壁柱洞：此處直壁柱洞是 2、4、6，其餘
柱洞皆內傾。這三直壁洞喻聖賢以此三點爲曆日基準值。直者，值也，當也。
又察柱洞 4 與 6 關聯，構造子午線。柱洞 2、8 相連，與赤經面變動曆日系統
圖赤經面上天軸 X 平行，而柱洞 4、6 相連與天軸 X1 平行，兩線交角等於赤
經面變動角。

2）F371 述赤經面變動

（1）內柱洞近穴邊與穴底兩平面問題

如前舊說指瑕，聖人造設地穴時未將室內立柱設計於中軸線。但問，他
們以何度設計室內立柱位置？他們選擇此度出發點何在？我發此二問不獨由
於前人未曾照顧此細節，而且由於此問是前賢「用度」旁證。依比例尺，算
得 F371 柱洞 6 圓心去邊緣 55 釐米左右，F372 柱洞 1 圓心去地穴邊緣 40 釐米
左右，F378 柱洞 10 圓心去最近邊緣約 1 米。

察 F378 剖面圖穴底南北向、東西向地平唯一，但 F371 東西向有兩個地
平面。F372 南北向也有兩個地平面。這種地平面交錯出自坡道。如何解釋這
兩個方向的高低落差，是考古測量難題之一。自上世紀五十年代起，考古測
量日益重要。郭義孚曾檢討測量基礎與儀器使用，以及地形測量。他未照顧

穴底平面差異。在「挖掘灰坑」下，郭氏討論挖掘「袋形坑」時須「找底」。但是，他未提及袋狀穴底平面能有兩個〔註17〕。高低差測量雖也是田野考古學話題之一，但此題局限於遺址地貌高低，而不涉及遺跡內高度差。地貌高低測量旨在繪製地形圖，但地穴穴底兩平面差未受重視〔註18〕。看來，考古學界未曾將袋狀穴底容納兩平面視爲要題，或曰：學界以爲，穴底平與不平都不影響袋狀地穴研究。

（2）此距離是赤經面橢圓短軸半徑

檢 F371 柱洞 6 與壁外柱洞距離，唯柱洞 9 去柱洞 6 距離最短。如前述，聖人關聯柱洞與穴底兩平面。兩平面即赤經面變更，而赤經面是橢圓狀，其長軸兩端以穴底爲限，居東西向，而短軸居南北向。鑒於兩平面之間存在夾角，兩平面朝向不一，故一個橢圓上天軸與另一橢圓面上天軸之間存在夾角。這個夾角與兩個軌道面夾角相等。

前察 F371 平面、剖面圖含天象、星象知識，今繪製其細節圖樣。後圖未照顧 F371 柱洞 6、9 連線表達歲初日照，也未照顧前賢建歲首，以及外柱洞九眼構造尾宿圖。欲節省幅面，將比例尺挪至平面、剖面圖之間。諸線段與夾角齊備後，見狄宛 F371 日軌道面變動圖。Z 軸是冬至日赤經長軸，在地平面察日行走二十日後，軸線是 Z1。與此對應，天軸由 X 變爲 X1。

圖七八　F371 赤經面變動曆日系統

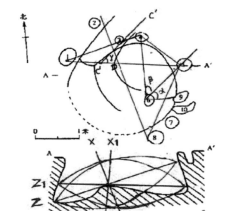

〔註17〕郭義孚：《考古測量》，《考古通訊》1955 年第 4 期。

〔註18〕馮恩學：《田野考古學》，吉林大學出版社，2008 年，第 183～189、84～85 頁。

如此解釋柱洞 6 位置，合乎前賢本欲：穴內立柱位置絕非隨心所欲，而出自聖人先輩傳授部分日軌道面變遷知識，一期聖人觀測並匯聚、校驗，最終能夠精確計算春分日，而且能夠表達春分日日處所。此等知識是其精準調曆基礎，相關知識系統是狄宛聖人曆算文明根基。欲清言聖人術算基礎，今繪製 F371 穴底見日行道兩軌道面，並標誌天軸變動。

（3）方位角四十八度出自赤經變動

發掘者測算 F371「門向」48°，此度數是方位角，而非象限角。「門向」指通道朝向。此測算結果出自現代器物羅盤讀數，田野發掘離不開此器。面向目標物，以羅盤零度對準目的物，磁針指向某讀數即方位角度數。狄宛遺址發掘時未用全站儀，而以羅盤測算方位角。古今時代差異很大，這個差異能否須等同於聖人所知方位角異於今日方位角？這不得猝然斷定。我依前訓地穴曆算推斷，時代差距不是方位角差異之故，彼時與現代測算結果相同，但參照對象不同。

今須解答聖人挖掘穴口爲盤道時如何規劃方位角 48°。此角度出自赤經面變動以及相關柱洞畫線之間交角關係。畫柱洞 1、3、4 之間連線，此線段平行於冬至後赤經面。後畫柱洞 1、5 之間連線，加畫柱洞 4、5 之間連線，獲得鈍角 120 度三角形，其長邊是柱洞 1、5 連線，它平行於冬至後二十日日軌道面，赤經面。以柱洞 3 東南邊緣爲準，向長邊畫線，並向東北延伸，得直線 C-C'。C 與柱洞 1，C 與柱洞 3 兩連線與柱洞 1、3 連線構成三角形，此三角形是等腰三角形，其三端點是柱洞 1、C 與柱洞 3。

C-C' 與柱洞 1、5 直線交角 γ 等同四十八度。C-C' 線平行於盤道東南邊緣。由此狀況推斷，聖人曾規劃此方位角。C 點應是穴底內夾心弧線的端點。《發掘報告》圖一五見夾心弧線北端偏東，這是繪圖誤差，其影響面有限。

3. F371 日運動知識與春分日曆算及其在狄宛二期傳承

1）春分日曆算

（1）柱洞連線交角是春分日求算基礎

春分日曆算是地穴尺寸度當精算須解決問題。F371 是曆算系統構築物，故其術算須涉及春分日計算。春分日在仲春，而前訓 F371 柱洞喻星宿包括仲春夜見星宿：奎、弧、建星。由此得知，柱洞涉曆算也指春分日曆算。

檢 F371 赤經面變動圖，天軸 X、X1。但是，這兩軌道面無一是黃道面，故無赤經與黃道相交。欲求春分點，須訴諸某柱洞。檢柱洞 6、5、9 之間關聯能夠饋給春分日，但春分日起算點不清。檢 F371 赤經面變動與柱洞交角圖，見∠α、∠β 相加小於等於九十度。柱洞 6、9 連線平行於柱洞 1、5 連線。C-C'連線平行於柱洞 6、5 連線，由此推斷∠α等於∠γ。

聖人立於柱洞 6，察春分日昏時察日所，日直弧中。其角度是∠α。此角度等於∠γ，爲 48 度。赤經面變動角等於 X 與 X1 夾角，又即柱洞 2、8 連線與柱洞 8、6 連線交角。此角度等於二十度。兩度數相加，得數是六十八度。這個度數能印證袋狀穴尺寸度當精算誤差。

（2）減去謬算六十八日基於「反景」「卻日」曆日觀

前依尺寸度當精算結果是，舊算春分日誤差 68 日，此日數含三十日出自謬以月全食爲日全食。前列三組數字，以爲減算組合：

$$68 ＝（10 \times 6）＋8$$
$$68 ＝ 30 ＋ 38$$
$$68 ＝ 48 ＋ 20$$

前者選擇第二組。月全食不堪以柱洞模仿，故減算六十八日須循他途。通道方位居四十八度是關鍵參數之一。將此數關聯赤經軌道面變動角度，即得二十度。將這兩數相加即得應減算日數，並照顧星空一度等於一日：

$$48° ＋ 20° ＝ 68°$$

赤經面每變動一度等於一日，故

$$68° ＝ 68$$

此算法固印證前算 F371 袋狀穴尺寸度當曆譜，但存在一個問題。前聖是否能夠說服自己信從日數減算？減算謂日返回某宿所，不進而退。彼時，聖人曆日觀是這樣嗎？彼時聖人及其族人處於新石器時代初期，每晝見日，日數遞加，他們歲初信日往。歲終信日反。歲內毫無信賴日反依據。聖人調曆須先說服自己。F371 挖掘動因包含此目的。細察此穴各構造，我以爲，此構築物反映「反景」曆日觀，此觀念在秦漢是「日反舍」觀念。《淮南子·覽冥訓》「魯陽公與韓搆難，戰酣日暮，援戈而撝之，日爲之反三舍。」依高注，「卻行三舍」之舍謂次宿。何寧案引王充《感虛篇》云：一舍十度，三舍三十度（揭前注，第 447 頁）。王充議云：「且日，火也。聖人麾火，終不能卻。襄公麾日，安能使反？或時戰時日正卯，戰迷，謂日之暮。麾之，轉左曲道，

日若卻。世好神怪，因謂之反，不道所謂也。」楊寶忠注「麾之，轉左曲道」：「黃暉謂『轉左曲道』四字當誤。……『轉』猶『反』也，謂反而也。『左』猶『違』也，謂『背離』也。『曲道』猶今言『誤區』。『轉左曲道』，謂反而背離誤區，即反而辨清方向也。」〔註19〕

　　今案，「三舍」者，三宿之次也。《月令》記每月見三宿即其例。「凡反三舍」謂前移一月，當三十日。王充釋「轉左曲道」曰「日若卻」，即日向左曲轉，即赤經面下降，猶如日盤旋而返回舊軌道。舊軌道在此即冬至後二十日軌道，值季冬，與F371赤經面變動圖與盤道左旋相合。而王充以為，世人好神怪，謬將人臣魯陽公勇武「不道」改為麾戈令日反三舍，產生「日反三舍」傳聞。王解不誤。「不道」謂不循路徑，逆向而動。世俗言「日反」有其本，非秦漢人虛造。「日反」即「令日反景」更改而來。「反景」是三代舊稱，證在《山海經・西次三經》。而且，王充言「轉左曲道」是古傳，而黃、楊說喪失事體。

　　《西次三經》：「又西二百里，曰長留之山，其神白帝，少昊居之。其獸皆文尾，其鳥皆文首，是多文玉石，實惟員神石磈氏之宮。是神也，主司反景。」郭璞注：「少昊金天氏，帝摯之號也；文或作長；磈音隗；日西入則景反東照，主司，察之。」郝懿行據《顏氏家訓・書證篇》引《帝王世紀》云：「帝少昊崩，其神降於長流之山，於祀主秋。」又案云：「長留或作長流。」「是神，員神，蓋即少昊也（《山海經箋疏》第二，第25頁）。」舊注疏不誤。長流山即「張流」山，彎弓謂之張，通長。流者，水東行也。渭水流域水不西行，也不北行。白帝即西方之帝，司秋，能察日降低。赤經面降低有兩等：歲末降低，歲初減算誤差日數令之降低。此處用第二義。獸「文尾」即星曆尚尾宿紀年。獸，守也，謂節氣定數。尾宿紀年在仰韶時代初期。鳥者，日行也。文首謂赤經面變動。文即經天緯地，《諡法》。首，面也。半坡遺址「人臉魚紋」含義如此。「多文」者，疊文也，即赤經面重疊，此是兩歲赤經面狀貌。玉石者，以玉器記錄此事，非謂某地存玉石。倘使如此認識，即見現代鑽石錢幣寶藏觀念。狄宛一期無此。「員神」者，轉申也，以日行盤道而述調曆。「石磈氏」，石奎氏也。石者，隕星也。玉石、石在遠古是兩類物件。察星體者自命為石。玉石即理玉為器。磈，奎宿也。F371柱洞10即此。「主司反景」，明察日影並令之倒轉。「司」，反后也。后謂號令，反后即復命。少昊

〔註19〕楊寶忠：《論衡校箋》（上），河北教育出版社，1999年，第176頁。

曾能以「反景」復命。其命即「反」，此謂令天軸反向變動。F371 天軸反向變動，即由 X1 而及 X。此經文是少昊時代記錄狄宛時期舊事，最爲珍貴。少昊氏是文明復古者，深知先輩舊事。

2）F371 遺跡包含知識傳於後世

（1）F371 赤經變動構造橢圓是二期弧邊葉瓣圖之源

檢上圖橢圓形不明顯，日軌道面狀似葉狀。這似乎異於橢圓形。此詰問似乎切題，但不切狄宛一期時代與造物狀況。彼時，無橢圓狀物件參考，今日幾何學言橢圓是西方學術明末引進導致，其源是古希臘幾何學。新石器時初期本無幾何學。但狄宛聖人以 F371 以及地穴創造若干圖樣，這是中國幾何學開端。F371 赤經面看似樹葉，故在聖人以春季草木萌發，其葉片模樣爲樣板，既照顧物象，又反映時間。故狄宛橢圓是聖人表述春季之器。此思想傳及後嗣，狄宛二期聖賢依此摹畫曆日圖樣，例如陶缽標本 H235：7、T205 ④：1 外壁圖樣。發掘者指稱前者圖樣是圓圈、圓點紋圖案，指稱後者是「弧邊三角構成的葉瓣圖案。」此說半是半非。

《發掘報告》圖九七第 4 如後圖所示，此器是圓底缽，此物摹寫半天球，口傾斜而目視，即見陰面，如橢圓狀。外壁圖樣其實是一期 F371 赤經面橢圓圖樣，其核心黑圓點摹寫觀日者記憶之日照，目直視日即致目眩而不能辨物，故爲黑暗。數個橢圓夾黑圓點喻日數間隔。其術算不在此處討論。

圖七九　F371 赤經面橢圓化爲二期缽壁消息畫例一

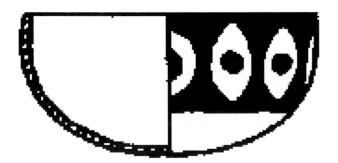

《發掘報告》圖九八第 5 是殘缽圖樣，標本 T205 ④：1。其外壁圖樣仍源於狄宛 F371 赤經橢圓面，而且其曆算義更清白。殘圖至少見三個赤經面。此處不展開其術算。

圖八〇　F371 赤經面橢圓化為二期缽壁消息畫例二

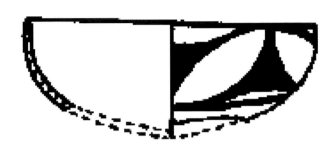

　　諸圖樣揭示，狄宛一期聖人已創造了天球、赤經、黃道體系。能夠精確算定日數，回歸年日數計算於他們不是難題。此圖旁證前考地穴曆算基礎詳實。摘要而論，狄宛 F371 遺跡佐證中國赤經、黃道與曆日體系誕生於狄宛一期。依此圖，今補釋山西吉縣柿子灘遺址岩畫。柿子灘遺址發掘者將畫上兩對頂葉片狀紋樣釋為肥胖兩腿。此係謬識。察此畫係勒刻，其遠祖係狄宛 F371 赤經面橢圓變動。其近祖係狄宛標本 T205 ④：1 上對頂赤經面圖樣。

　　（2）「人面魚紋」記半坡人繼承赤經圖以行狄宛回歸年曆法

　　此處不援引半坡遺址出土「人面魚紋」盆圖樣，原圖是彩圖，耗費不小篇幅。此盆出土後即吸引考察者目光，但迄今仍無人澄清其起源，言其文化史關聯者不少，但都不曾考究此圖天文曆算佐證。我察此物是 F371 赤經面變動曆日遺跡含術算別記與進益。

　　此圖小等腰三角形與柱洞 1、4、5 構造的大三角傳及後嗣，他們將此知識攜往關中，在滻河畔繼續運用。他們以此知識與關聯新知識製造外壁圖樣各異的彩陶盆，其一外壁有「人面魚紋」，《西安半坡》圖一二八，標本 P.4691 圖樣。考古與文史界不少人嘗試解釋此圖，他們多圍繞炎帝功業時代展開討論。晚近，有人檢討仰韶文化與《山海經》涉魚記述，以為「人面魚紋盆」旁證炎帝族曾生存於渭河流於，以為「人魚合體動物」是經文描述對象，而「人面魚身」是炎帝族徽，此說陳述舊論，而且未檢討半坡「人面魚紋」含天文曆算體系〔註20〕。

　　察此圖所在陶盆在彼時是重器。此畫構圖來自 F371 平面與剖面，其間關聯清白，無人能夠抹煞。畫線聯繫柱洞 5、1，自柱洞 8 向柱洞 1、5 連線畫線，並使此線與柱洞 8、5 間連線相等，所得三角形 D、8、5 是等腰三角形，旋轉

〔註20〕王克林：《山海經與仰韶文化》，山西人民出版社，2011 年，第 60～61 頁。

一百八十度，即得人面魚紋盆人頭部上端三角。日赤道面變化在圖上衍生兩圖形：圓頂如額頭處一半全黑喻黑夜觀星，另一半寫赤道面變遷，黑塊部分面積能夠變動。此是赤經變動之果。

另外，將兩歲歲初赤經面對照，見其大致平行，兩歲太陰曆日數相差十日，此數等於兩「人面」圖上「乂」字術算，每「乂」等於五，兩「乂」等於十，此述兩太陰歲十日差。由此得知，半坡人奉行狄宛回歸年曆算，歲三百六十五日。

（二）F372、F378 赤經暨黃道與曆日系統

1. F372 反景、觀星與調曆

1）令赤經反舊軌觀星變動

（1）自北而南見日照射線降低顯日初在高而降低

F372 東邊南北向剖面圖告喻，入盤道即謂降低處所。聖人以人處地平面降低類比日赤經面降低。降低者，不得不降低也。此構造顯示，聖人令赤經面降低。由此，獲得基本理路是，F371 圖樣自東察反映日軌道面從某處降低，低至日墜於穴底。墜落前軌道面須依剖面圖北端兩柱洞棱坎高低追溯。日數差異出自赤經面由今所返回舊所。與此相配，柱洞2、7是此圖平面變動範圍。今先繪製 F372 剖面圖日照面由高向低變動圖。

圖八一　F372 日照射面自高向低變動

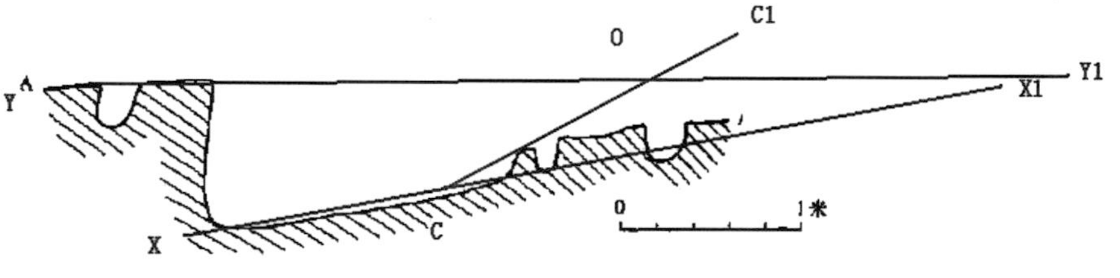

Y-Y1 是地平線，C-C1 春分日照線，X-X1 述春分日照線逆轉到達平面。C-C1 與 Y-Y1 相交於 O，此是春分點，與聖人察星目睹某宿相匹。柱洞11、1 位於緯線上，是春分日在地平線東察日出自所。南端小穴是柱洞7。

（2）南北向觀星見斗宿與壁宿

從 F372 東面剖面圖西向查看，後以柱洞 1 爲觀星點，見地平線東方不見柱洞。東偏北柱洞象徵星宿不是春分日當夜能睹星宿。而且，此線象徵節氣

日數在春分之後，由於柱洞 11 象徵日出點在春分日，越過了春分。參照袋狀穴尺寸度當精算春分日，知曉此日數包含誤差。欲得春分日，須減去此誤差日，即從春分後開始「反景」。

　　若欲深究外柱之間關係，須判別柱洞粗細。將 F372 外柱分組，見柱洞 11、柱洞 4 是一組，兩柱洞粗細接近。剩餘柱洞粗細相近。自直柱洞 2 向南偏西引直線，過柱洞 1，及柱洞 7，剩餘柱洞不能與柱洞 2 貫通。自柱洞 3 向柱洞 9 引直線，過柱洞 1，其餘柱洞不與柱洞 3 貫通。但是，柱洞 2、3 都與柱洞 1 關聯。這顯示，觀星者在柱洞北曾進行位移，以便察完滿星宿。如此，應將柱洞 5、6、7、8、9、10 別爲兩組，南偏西爲一組，南偏東爲一組。再將這兩組關聯，在柱洞 7、8 之間畫連線，得六星，其狀似北斗，是斗宿。《禮記·月令》：「仲冬之月，日在斗，昏東壁中，旦軫中。」東壁即壁宿，此宿有兩星，南北向爲列，柱洞 2、1 當之。軫宿是南垣之一，柱洞連線構圖無此宿狀，今暫斷定，一期聖人不知此宿。聖人觀星狀況詳後 F372 聖人觀星「反景」暨設定盤道方位角圖。

2）聖人以赤經面變動精算春分日暨減算觀念起源

（1）壁宿垂線與柱洞 2、4 連線關係暨盤道方位角 41 度來源

　　發掘者以羅盤測算 F372 盤道方位角四十一度，此角度出自持羅盤者以盤道東邊緣即東北——西南走向斜線爲目標，由於西邊緣是弧形，畫其切線有若干條，僅有一條切線與東邊緣切線平行。如前解 F371 盤道方位角來源證實，古今角度測算一樣，並無差異。那麼，F372 方位角來自何方？

　　我察方位角 41 度來自同位角。畫柱洞 2、4 之間連線，再畫盤道東邊緣斜線，延長至 C，見 C1–C 平行於 2、4 直線。∠C 內角與柱洞 4 內角是同位角，故相等。但是，我察聖人規劃盤道方位角不依此測算，而依柱洞 3、4，柱洞 3、11，以及柱洞 4、11 構造三角形規劃盤道方位角：柱洞 3、4 與柱洞 4、11 交角即盤道應有角度。後圖見柱洞 4、3 與直線 C–C1 平行，內角∠C 與柱洞 3 柱洞 4 柱洞 11 構成內角度數相等，由於二者是同位角。發掘者讀羅盤度數不誤。

　　F372 外柱洞十眼，唯柱洞 2 是直壁洞。今以前算得知，聖人造設柱洞 2、1 垂線，依此垂線畫直線平行於盤道口，爲東南邊緣，並以柱洞 3、4 連線校驗此盤道東南邊緣切線，二者平行，即得開挖，得方位角 41°。這個度數包含一個大角、一個小角。照顧如上狀況，以及赤經面變動，並將比例尺移至平面圖與東西向剖面圖之間，今繪製 F372 聖人觀星「反景」暨設定盤道方位角圖如後。

圖八二　F372 聖人觀星「反景」暨設定盤道方位角

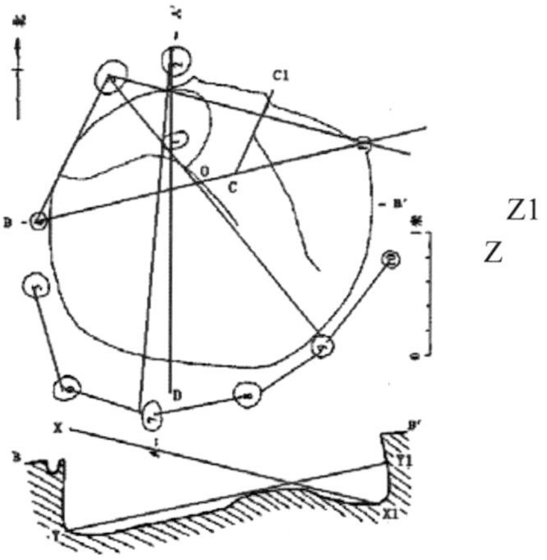

（2）聖人「反景」三十度精算春分日暨狄宛減算觀念

　　察 F372 聖人觀星「反景」暨造設盤道方位角圖，細察兩眼細柱洞 4、11 連線 Z1，見此線段與柱洞 11、3 構成直線 Z 產生夾角，即內角∠11。此角度數出自聖人精心規劃，但問聖人為何規劃此角度？此角等於多少度？另外，此題與聖人「反景」即為作赤經面反向運動有何關係，也是話題。

　　我觀直線柱洞 3 到柱洞 11 直線 Z 平行於直線 X–X1，柱洞 4 到柱洞 11 直線 Z1 平行於直線 Y–Y1。而且，X–X1 是赤經橢圓面被「反景」前位置，又即其長軸。而 Y–Y1 是赤經橢圓被「反景」後位置。

　　今欲察知聖賢「反景」角度，唯須檢校 Z、Z1 之間夾角。實測此夾角等於 30°。這個度數是聖人調曆精算春分日基礎，它與袋狀穴尺寸度當精算春分日相同。二者唯一差別是，此處以度數為日數，由於日行一度折算一日，而曆算節氣日即陽曆，非太陰曆。彼處則以度當日數二百一十減基準日數一百八十，得數是應減日數，減算後還原春分日。「反景」三十度即「反算」三十日，反算即減算，此觀念是中國術算減算要義所在。換言之，中國遠古根本不存在純粹減算算式，術算對象是日數，而非物件。

2. F378 觀建星調曆木星贏縮起源

1）盤道方位角是五十度暨觀星與精算春分日

（1）F378 盤道方位角等於五十度

《發掘報告》述 F378「門朝北，方向 355 度」。程曉鐘講「門向西北」，北

與西北方位差甚大。何者爲準，這是問題。我察《發掘報告》圖一六，斷定「門朝北」說不是事實。而程氏講「門向西北」不誤，但未俱方位角。此是懸疑。今依前繪 F371、F372 獲得關聯知識繪製 F378 盤道方位角與聖人觀星圖如後。

圖八三　聖人規劃 F378 盤道方位角

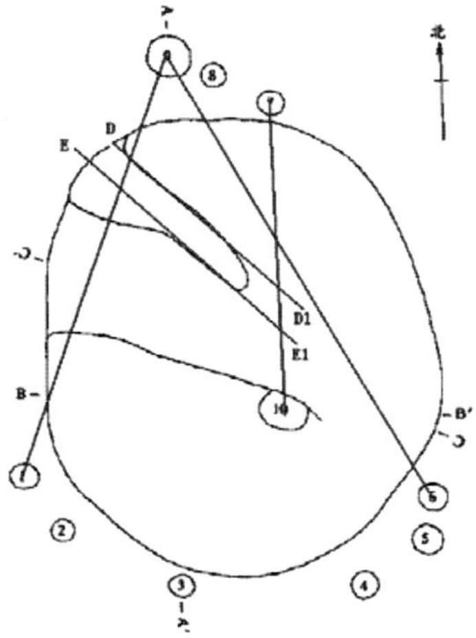

畫赤線連柱洞 7 與柱洞 10，見此直線是子午線。畫盤道入口西北——東南切線，得兩條平行線 D–D1 與 E–E1，這兩平行線與子午線交角是同位角，是今用羅盤能測得盤道方位角。但是，狄宛聖人無羅盤，他們如何規劃方位角？勘測 F378，比較 F372 聖人用柱洞關聯，不逾內柱洞，而且相關角必須是依節點直線測量。今察《發掘報告》述 F378 外柱洞不含直柱洞。但察柱洞 9 是外柱洞最大者，故須以此柱洞爲基準。畫柱洞 9 與柱洞 1 連線，再畫柱洞 9 與柱洞 6 連線，兩連線相交於柱洞 9，得其內角，此內角度數等於 D–D1 與子午線相交內角。實測此角等於五十度。柱洞 9 與柱洞 1、柱洞 6 連線謂聖人在某時節觀象見某星宿兩邊兩顆星體。而盤道方位角等於三百十度出自簡單算法：

$$360° - 50° = 310°$$

這五十度不是赤經面變動範圍，而是另外某星宿位置變動，它涉及春分求算。此點恰是關聯柱洞 7 與柱洞 3、柱洞 4 基礎。

（2）紫微垣與建星約合暨斗建二宿代換以爲精算基礎

「約合」指連而當曆算，其基礎是「約連」。後者指連屬而拘束時節曆算。如前訓 F371 與 F372 柱洞表達聖人觀星宿一般，F378 柱洞也有聖人觀星義。此穴柱洞述聖人觀星雖涉 F372 觀星，但二者表意參差明顯。檢 F378 述聖人觀星

宿要點在於，此處北宿關聯紫微垣，由於 F378 外廓雖似 F372，其狀更接近紫微垣兩屏藩相連後外廓。而且，狄宛聖人此舉給中國前仰韶時期天文學深入發展奠基，此圖樣是聖人後嗣在臨潼白家村造設穴室與柱洞演示紫微垣與大火星觀測認知之根基，後將一門檢討白家村 F2 關聯含義。此處見紫微垣東西兩藩扣合，自東向西或自西向東查看 F378 平面圖，見紫微垣輪廓。此狀紫微垣匹配冬季。縱向切割 F378 平面圖，使兩半大抵相等，即見紫微垣下大而上小。前訓狄宛 H397 外廓與此相似，唯 H397 東西走向，橢圓形平面大頭在東，它是西山坪 T18 ④：H2 樣貌之源。聖賢以彼狀述秋分迄春分曆算。而 F378 平面圖大頭在南，此狀與 H397 平面圖是白家村 T102H22 紫微垣模樣之源。F378 述時段狀應在冬至日後，由於 F378 平面圖南邊已顯向東轉動之跡。

若論 F378 與 T18 ④ H2 重大差別，須言狄宛聖人洞悉星象變遷，他們身處渭河流域，工於察北垣與紫微垣星宿，能清睹中官星宿。他們造設紫微垣與北垣關聯，此處北垣指建星。其證是 F378 僅見一組兩眼外柱洞直連穴內柱洞，即柱洞 9、10、4 三者堪以直線串聯。此即《月令》：「仲春之月，日在奎，昏弧中，但建星中。」建星屬北垣，在斗宿背，有六星。柱洞 1 迄 6 記建星六顆。但問，建六星爲何在南，如 F372 一般？前未申述此題，今補述其要。

圖八四　F378 聖人觀建星與紫微垣

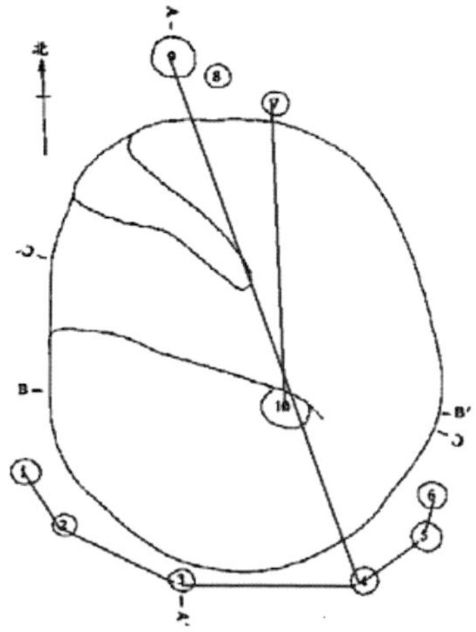

建六星所以見於南邊，故在聖人將此星宿置於紫微垣述冬至迄春分節氣與紫微垣關係。紫微垣輪廓大頭在南述冬季，而冬至是節氣起算點。紫微垣大頭朝向與節氣關係前已申述，不贅言。聖人欲言其察建六星，但不能以建

星表述日處所，由於建星在斗背，故借用斗宿記述其以斗宿位置告喻建星，猶如以某人面目、胸腹、兩足而言此人有背一般，其背與迎面合一。此處以斗宿位置變遷關聯冬至，既然以斗宿類比建星，斗宿處所類比建星處所。如此，即能借用紫微垣兩藩結合之大頭述冬至表述春分。如此，《月令》「仲冬之月，日在斗」是聖人前輩熟知知識，而聖人將此知識適用於建星記仲春。二者代換致柱洞精算春分。涉及斗宿與建星位置之必然，一期遺跡見F372與F378位置關係也能佐證此題。F372位於一期遺跡中部偏南，F378在F372西南。斗宿位於星空東北，F372在F378東北，F378在F372西南。以東北方為迎面，西南方為後背，故而我講F378述斗宿背面，即建星。如此位置關係旁證聖人以斗宿替代建星沒有問題。

　　另外，述春分日精算須參照某時節，此時節是冬至。引入仲冬須星象與相關指示。述仲冬星象即紫微垣。相關指示即斗宿移動與基準垂線夾角。如此，前述代換關係獲得另一支持。基於此思路，他們依體分之術，將仲冬日宿斗宿設在北面，對應南邊六星。二者表意關聯，但不得渾然代換。北邊見柱洞9直徑最粗，其故在此。聖人又恐邑人不知南布六星與察主宿本是一事，故以直線連屬柱洞4、10、9，並將穴東南、正南與西南六星相連。彼時，聖人以何物連屬六星，我無佐證。推測他們在柱洞之間搭木料，連屬六星。

　　2）F378斗（建）縮度暨歲星贏縮起源

　　（1）聖人觀斗（建）縮度類比赤經與黃道相交

　　斗宿是日宿所之一，是恆星。「縮度」本指歲星退舍度數，而歲星是木星，是行星。木星退舍曰縮。此處以斗（建）宿縮度喻聖人以數柱洞演示他們令斗建自東向西位移，並依此位移角度還原黃道線並告春分日赤經面與黃道交點。「縮度」見於《天官書》歲星占。其事初出狄宛聖人令斗（建）縮度。

　　檢F378平面與剖面圖，不見東西向地平面差異，這異乎F371、F372。後二穴圖樣解析顯示，日反舍或曰「反景」係其要義，此題背後是星宿認知與反景精算春分日。但在F378剖面圖南邊，東西向不見兩個地平，唯見統一地平。倘若由此推測聖人不用兩個地平面反景，以圖精算春分日，此推斷不誤，但又不足。細察F378平面與剖面圖，連屬南邊柱洞3、4、5，以及柱洞7，後見聖人造設新算法。此算法基於前訓斗建替代所致三角角度代換，其訣竅是，以日多至值斗宿修正謬算春分日。這樣，前賢能夠精準計算春分日。

　　今察此穴東北凹陷，而西北邊高度等於地平面。由此高度變遷得知，斗

（建星）宿本該在東北，但曆算者算春分日早，日行速度恆定，以致冬至日遲至。故將建星（斗宿）從東北隅低處遷移於西北隅地平。如此，以斗宿位移解釋此高低變動，冬至斗宿精確位置不應在東北，而應該在西北，此是縮度。若以建星位移解釋，且見日於建星，即謂東北見日。於曆算春分日觀星，日不見於東北，減去某日數後，春分得正。此日數在此折合某度數。見某度數即謂令建星從東北返西北。這類似春分日赤經面與黃道面相交之所，合當在西北，而非東北。此處也見縮度。查看圖樣，雖不見赤經面變動圖，但春分日精算不受影響，此計算匹配 F378 袋狀穴精算春分日。

基於此計算，聖人挖掘此穴北邊時以西北隅高低接近地平線。對照此處，知當年冬至點應在 310 度處，這猶如標誌地穴盤道口方位角是冬至點。柱洞 9 直徑最大，在西偏北，位於地穴北邊東西向地平臺末段。此擡升謂斗宿自低於黃道處向平行黃道處移動，地平線類比合當春分日日出、日落赤經黃道交點。澄清話題基礎與延伸，今依《發掘報告》圖一六繪製 F378 春分點、斗宿（建星）縮度圖樣如後。

圖八五　F378 斗宿建星縮度更替

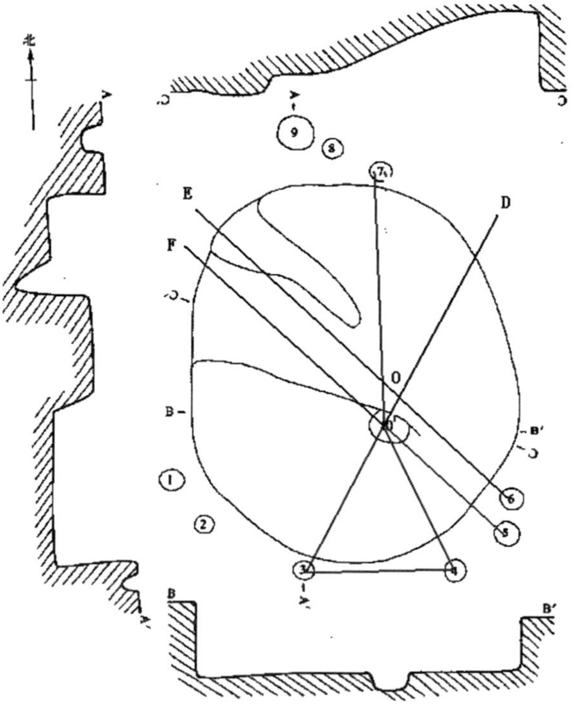

（2）斗宿類比建星縮度精算春分日基於類比紫微垣左旋

畫柱洞 10 迄東北向藍色直線，得線段 D，其東北所是預算冬至日值斗宿，亦是仲春建星處所。此方位關係是觀星方位定春分基礎。但是，此處難題是曆算謬誤，算春分日早於實際春分日。聖人欲告曆算謬誤，減算誤差，故藉星宿退舍表達，退舍即類比斗柄反向旋轉，斗柄反向旋轉又無切實佐證，故擇紫微垣左旋爲證。左旋與右旋相反，右旋喻時行，左旋喻退時行。退時行即減時行，時行基於曆算月日，故減曆算月日以爲精準計算基礎。

如此，反仲冬後縮斗宿於 F 處，以爲多至點。盤道口方位角 310 度即直線 D 反轉於 OE 直線。此角度即∠DOE，此角度小於等於 80 度。此角度等於柱洞 5 到 F 直線與直線 D 夾角，兩角是同位角。直線 OE 西北端接近西北角，是斗宿縮度處，又即建星縮度處。縮度後獲得地平與穴底南邊地平統一。南部地平統一即春秋分平，南邊是日出日照之所，多至日日照出自東南，此日合斗宿縮度。以建星論，此處喻建星縮度。此角度即算春分日應照顧角度。

D 到柱洞 3 直線與 F 與柱洞 5 直線夾角小於等於八十度，此角與 D、柱洞 3 直線與 F 直線與柱洞 5 直線夾角相等，二者是對頂角，此角同角 DOE。今欲減算以顯斗宿暨建星縮度，須從角 DOE 減去柱洞 3、10、4 在柱洞 10 構成夾角。而柱洞 9、10、4 之間連線爲基準。地穴南邊見等腰三角形是縮度後，將於春分觀星能見建星處所。其兩腰是柱洞 10、3 與柱洞 10、4 連線。

欲精算春分日須先精算多至日，此計算須基於減算。∠DOE 是含有誤算角度之大角，其度數是：

　　∠DOE≦80°

再減盤道與垂線夾角 50°：

　　80°－50°＝30°

這個度數其實是≦30°，即減去度數應限於 30 度內。三十度於回歸年即爲三十日，斗建是觀日宿之所，故述回歸年日行度數。對照地穴春分曆算，今知此日數等於二十七日：

　　27°≦30°

又即：

舊曆算減二十七日即得春分日。此算法與袋狀穴精算春分日都基於回歸年算法。狄宛二期圓底房址不見多地平底面，故在一期 F378 導致構造精簡，

而且此算法又促使觀星發達。曆算與星宿觀測結合愈加緊密。此術傳及關中，到達高峰，例證是半坡早期 3 號圓底房、姜寨早期 F44、F109 房等。此處不須細述。

3）F378 小龕尺寸勘誤與曆算常數

（1）F378 小龕尺寸勘誤

依《發掘報告》，F378 北壁靠近「門道」處有一長約 0.8 米，寬約 0.2 米，深約 0.3 米，平面呈不規則長條形小龕。聖賢爲何挖此小龕，迄今未見討論。我以爲，此龕出自精心設計，是曆算須循從常數。前訓一期地穴曆譜尺寸也是訓釋此小龕尺寸，每尺當三十三釐米。算得相關數字，再對照春分日精算，訓釋小龕功用。

小龕長：

$$0.8 \div 0.33 = 2.424$$

寬：

$$0.2 \div 0.33 = 0.6$$

深：

$$0.3 \div 0.33 = 0.9$$

此三數相乘，得數是小龕容積：

$$2.4 \times 0.6 \times 0.9 = 1.296$$

倘若不行四捨五入術，此小龕容積是 1.29 立方尺。我疑心此數字有誤差，故在 F378 有統一地平。地平面是方上察春分點基礎，它涉及赤經面變動。檢 F372、F371 都含三角運算，但 F378 含三角運算精簡了多地平與赤經橢圓面長徑變角，其關鍵地平是一個。既如此，聖人操心大事是地平上察春分日及春分點。地平面即方面。方面術算準乎平方，此是常數，猶如人有兩手、兩足一般。將前算小龕長、寬、深折算狄宛尺相加：

$$2.424 + 0.6 + 0.9 = 3.924$$

此數字寡於平方二：

$$4 - 3.924 = 0.076$$

此數告喻，發掘者發掘此龕某處不合原樣。我推測，深度 0.3 米這個數字不足，原深應等於 0.33 米，而發掘者又多挖了長度。今依 F378 平面爲方觀念測算，以顯誤差：

$$2.424 + 0.6 + 1 = 4.024$$

這個得數大於平方二。今將小龕長折算爲狄宛 2.4 尺，發掘者應掘得小龕長：

2.4÷0.33＝0.792

發掘者發掘誤差：

0.8－0.792＝0.008

這個誤差不大，但也將近一厘米。對於曆算，此誤差能導致更大誤差。此誤差不應視爲田野挖掘理論缺陷所致，而是挖掘或測算不細之果。田野發掘理論已包含小龕挖掘。如此，勘定小龕數據：長 2.4 尺、寬 0.6 尺、深 1 尺。

（2）小龕尺寸是地穴曆算常數及方術之源考

小龕長 2.4 尺、寬 0.6 尺、深 1 尺，這三個尺寸俱有含義。長二尺四者，尺當一歲，二尺四當二歲。平二歲春分、秋分爲曆，故須二歲。每尺二當一年。長又能訓張，謂弧滿近圓，赤經面變動，爲二歲。故此度是長度。

寬 0.6 尺即疏 0.6 尺，疏謂拉開距離。天旋地轉不得止，但聖人能將一歲關聯節氣即春分與秋分間隔，此謂疏，也謂闊。將春分、秋分間隔六個月，即得春秋分之疏，匹配尺二當一年。深一尺，於小龕謂平面入一尺，一尺謂一番，即兩歲春分間赤經橢圓軌道面長軸高低一番。

倘若將三數相加，得數：

2.4＋0.6＋1＝4

此數謂面積。此數開方等於二。此術算是尺寸度當曆算與方術之本。此術算爲中國思想之天地相連念頭打下基礎。

4）駢枝：九黎亂德是後繼縮度暨孔子「自反而縮」新證

（1）「九黎亂德」係縮度

「縮度」是狄宛聖賢功業之一，它在後世被傳承。今略考「縮度」與國史曆算大事關聯，揭示此事流變，以及與後世教化關係。我檢中國今存經籍記最早縮度是少皞部事跡，但其爲曆不精密，招致討伐。其時代是少昊德衰末期。《楚語》記：「及少皞之衰也，九黎亂德，民神雜糅，不可方物。」衰謂德衰，德衰即節令謬算，物種弱茶，以致藩殖受阻。此是文獻宏綱。

有人以爲，亂德之德謂天地自然關係。而「九黎亂德」敗壞了政教秩序

和質量，瓦解了華夏王權〔註21〕。此說荒誕不經，中國古有王道，無王權。「九黎」謂「九鬲」，述曆術，非人名、族名，行此曆法之地在今山東壽張附近。此地屬虞夏時期青州地界。九鬲有二義：第一，列九鬲，每鬲三足。於數為二十七。第二，以九日補陰曆，是謂調曆。調曆後曆法每歲三百六十四日。「九」用如數字，喻九日。黎初非地名、非姓、亦不謂黑色，更不是族名。

倘使用前數，以為陰曆月日數，陰曆每年寡陽曆四十一日。陰曆補日，每月補三日有餘，難以精準。故此，二十七不是陰曆月日數。能否以此數為日全食致節氣延遲日數，我無佐證。但以此數為補九日，於術算能通，唯調曆後寡於陽曆一日，曆法歲三百六十四日。此曆算導致寡日在三年一元之第二年出現。次年，平春分，秋分遲兩日。平秋分，春分遲兩日。如此，欲準乎星宿調曆，必須縮度。推究其縮度之法應是每三年三度，三年即須縮九度。此即觀射父口言「亂」字本義。此法能匹配黃道週旋三百六十度，但回歸年日數仍多於歲三百六十五日四分之一日。此算法致三年誤差與九年誤差明顯：

$$0.4 \times 3 = 1.2$$
$$0.4 \times 9 = 3.6$$

如此，春秋分難平。曆算導致預期節氣未至，穀物歉收，孕婦依曆算指導保養失敗而致流產，此謂穢氣難盡。觀射父記「亂德」謂節氣不直，其特徵是「嘉生不降」、「莫盡其氣」。俱無紕繆。顓頊「絕地天通」之後，此曆謬誤被消除。絕者，斷也，即切割以絕穢氣。穢氣為時氣，氣有曆數，此是節氣。故絕字引申義是改紀元以得節氣。絕本謂斷絲，絲於古謂紀，結繩記事即以繩結述曆日大事。有紀必謂曆日起於一元，此即歲建、月建與日建。由「絕」推知，絕前曾有不絕故事。此事即「亂」字所指：許慎解「縮」以亂，故在兩字都涉糸。而糸又能謂約，即牽拉。「九黎」之「亂」即縮度之縮，非謂「九黎」不涉治節氣。《昭公十七年》郯子述祖業毫無喪紀之義，其故在此。

《泰誓》武王曰：「受有億兆夷人，離心離德。予有亂臣十人，同心同德。」「亂」謂知紀，即縮度曆算。「同心」謂同圖同欲。「亂臣」是古語，被殷商舊族遵循。武王此言能說服知古史舊族，獲得支持。

〔註21〕吳小鋒：《天人古今：司馬談的學問結構》，《南海學刊》2015 年第 1 期。

　　另外，「九黎亂德」縮度事在黃帝、蚩尤逐鹿前。事涉帝顓頊「絕地天通」，以及前顓頊時代曆算變革與術算致刑罰，頗涉刑、律、法起源，聖賢赤帝、黃帝、蚩尤深涉此事。話頭多而難考，故日後另闢一題。

　　（2）縮度說是孔子「自反而縮」大勇論根源

　　郯子使魯，其言傳於孔子。孔子曾言「天子失官」，以述星官與地上景物須匹配，此即保德，不能為此即謂「失官」。而星官之能，見於縮度。孔子精研《周易》，又知古器與俎豆舊事，故能知縮度舊事。他論大勇而言「自反而縮」，此是其學通古之證。

　　孟子述曾子門人子襄曰：「子好勇乎？吾嘗聞大勇於夫子矣：『自反而不縮，雖褐寬博，吾不惴焉；自反而縮，雖千萬人，吾往矣。』」「夫子」即孔子，子襄是曾子門人。趙注：「縮，義也。惴，懼也。《詩》云：『惴惴其慄。』曾子謂子襄言孔子告我大勇之道。人加惡於己，己內自省，有不義不直之心，雖敵人被褐寬博，一夫不當輕驚懼之也。自省有義，雖敵家千萬人，我直往突之。言義之強也。」〔註22〕舊注以「直」訓縮〔註23〕。楊伯峻釋「自反而不縮」：「縮，直也。自己反省認為自己無理。」釋「吾不惴焉」：「惴，動詞使動用法，今指用語言恐嚇。吾不惴焉，我不去恐嚇他。『焉』作『之』用。」〔註24〕今案，舊說縮謂「義」「直」，俱不詳。孔子師事郯子，而孟子去孔子已遠。趙岐復遠去孟子。趙氏欲以「義」通釋此節，但非孔子舊意。孔子謂「自反」、「縮」是兩等自省，故將「自反」「（不）縮」對照。自反出自反景，縮謂退舍。前者喻日反景，後者述恆星退舍。日為炬而星為微耀。「自反」猶日反舍以直，日直是曆算節氣直之果。於人即謂心氣直而不曲。「褐寬博」三等人能為此。褐謂粗線織物，指衣著簡陋者，他們人眾，但不乏知是非者。屋大謂之寬，指居廟堂者。博謂大通，指士、君子。孔子面對這三等人毫不憂懼，故在自己知辰宿運轉，天道直行。若有人能如恆星不趨舍而退舍，以合天道，即使他們為數眾多，也不算多，我（孔子）欲之其所，與彼等交游。孔子不憂懼「褐寬博」，故在他們遵從天道而直抒心氣。相反，與無道者交游使人憂懼。孔子期盼退舍者眾多，映襯彼時趨舍者眾。孔子從郯子聞知其祖舊事，故用反舍、縮度以喻精算二分而行天道。知天道者心存天地

〔註22〕焦循：《孟子正義》（卷六），《續修四庫全書》第158冊，第18～19頁。
〔註23〕王緇塵講述，朱劍芒等校定：《孟子讀本》，粹芬閣，1936年，第67頁。
〔註24〕楊伯峻：《孟子導讀》，中國國際廣播出版社，2008年，第86頁。

正道,從而行之。既行天地正道,何憂何懼?

縮度是天文學名,其證見於《天官書》歲星占:「歲星贏縮,以其舍命國。所在國不可伐,可以罰人。其趨舍而前曰贏,退舍曰縮。贏,其國有兵不復;縮,其國有憂,將亡,國傾敗。」司馬貞《索隱》云:「《天文志》案,『凡五星早出爲贏,贏爲客;晚出爲縮,縮爲主人。五星贏縮,必有天應見杓也。』」〔註25〕趨舍者,速及舍也。退舍者,縮也。憂者,懼節氣不直,穀物不蕃也。趙注偏頗,楊讀亦非是,去孔子意甚遠。孔子之勇,乃行道之勇,非匹夫勇力之勇。天道納人道,行天道之勇是大勇。

三、狄宛四座觀象遺跡演秋春調曆與火正及其在關中變遷

(一)四座非房遺跡是聖人曆建仲春觀象臺

1.四座非房遺跡述聖人曆建仲春

1)三座遺跡述狄宛曆建仲春

(1)星宿觀測與赤經變動記錄述回歸年曆法

三遺跡 F371、F372、F378 訓釋揭示,其袋狀穴述精算春分。此算法基礎是尺寸度當,而得數是春分日。既如此,此三地穴記述曆譜,此曆譜不是文字,而是地穴。載體參差而已。不得謂彼時無文字,必無曆算。考古界一些人討論文明,動輒以體系文字爲文明佐證,罔顧《謚法》「文」本意在乎「經天緯地」。拽線、搭木、在地上挖槽都能述經緯。這三穴尺寸度當計算顯示,三地穴是精算春分日之器。那麼,如何評價三穴柱洞表意與地穴曆算關係?我以爲,須以星曆解釋此題。

《禮記·月令》記日於十二月直星宿,其局部源於狄宛聖人造設。天文史檢討以天文曆法含日相對位置解釋星宿。此説固無問題,但不涉中國古曆法發達之故。我察其發達之故在於,太陰曆初成即結合回歸年。狄宛柱洞寫某星直日記錄回歸年曆法,不是太陰曆曆法。F371、F372、F378 三者含星宿直日所,此位置關係基於聖人造設赤經面變動,此算式後以 F378 簡化。此思路基於聖人觀測星象,辨識斗柄週旋與日軌道差異。此曆算思路是太陽回歸年曆法,是陽曆。於後狄宛一期時代似房遺跡曆法考證,此結論須能指導細節檢討。

〔註25〕司馬遷:《史記》,中華書局,1959 年,第 1312 頁。

（2）狄宛聖人曆建仲春

澄清了三座遺跡柱洞曆算含義，今萃取其曆建含義。曆建說出自虞史伯夷，《大戴禮記‧誥志》記孔子傳其言：「虞夏之曆，正建於孟春。」太史公作《曆書》云「昔自在古，曆建正作於孟春。」《史記索隱》云：「古曆者，謂黃帝調曆以前。有《上元太初曆》等，皆以建寅爲正，謂之孟春。」此述月序匹配十二辰序。十二辰亦是地支十二次，辰次十二配月即爲月序。辰字甲骨文狀涉蚌鐮，徐中舒已考，張聞玉用其說，認定辰源於夏〔註26〕。蚌鐮功在收穫，收穫依月序，起算月不一，月次必不同。故臨潼白家村前仰韶遺址早期蚌鐮四件，齒數不等，寡者二齒，眾者五齒，《臨潼白家村》圖一九。晚期蚌鐮齒數多至十二，圖四八。狄宛聖人曆算已有月序，地穴曆譜已能證實。遵從徐說即須斷定，前黃帝時代已有辰觀。辰觀化爲十二次在何代，暫不能定。

《誥志》記孔子傳虞史伯夷言，「明，孟也。幼，幽也。」「虞夏之曆，正建於孟春。」依伯夷言，孟春即明春。明與幽相對。《曾子天圓》：「參嘗聞之夫子曰：『天道曰圓，地道曰方，方曰幽而圓曰明；明者，吐氣者也，是故外景；幽者含氣者也，是故內景。』」日照週旋，此謂明。王聘珍以陽訓明（《大戴禮記解詁》，第181頁），此說不盡是。日照周天，察之於星宿，於舊所又見日，此謂明。日行周天即回歸年，以週旋畢而紀歲始，匹配地上物相，循環不休，此謂孟春。「正」謂歲初朔日不誤，前歲爲長，新歲爲幼，故幽訓幼。狄宛有無新歲朔日，我無佐證，但已有月序朔日，此日是每月十五日，非初一日。狄宛聖人以日全食致節氣延遲調曆，此是大事。他們似乎無暇照顧「正建」，但他們照顧曆建仲春。F371、F372、F378柱洞記星宿與赤經面反景、建星縮度俱述曆建仲春。

2）狄宛曆正準乎冬至與春分

（1）F342構築細節推測

《發掘報告》未錄此穴平面與剖面圖，今依前訓推測F342無豁口，也無盤道。此穴本無豁口，發掘者講其「門向」不清，此是發掘者未得辨識基礎所致判定，不得以爲狄宛一期曾有盤道與豁口。而且，此穴無豁口故地平統一。其表意系統與其他三穴一樣，曆譜決定此穴不須豁口。其袋狀穴功能以

〔註26〕張聞玉：《釋「辰」》，《貴州大學學報》（社會科學版）1994年第2期。

勘誤舊曆算春分日一日誤差窮盡，故無赤經面變動差，不須如 F371 以多地平反景。而且，不須如 F378 一般，以某星宿縮度表達精算春分日。其他三穴盤道方位角與精算舊曆譜春分日關聯，而此處定不見此等關聯。F371 舊算春分日提前 68 日，故盤道方位角 48°。F372 舊算春分日提前 30 日，盤道方位角41 度。F378 舊算春分日提前 27 日，盤道方位角 310 度。角度計算支撐舊算修正。此處舊算春分日紕繆小於等於一日。此一日以赤經面變動反映，僅見一度差。這一度差不足以使挖掘地穴者規劃盤道寬度。倘使推斷此穴有豁口、盤道，其盤道方位角須為 364° 或 1°。若定前者，即謂不須規劃。若定後者，規劃後毫無施工前提。若畫其走向切線，此線幾乎與穴內柱洞與北邊柱洞連線平行。此線幾乎平行於子午線。倘使如此施工，必致塌方，由於挖掘北邊柱洞將擠佔盤道一邊邊沿。

發掘者講此穴「門向」不清，故在他們判斷這四處遺跡是房址，以房址考究地穴與其匹配柱洞，儘管發掘出此穴柱洞，仍不欲斷定此穴沒有門道。我依《第一期房址登記表》記述此穴柱洞無缺推斷，當初發掘者所見遺跡與其他三遺跡一般，上部受損有限。曆譜計算能佐證此推算，由此斷定《發掘報告》述此穴有不少保留。

此穴外柱洞分佈不須遵循星宿認知，故在此穴曆算不涉縮度等。我推測柱洞 16 眼分佈模樣是，柱洞 1 在穴內，圓棱北邊緣柱洞三眼，東、西、南邊緣各有四眼柱洞。北邊一柱洞與穴內柱洞構成子午線。東、南、西柱洞似密，北邊三柱洞稀疏。其分佈模樣類似寶雞關桃園遺址 F4，詳《陝西寶雞市關桃園遺址發掘簡報》，而且柱洞位置不應是以同心圓對稱，大約應有兩個圓心，類似關桃園 F7。兩處遺跡存在承襲關係，狄宛 F342 在早。此推測是否符合事實，待來日由掌握 F342 發掘記錄者考究，我於今無力承受申請調用此記錄之負擔。不管怎樣，此穴無出土物旁證此穴述精算與舊算幾乎無別，故不須某陶器旁證重大勘誤。

（2）四遺跡位置關係述狄宛曆正基於冬至與秋分

考證迄此，須解答狄宛曆正基準一問。此題是中國曆法史「曆建正」之本。我依前算推斷，狄宛聖人「曆建正」準乎冬至與春分，而冬至是 F371、F372、F378 地穴與觀星曆算勘誤基準。檢四座遺跡曆算與三穴盤道方位角，便於溯跡聖人規劃四座構築物之用心。今以盤道喻熱氣出入，F371 盤道方位角 48°，此喻氣行口在東北。F372 盤道方位角 41 度，其氣行口也在東北。F378

氣行口在西北，F342 氣行口幾乎在正北。將四座地穴入口角度依斗柄右旋次第，F378、F342、F371、F372。倘使依反景說，次第是 F371、F372、F342、F378。狄宛一期遺跡圖見四遺跡排序是後者：F371 最突兀，孤零零在遺跡東部，其正西是 F372，其西偏南是 F342，其西偏南更遠是 F378。

更改方位觀四遺跡，見 F371、F372 東西分佈，F342、F378 也呈東西分佈。將兩遺跡別二組，畫線聯繫每兩遺跡，見東西向平行線。在平面圖上，此平行線關聯日照，即見春分日為正。照顧 F372 與 F378 斗宿建星關聯，以及每座地穴外都有二柱洞述子午線喻仲冬，四遺跡述曆建正貴乎冬至。

2. 星圖補遺暨聖人秋分春分調曆後「火正」仲春

1）星圖補遺

（1）星圖補繪基於四遺跡位置

關聯狄宛一期遺跡圖 F371、F342、F372、F378，並照顧前賢精算春分日最小誤差與最大誤差，令 F342 為 A，F371 為 B，F378 為 C，F372 為 D，畫赤線連 F371 與 F342，再連屬 F372、F378，得兩線平行，即 AB∥CD。再畫線連 F342（A）、F372（D）為一組，連 F371（B）、F378（C）為一組，得 ADBC 相交於 O，ADBC 狀似「乂」，此線喻減算誤差。「乂」字謂翦滅，其本在此。於狄宛聖人，此文謂「令翦」，此狀出現於二期彩陶畫，指曆算減法。將此義以陽氣消息摹寫，施加顏料，得圖樣即標本 F310：5（圖一一〇，第 1）。此「乂」狀是「天數五」「地數五」數術說之源。此二題關聯《易》教畫卦，後將於重消息《乾》檢討。

自東斜視 AOB，或自西斜視 COD，忽略 O 點，以為闊處，見袋狀穴剖面圖。以赤線連 AC、BD，見平面輪廓，此即翦滅誤差，獲得統一地平線，得平正春分日曆算。二期若干圖樣都涉方狀，其本在此。

由 F378 查看東邊及東南查看天際，能睹 H3116、H382、H3115，連屬三地穴，得大火星狀。由 F371 向西南查看，見這三穴落地，此述「流火」，時在自 O 察大火星正南之後一月。前算 68 日誤差出自此間。

再察 ABCD「乂」狀，對照《中國天文學史》圖 59，見此狀含角宿二星，以及平道二星。A（即 F342）為角宿二。B（即 F371）為角宿一；C（即 F378）為平道二，D（即 F372）為平道一。由 O 沿子午線畫線，此線在 F391 南。但是在 H382 以北，在兩穴之間。自 O 向南查看，見大火星在正南。照顧 H3107 謂春分節氣不誤，時在二月，則大火星出現正南應在三月。與此關聯，H391

平面圖東南見切入一角，此述角宿。此事大抵是角宿名源。再將 H11 連屬 H10，再連屬 H11、H12，西北見周鼎三星。

　　平道二星與角宿同時出沒。陳遵嬀先生由此推測，「也許古人測驗春分，用它們爲晝夜平分的標誌（《中國天文學史》上冊，第 229 頁）」。今察陳先生言不誤，但有不足。檢此四星與氐宿關聯，順氐宿察交點年日全食必不喪全食日。聖人用此二星平交點年與陽曆年日數。故我勘定其名本乎平交點年回歸年交食之道。

圖八六　狄宛星圖之角宿、平道、周鼎、大火星

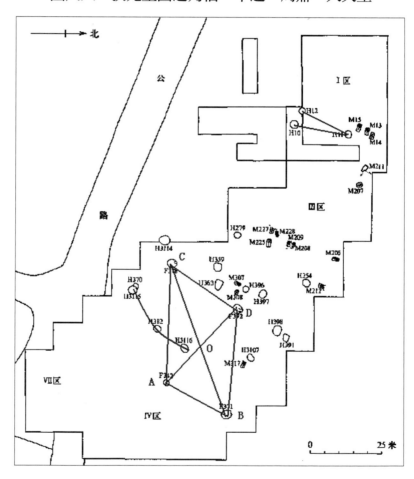

（2）星官與垣宿是回歸年曆法基礎暨四垣星宿赤經序列

　　狄宛聖人知星宿若干，前已申述。但是，能否將聖人已得星象視爲體系

知識，這是問題。由前訓出發，今能理出聖人星象知識脈絡。此知識系統是其回歸年曆算基礎。今欲經略其知識系統，須循綱要：曰星官、曰四垣、曰配星。

狄宛星官是中官，紫微垣十五星、北斗七星、天理四星。他們是否已知天鉤，我未能覓得一期遺物佐證。但狄宛二期有魚鉤，製作精良，非二期 I 段造，推測此物出自襲模天鉤樣貌。暫算已知中官二十六星。

狄宛四垣之東垣：角宿、氐宿、心宿、尾宿。平道，周鼎。聖人調曆而平春秋分，須正春分，故察東垣用功深厚。計四宿十八星，配五星，東垣總計二十三星。

北垣：斗宿、女宿、壁宿、格星、建星。察日宿所而反景，謀冬至以精算春分，故須精研日宿所在東北向西北變遷，故用功其次。計三宿十二星：斗六星、女四星、壁二星。格星九顆，建星六顆。總計二十七星。

西垣：奎宿、婁宿。正仲春須並察，在北垣後。奎十六星、婁宿三；計十九星。南垣：弧矢。此星座屬井宿，推測一期聖人知井宿，但調曆不涉仲夏，不須日在井宿，故不曾摹寫或規劃。弧矢亦是正春分之星，此星有九顆。狄宛聖賢識星約 104 顆。此序列是狄宛曆正四垣排序。此序是後世二十八宿排序之源，無論何人述星曆，俱依此序。此外，狄宛四垣星宿排序依赤經面變動。其序實係赤道星序，是後世赤道星序之源。竺可楨、夏鼐、不列顛人李約瑟等研究《天文訓》、《天官書》恆星次第，俱認為此序是赤道序。陳遵媯附議此說，但都未考赤道星序起源（《中國天文學史》上冊，第 215 頁），今補此基礎。

（3）狄宛四垣是二十八宿之源暨其星圖是中國星經之母

涉二十八宿體系形成時段，天文史學界準乎曾侯乙墓出土漆箱蓋二十八宿。諸星次第頗顯規整，東方七宿次第起於角宿，終於箕宿。另外，青龍白虎與之匹配。陳遵媯由此推斷，二十八宿體系成於更早時間。早至何時，他未推斷（《中國天文學史》上冊，第 223 頁）。四垣以東垣為首，此次第顯非後世察星者創造，而是狄宛聖人。另外，竺可楨曾以為，中國二十八宿起源於距今四、五千年前〔註27〕，此說今須修正。二十八宿非源於四、五千年前，而源於八千年前左右：與四垣星宿相比，狄宛聖人先輩早知中官，紫微垣與

〔註27〕　竺可楨：《二十八宿起源之時代與地點》，《思想與時代》第 34 期（1944 年 5 月）。

北斗七星大約是他們最早觀測星象。一期構築佈局顯示，他們凡須爲曆，能將紫微垣信手拈來，隨處適用，匹配日照與季節，以及曆譜。此等能力背後，是至少數百年星象認知與認知增益。

狄宛一期尾宿地穴佐證東方七宿認知大略完成，涉角宿認知積累須歷多年。關聯角宿、氐宿、心宿，尾宿又須數十年。而方天術關聯角宿，又關聯地平面佈置。方天術初成與方天術適用是兩回事，而適用方天術導致東垣星宿關聯，這是算法適用。非嫻熟而多代積累，絕不能爲。由此可以斷定，世界範圍內關於二十八宿起源地之爭可以休矣。天文史學界關於巴比倫、印度、阿拉伯三地爲二十八宿起源說俱無考古證據。

若論中國二十八宿起源與傳播，二題須恒記：其一，狄宛星圖是《巫咸》、甘德等天文星占之源。無論旁人推斷二十八宿成於周初，還是戰國時期，以二十八宿佈全天是此題基礎。狄宛聖人已奠定基礎，H391 方天術乃基礎之基礎。其二，若論星圖起源，張衡繪《靈憲圖》絕非最早星圖。星圖之源是狄宛一期尾宿圖以及 F371 等四遺跡構造角宿、平道，H11 與 H10、H12構造周鼎，以及 H3116、H382、H3115 構造大火星，乃至 F371 等四遺跡構造平面有「乂」圖是星圖主根鬚，而 F371、F373 與 F378 俱是星圖，而且 F342十五柱極可能涉及赤經與黃道兩個同心圓關係。關桃園遺址 F7 大約是此穴黃赤二道關係演變之果。漢以降星圖之學未絕，是遠古星圖子遺。洛陽北魏元乂墓揭露的星圖、隋朝皇室主導而成星圖皆是古學一部。唐以降，星圖與繪畫結合而爲繪畫星圖。敦煌莫高窟曾存某種星圖，後被斯坦因竊取。據陳遵嬀述，其上記星一千三百五十多顆。星數之巨使人驚訝。眾多星座顯非一時一世辨識、記錄，是若干代積累而成。今知其源是狄宛聖人觀象爲曆與調曆。

2）狄宛秋春調曆暨「火正」三月是後世火正起源

（1）F371 外柱洞尾宿與一期地穴尾宿反向喻秋春調曆

涉及狄宛春秋分星圖，尚有最後一題須檢討，此即狄宛有兩處見尾宿星圖，兩處尾宿圖朝向相反。檢狄一期遺跡地穴 H254 等九星構造尾宿，開口向西北。F371 外柱洞也構造尾宿，其開口向西南。這是爲何？

我檢一期遺跡尾宿圖起點在 H254 附近，而此缺環狀星圖大致以 H363 爲中心。H363 含氐宿，是察七曜中道，故是平二分之星象基礎。由此判定，F371外柱洞構造尾宿應是翻轉尾宿，並左旋所致。左旋即反景，翻轉即天地倒置。

以今而論往，往時星象今在天球目不能睹之處，猶如落於足踐地平之下。此圖固見反景，但更強調半天球上下變更。

（2）聖人調曆後大火星正曆法三月

　　一期遺跡補繪圖顯示，自 F371 查看大火星，此星已墜，位於此處唯見大火星二星，第三星隱沒，此謂彼時「火流」。但自 F378 察大火星，見此星在東偏南。自 H391 察大火星，此星在南。依前述，平道二星與角宿二星關聯，爲「乂」字，交點 O。交點即中點，中點即節氣之「中」，此觀念是周初「中國」名源。這樣，狄宛聖人授時絕非依大火星，而依曆法授時，校驗曆法依大火星。換言之，狄宛曆算是中國曆算授時之源。馮時以爲，古人以大火爲授時標準星。此說不審（《天文考古學》第三版，第 179 頁）。觀大火星僅是校驗曆法之途，非廢曆法，亦非彼時無曆法。曆法授時是星曆演變之高等樣式，猶如今日農夫準乎曆法而耕作、收穫一般，不須再察星象。

　　如此，即能勘定聖人當年調曆結果：正仲春以南睹大火星，即春分見大火星於正南。此事於中國古曆演進，以迄龍山時代星曆進步有莫大輔助。而帝堯曆既是其演進之果，又是其佐證。《堯典》「日永星火，以正仲夏。」此謂夏至見大火星在正南。《豳風》「七月流火」，六月初昏，大火星正中。今日，大火星七月在正南低空。大火星每退後一個月，時間差達兩千一百餘年〔註28〕。檢一期遺跡圖，H3107 幾乎與四座觀象遺跡連線交點 O 平行，斷定調曆已獲得仲春基準。今以帝堯時代爲準，估算狄宛一期大火星出現於南天時間：正南早於帝堯時代，今日大約年數須基於月數延遲，今準乎 2100 年數差逆算。

表三〇　大火星正狄宛曆法三月

本期（農曆月）	前一期	前二期	前三期	前四期
2006 年 7 月	西元前 94 年（6 月）	西元前 2194（5 月）	西元前 4294（4 月）	西元前 6394（3 月）

　　測算顯示，仲春後見大火星在正南，於今曆法在三月，對照前算基準春分日在二月，二者相差大約一月。此計算旁證，狄宛一期文明在西元前 4294 年前，在西元前 6394 年 3 月之後，但在西元前 4294 年 4 月之前。而龍山末

〔註28〕 鄭慧生：《認星識曆——古代天文曆法初步》，河南大學出版社，2006 年，第24 頁。

期約折合西元前 2194 年，仰韶時期起於西元前 4294 年，前仰韶時代上限不定，但覆蓋西元前 6394 年到西元前 4295 年。考古界測定狄宛一期文明距今約 7800 年，此時段落於前四期。基於此斷，狄宛大火星出，於曆法爲二月，是仲春，仲春見大火星在東天偏南。

基於此算須勘定，中國高辛氏時代確有「火正」，而火正是星官名。而「絕地天通」是調曆作爲，此作爲是狄宛聖人「火正」三月舊事孑遺。此題不在此處申述。

（二）關桃園 F7 赤黃道相交與白家村大火星正仲夏調曆

1. 關桃園 F7 赤黃道與日宿八星曆算

1）F7 圖解

（1）舊圖述略及補畫入口邊線相交於穴外

《關桃園遺址發掘簡報》述：F7 是圓口半地穴「房子」，開口在仰韶文化層下，直徑 2 米、深 0.45 米。長方形臺階式門道位於西南部，門向 210°。略呈緩坡狀，長 0.7 米，寬 0.5 米。有一級臺階，高 0.12 米。地面鋪料礓石，堅硬平整，周壁上下規整。房址兩側置柱洞兩排，總計八個。一側各 4 個。間距 0.7～0.8 米。柱洞略呈圓狀，直徑 0.16 米左右，深 0.3 米。洞壁斜直，洞內填土灰褐色，土質鬆軟。室內填土灰色，土質堅硬。含少量三足罐，內灰外橘紅色缽等器殘片。三足器喻遵行狄宛補日之法，橘紅色喻觀測某種天象，我以爲夏末、仲秋期間傍晚目睹日全食。

此遺跡室內無柱洞，柱洞八眼既非排列，也非圍繞，「門道」兩側柱洞與「門道」距離不等。由此判定，前賢不計柱洞對稱，而謀求不對稱。臺階雖直向西南，但臺階非如狄宛一期盤道兩邊平行或弧線弧度一樣，此穴通道呈梯狀。其故何在，值得深思。今先給發掘簡報圖六補畫赤線 BB1、CC1，其夾角∠β小於等於 20 度。而且，兩線端點都在柱洞 4、5 之內，不接柱洞，這兩線段是穴外臺階邊線延長線，詳後。BB1、CC1 兩線在西南相交，此兩線當日照線，似乎謂日東北出，照耀西南。其實，O 是焦點。由此推斷，BB1、CC1 不述穴內日照，而述日在穴外。換言之，日宿於穴外是此處要題，此謂檢討此穴者須並述 F7 與星宿有何關係。

發掘者謂「門向」基準是經緯線，自此點讀羅盤指針朝向 AA'，得夾角是門向。此角度大於一百八十度，多出三十度，相加得 210 度。

　　此穴子午線西南坡道始於弧線，而非直線。其義不明。又察 B–B1 直線平行於地平面。剖面圖見入口到穴底有兩臺階。兩臺階有何含義，穴圓口與柱洞排序有何關聯，俱是疑點。

圖八七　關桃園 F7 平面剖面與通道邊線夾角

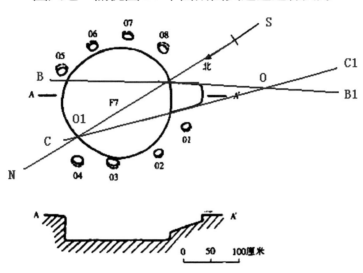

（2）赤經面移動以柱洞為星宿

　　今案，F7 穴通道臺階初始弧線述日在南，而後北遷。日北遷以日中日輪廓是穴輪廓表述。日在南即為圓周之日南邊與通道開端弧線重合，圓心為 D。關桃園聖賢測算日運行時，照顧冬至日，故有弧狀臺階起點。而且，柱洞 1、8 都被此圓周關聯。柱洞 1、8 在此謂日南遷，時在冬至。

　　欲表述日自南向北位移，而且欲謀日在星空位置，在 BB1 線上截取等於地穴半徑直線，以為半徑，以 F 為圓心畫圓。此圓是赤經面向東運動後位置。此圓周長雖同地穴圓周長，但此圓周是赤經面，而非日在夜間景象，由於夜能睹日宿某星，不能見日照耀。此圓周關聯柱洞 05、06、07、08 俱是星宿。但是，觀星者不能睹 06 星宿。

　　在 CC1 直線上截取地穴圓半徑，以 E 為圓心畫圓。此圓周是冬至日當夜察日而知赤經面。此間能睹星宿是柱洞 1、4，柱洞 2、3 被赤經面遮蔽。

　　依 BB1 與 CC1 辨識柱洞，見 01、04 為線段，與 CC1 平行。柱洞 02、03 是日北遷後夜間星宿，與柱洞 6、7 匹配。柱洞 06、08 平行於 BB1，而柱洞 5、7 連線平行於 CC1。如此，日行道自冬至向東北遷徙。再察關聯柱洞連線，有

相交者，有平行者。相交出自赤經軌道變動，平行出自某時日照區域日照射入射角相等。直線 SN 與 CC1 交角 γ 等於地穴地平線 GG1 與臺階向穴內傾斜斜面 HH1 夾角 γ1。

此穴調曆期間，日宿處有八，即柱洞 1～8。這八宿是何宿，須依時月推斷。這八宿在狄宛 F371 調曆涉星宿範圍內。聖賢未以柱洞模樣摹略星宿，不須揣測。此穴不睹有赤經變動夾角，而且有黃道面與赤經面夾角。AA' 是黃道面。地穴圓口平面當黃道圓面。赤經面每變動一番即見夾角。故此圖也是赤道與黃道系統。

圖八八　關桃園 F7 赤經面變動及其與黃道交角

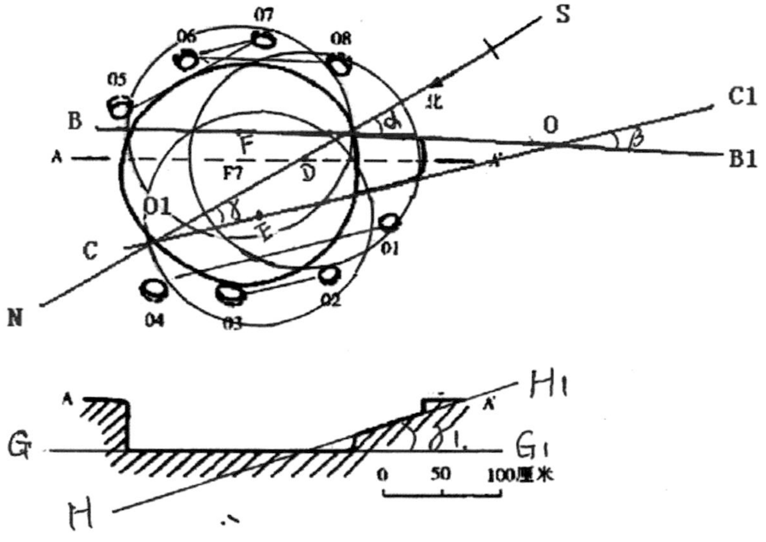

此圖融匯了兩等坐標系：第一，平面日北遷坐標。第二，赤經面自冬至日向北遷移。二圖樣反映夜察星象，晝察日運動。關桃園聖人不用橢圓狀赤經面，匹配地穴平底。穴內不見火塘，故在穴輪廓喻日，既有日火，何須竈火？全穴喻日，何須在穴內立柱？既無立柱，構築物必不穩定，不穩定之處非居留之所，故非房屋。由此得知，F7 也是觀象設施，是狄宛 F371、F372、F378 與 F342 演變之果。此術延續到唐虞時期，陶寺遺址觀象臺其實是狄宛 F371 與關桃園 F7 觀象術綜合後，追加若干星宿而成。

今日「地理」門述日照四季變遷，多依西學。而此圖印證，此門述日照之學出自狄宛與關桃園，而非兩河流域或古希臘。

2）赤經面抬升暨調曆

（1）赤經面變動夾角及其與黃道面夾角關係

黃道面即 AA'，喻春分日。地穴圓口恰述擬算春分日日照，但實測星宿得知，節氣未及春分。故須測算相差日數。算法是：以赤經面與黃道面夾角 α 減赤經面變動角 β，得數是春分日虧欠日數。

此算法須照顧計算月數須準乎月行，故一歲月日數須增補十日。赤經面變動角度其實很小。並計測繪者測算臺階走向（BB1）誤差，$\angle\alpha$ 度數小於等於三十度。並計一年太陰月日數去回歸年日數十日，當十度，$\angle\beta$ 小於等於二十度，測算須是十七度，等於 $\angle\gamma1$。圖樣與此術算關係對應。回歸年歲日數多於太陰月日數參與計算之證：此穴出土三足器，其曆算來自狄宛太陰曆補十日。

此外，此穴出土器物涉及日全食，故曆算須涉及三十日之差。但是，日全食致節氣預算誤差反映在物候上，與星宿無關。日宿所不應變化。故而此圖根本不見五十七度交角。

（2）日食曆譜暨觀星校驗月曆譜

穴徑 2 米，深 0.45 米，穴底平行於穴口，剖面圖示此穴直壁。依四參數足以溯跡聖人規劃挖掘 F7 曆算：直壁穴謂穴底、穴口尺寸度當關聯節氣日數不變，穴底尺寸度當幾日，穴口尺寸度當亦是幾日。不須平二分。此謂春分日精算達高等水準，猶如今日曆譜一般。

穴口尺寸度當：

$2 \div 0.33 = 6.06$

$6.06 \times 3 = 18.18$

此謂前歲秋分日直十八日，此日須是八月十八日，其關聯今歲春分日是二月十八日。穴深尺寸度當：

$0.45 \div 0.33 = 1.36$

穴深兩尺折算六個月，此數拆解：

$1.36 = 1 + 0.36$

$(1 \times 3) + (0.36 \times 3) = 4.08$

$4.08 \times 30 = 122.4$

此數去秋分、春分基準日數一百八十日：

$180 - 122.4 = 57.6$

這個日數差可依日全食致節氣預算延遲三十日排序：

$$57.6＝30＋27.6$$

$$27.6＝17.6＋10$$

日數匹配日赤經面變動度數，一度當一日，前述 $\angle\alpha$ 度數小於等於三十度，在此精算二十七日餘。照顧一年太陰月日數去回歸年日數十日，當赤經面變動十度，$\angle\beta$ 須等於十七度，又即 $\angle\gamma 1$ 折算十七日。

這五十七日須折算五十七度，但赤經面無此日全食事，故須減三十日：

$$57.6－30＝27.6$$

二十七點六日即赤經度變動總數，此處見觀星宿與觀日全食曆譜如後。

表三一　關桃園 F7 曆譜

曆譜	8月18日	9月18日	10月18日	11月18日	12月18日	閏月18日	1月18日	2月18日	
解釋	初始秋分	首月	第二月	第三月	第四月	閏月	第五月	歲補10日	曆譜完滿

此穴出土物含橘紅色瓦器殘片，此謂當年曾閱某種天象，而星體色赤是彼天象特點。初秋傍晚，日全食能見此色。推測當年七月或八月某日傍晚日全食。

（3）雁掌坪陶器模樣與尺寸曆算旁證一期觀象臺

秦安縣五營鄉焦溝雁掌坪遺址出土一件陶塑。趙建龍等以為，此物是陶屋模型。此物仿半地穴式圓錐頂圓形房子。頂部略殘。頂小底大，中部開一個橢圓形門，上下有檐，微向外突出。高 17.6 釐米，底徑 9.8 釐米。圖三，1，圖五。案，圖三 1 是從剖面圖〔註29〕，今引圖五如後。

察此物是觀象臺復原圖，用於教化與念祖。此物追述狄宛一期類似 F371 構築物，此器根本不是房屋模型。

穴底呈袋狀，尖頂處被視為殘缺，其實出自塑造，頂部不規整，而且有斜面，此斜面摹略赤經面與黃道面相交，黃道面與穴底底面平行，故不須另造附件顯示黃道面。

穴口有收邊痕跡，述出入，出入之物是太陽。此穴無任何其他豁口，狄宛三期已有墙壁，採光不是陌生話題，造陶器無其他豁口，顯述前賢滿足於一個豁口。比較得知，此豁口是日出入豁口。圓口述日狀。模型內黑，喻日入。日入謂日回歸天際，故穴內黑暗，目不睹物。日回歸天際即夜觀星宿。

〔註29〕甘肅省文物考古研究所，秦安縣博物館：《甘肅秦安考古調查紀略》，《文物》2014 年第 6 期。

圖八九 狄宛三期觀象臺陶塑記古

此物尺碼：高 17.6 釐米，底徑 9.8 釐米俱有度數：

0.176÷0.33＝0.53

此謂模型高半尺，一尺度當三個月，半尺度當一個半月。一個半月即四十五日。檢頂端斜面延長線與此物底部象徵黃道面，其夾角應等於四十五日。這四十五日等於冬至迄立春淨算日數，或其他三個節氣日數。《天文訓》記四十五日是三個節氣間隔日不誤，其源本乎狄宛一期。

依寸折算穴底尺寸：

0.098÷0.033＝2.96

毛算此數是三寸。三寸匹配三個節氣，即一個節氣匹配一寸。如此，淨算二十四寸匹配二十四個節氣，此數是一年。

此一寸指晨刻日出點相差一寸，還是昏時日落點相差一寸，此須依旁物考證，甚或涉及陶寺觀象臺考證。此處不須伸展話頭。總之，焦溝雁掌坪出土陶器是聖人後嗣宣教之器，彼等教邑眾知曉曆算之觀象校驗以及觀象臺之功能。

狄宛器物俱有尺碼，其系統明確，我不在此處考證。基於狄宛本度前已

澄清,考證諸器當時準度及其與後世造器尺碼關聯,不再是難點。而考古學界器形説宜照顧此處運算獲得基準尺度精算器物本義與模樣變遷。此題是中國造器曆算分支,我於今日已無精力深入檢討,今指其要,以待來者。

2. 白家村 F2 紫微垣配大火星調曆

1)構築舊説與補繪線角略要

(1)模樣初辨

《臨潼白家村》述,發掘區 III 揭露 F2 房址,其上部被 H15 破壞,是半地穴式建築,平面呈不規則圓形,直徑 1.9～2.6 米,穴壁保存深度 0.4 米,房內面積約 9 平方米。房址門道基本破壞,在靠房址西南部的居住面高起,呈不規則臺階狀,一直伸向穴壁邊緣,臺階不甚整齊,分兩級,高度 0.1 米、0.13 米,推測門道應在此處,方向 220 度。

穴壁平整而堅硬,基本垂直於居住面,居住面堅硬,由灰土、黃褐土踩踏而成。居住面南部稍高。穴壁東北角有一小龕,進深 0.35 米。高不詳。龕內疊置陶器三件,圓底缽 2 件,三足缽 1 件。房址長軸方向兩側各有柱洞 2 個,排列不對稱,間距不相等。柱洞與地面大抵垂直。西南柱洞深 0.25 米,其餘柱洞深 0.15 米許。南部靠近穴壁有兩個圓形土墩,犄角相望,距離 1.2 米。土墩表面光滑,堅硬。直徑 0.25 米,高於居住面 0.2 米,用途不詳。室內設竈一眼,灶坑與門相對,連接東北穴壁。竈平面爲圓形,竈底低於居住面 0.05 米。坑有灰燼、燒骨碎塊。坑底平緩而稍有內凹。竈內偏北邊緣直立三足深腹罐,上扣三足缽,推測爲火種罐。罐旁有橫置三足深腹罐,殘破,爲當時炊具。東南部房址外平面上還發現獸骨。《臨潼白家村》圖一一。此遺跡地穴是白家村地穴 H22 姊妹穴,是認知狄宛曆算傳播關中佐證。二穴曆算都涉冬至。

(2)F2 係白家村前賢依紫微垣匹配大火星曆紀

畫 A 到 A1 赤線,見線段 AA1。畫直線連 A2,得線段 AA2。再畫線連 A,A3,得 AA 線段。關聯 A1、A2、A3,得大火星。立於 A 點,見大火星在地穴邊緣外,而且不見 A3,大火星不全。地平線上 A 點是某時節察大火星之所。四柱洞述聖賢觀測大火星,此事無疑。畫穴口平行線,得 EE1。此線與地平線平行。此述黃道面。再畫赤線 BB1,此線段平行於 AA2。發掘者繪圖顯示,獸骨股骨平置,與兩平線平行。畫線連灶坑中央與 A,得 NS 子午線。再畫 B1 到相對位置,使之與 NS 相交,得夾角 α。此角度是關鍵參數,也是校驗曆法基準。

圖九〇　白家村 F2 大火星配紫微垣星圖

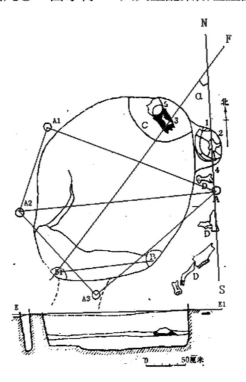

倘使觀察此穴輪廓，見其狀似紫微垣。此狀出自狄宛 H397，但其適用於觀象源於狄宛 F378。由此得知，白家村 F2 是狄宛 F378 變樣，而非白家村聖賢自造。

2）觀紫微垣配大火星調曆

（1）F2 柱洞與地穴輪廓喻四月流火

紫微垣大頭在南述冬季，大頭在北述夏季。此穴見紫微垣大頭朝西南。紫微垣左旋，異乎北斗七星。此狀是冬至後夏至前紫微垣模樣。又檢表三〇（大火星正狄宛曆法三月），得知 F2 述大火星未及正南，在三月前。此合乎狄宛曆法二月見大火星，三月火正南，四月大火星「下流」時序期間。大火星出沒耗時三個月，古今相同。

灶坑喻此穴述大火星出沒時節。三足鉢配三足罐喻觀星者觀天象時節涉及春分或秋分：三足罐在下即口向上，罐口向上喻聖賢觀天象，時在夏至前，在冬至後。今見紫微垣走向不是 0°～360°，轉動角度是 B1F 與 NS 夾角是 α，此角應等於 40°。此角度與發掘者推測「門向」方位角等於 220° 在象限角積累

上相同，但含義系統迥異。發掘者不知紫微垣冬夏朝向是此處基準，故此處算度數不得算二百二十度，應算四十度而已。此度數折合一個月又十日。一個月又十日始於冬至，節氣須合立春期間。

依據諸要素判定，F2 也是觀象臺。灶坑喻觀大火星，三足鼓腹罐處喻紫微垣北端與子午線夾角，圜底三足缽扣於三足深腹罐，直立即喻滿歲基準。似股骨獸骨平置，喻將正春分日。自三足鼓腹罐處向南察，唯見土墩 B。此謂觀象者在紫微垣附近不能睹大火星，在紫微垣外也不見大火星。土墩平面狀似半圓，述地上日照未及一週，此一週謂前歲春分迄今歲春分。即使自 A 向西南、西邊查看，大火星也不得睹。土墩 B、B1 述日出點。自 NS 線察 B，此處是冬至日日落之所，而自三足器處所察 B1，見今日落處。兩處日落點不同喻日行度變遷，度數 40，同 40 日之差。

F2 壁上小龕放狄宛 F378 小龕例。內疊置瓦器三件：圜底缽二件，三足缽一件。圜底缽二件喻觀象期間見赤經角度變化跨越時日兩界：即赤經面向陰移動與赤經面向陽移動。日往南回歸線，此為陰，日返北回歸線，此謂陽。三足缽喻白家村行狄宛太陰與日數為曆，但須補日數。此後若干年，在穴壁挖掘小龕見於半坡早期墓壙。《西安半坡》圖版壹捌零第 1，墓 8 相片顯示，墓主腳下有大口徑陶器。坑外高處，在墓主足骨右側有大穴，含一尖底瓶。狄宛 F378 小龕深 0.33 米，但 F2 小龕深 0.35 米，大於狄宛小龕深，此係測算誤差，但須推斷其尺寸用於曆算。如此，其高、寬二尺寸初俱等於狄宛小龕高、寬尺寸。

（2）地穴尺寸度當驗以星象觀測勘得 F2 原深尺寸

此穴長徑須算尺寸度當日數：

　　$2.6 \div 0.33 = 7.87$

　　$7.87 \times 3 = 23.61$

當年春分日在二月二十三日

短徑尺寸度當：

　　$1.9 \div 0.33 = 5.75$

　　$5.75 \times 3 = 17.25$

兩數差等於：

　　$23.6 - 17.3 = 6.3$

這六日是半歲月曆日數與回歸年日數差。

穴壁保存深度 0.4 米謂原穴深超過 0.4 米：

　　0.4÷0.33＝1.21

穴深二尺度當六個月，今數折合：

　　1.21×3＝3.6

　　（3×30）＋（0.6×30）＝108

　　180－108＝72

此日數謂太陰曆須補七十二日，以得春分日數。但是，此數不等於最初穴深度當日數。其差數將以 B1F 與 NS 夾角∠α勘驗。前算此角等是四十度。七十二日折算七十二度，此度數大於四十度三十二度。換言之，今見穴深寡於原穴深。依三十二度須逆算日數三十二日。其算法：

　　32÷30＝（30÷30）＋（2÷30）＝1.06

　　1.06÷3＝0.35

此謂前賢將 0.35 尺截去。

今以殘存尺數加驗算尺數：

　　1.21＋0.35＝1.56

　　1.56×3＝4.68

　　4.68×30＝140.4

差數：

　　180－140.4＝39.6

誤差 0.04 日出自米度與尺度折算差，測算時已產生，不足爲怪。勘驗白家村 F2 穴原深等於：

　　1.56×0.33＝0.5148

如此，即得 F2 曆譜如後。

表三二　白家村 F2 曆譜

往歲秋分 迄今歲春分	8月 17日	9月 18日	10月 19日	11月 20日	12月 21日	1月 22日	2月 23日
逐月遞增一日	＋1	＋1	＋1	＋1	＋1	＋1	6日補齊

（3）狄宛聖賢及後嗣遷徙關中路徑管窺

狄宛地穴曆算與模樣規劃傳播關中，致原子頭遺址前賢構造地穴、也致關桃園遺址前賢構造地穴與觀象臺。白家村前賢也受此教，故爲地穴曆算與

觀象臺。袋狀穴曆算也行於西安半坡故地。今唯推測，狄宛聖賢東遷路徑，便於認清渭水流域文明如何被狄宛聖賢後嗣塑造。

狄宛一期時代，聖賢爲數不少。此推測出自古遺跡數以及諸遺跡見遺物表意屬於狄宛表意系統。狄宛一期古遺跡有西山坪、原子頭、關桃園、龍崗寺、白家村。其餘遺址今不上算。狄宛一期曆算文明流播關中致三處文明鼎立：原子頭、關桃園、白家村。我推測，狄宛與關中之間存在遷徙通道。

依地理位置檢討，前賢向東遷徙嘗試致其覓得兩條通道，別爲水路與陸路。陸路即溯清水河谷，經隴城、張家川到達隴縣，再由此地到關中腹地。水路即順清水河漂流，輾轉蓮花，轉入葫蘆河，匯入渭水。秦安縣北有楊家溝遺址。此處是遷徙要衝。秦安縣南是渭水東流之地。1956 年春，秦安縣城北鄉民在楊家溝口修築攔洪壩，在堤壩北坡地取土，發現白灰面居住遺跡、瓦片、石器。甘肅省文管會清理了已被掘開的五座住室，四座被破壞。距 1 號住室東部二百米開外，攔洪壩旁北坡有斷崖。斷崖上有白灰面，是居住遺跡。1 號房址門向南，是方底。室壁塗抹草泥。楊家溝口外有南北向華雙公路貫通，路西約六百米見葫蘆河，自北向南流淌。出土物有石鏟、石刀等，陶器以紅泥陶爲主，但未見施彩陶器。6 號住室南面有人骨架，仰身直肢葬，同狄宛一期葬式，但異於關桃園早期遺址葬式〔註 30〕。推斷此處遺跡本有兩時段，前段屬於狄宛二期 I 段，後段屬仰韶時代中期。

遷往關桃園聖賢一支在關桃園又別爲兩宗，一宗居關桃園，一宗告別故地，沿渭水繼續漂流，到達北首嶺，最後抵達白家村。關桃園當地較之白家村更難建築，由於白家村毗鄰渭河，河岸即見黃土，便於加工。推測行水路者多，水路便捷而且以木排能負載較多器物。攜帶石器亦能理平木排以便漂流。

〔註30〕任步雲：《甘肅秦安縣新石器時代居住遺址》，《考古通訊》1958 年 5 月。

第四卷　狄宛掘方穴埋骨配物記觀象爲曆是墓葬起源

一、觀象演曆以及埋骨曆數

（一）舊說指瑕暨墓葬研究關隘

1. 墓葬舊說指瑕

1）墓葬研究舊說取要

（1）王仲殊墓葬研究三題

王仲殊舉三等話題，以爲研究質料：種族的體質特徵、埋葬的風俗與墓葬的形制、查看隨葬物蘊藏的古代工藝與社會財富與生活情形〔註1〕。考古界考述墓葬久來循從此題，於考古者可謂通衢大道，不循此而論墓葬，所爲約略等於「歧路亡羊」。

王氏欲以首題解釋種族根源，此題近涉人種，遠即涉族系。他以第二題歸納各種墓葬，滿足於埋葬風俗「辨識」，彼時地穴發掘與墓葬發掘一樣缺乏知識體系支撐。「墓葬形制」是切實話題，但多年來未能系統進益。其第三題局限於器用與私欲，是支撐社會治理等級說之理論基礎，不少人以此論證階級說。王說影響考古與古代政治研究頗多，檢讀文獻必見大比例著作俱述新石器時代財富論，似乎彼時邑人秩序以財富爲導向，甚至無一樣隨葬物之墓亦是墓主被剝奪之明證。

〔註1〕 王仲殊：《墓葬略說》,《考古通訊》1955 年創刊號。

（2）墓葬起源之靈魂信仰說

《西安半坡》發掘紀實載石興邦引用詹姆森一個模糊的觀點，陳述墓向的含義：靈魂還鄉故頭向指故鄉、頭向未知而嚮往之域、如日東出而西落一般背東面西。半坡遺址甕棺葬葬具的鑽孔也被視爲靈魂觀存在的證據。解釋者以爲，埋葬幼童的親人欲爲子嗣靈魂出入供給往來故鄉與冥界的通道〔註2〕。

晚近，王仁湘在此基礎上進行了統計比較研究，其研究涉及前仰韶時期墓向問題。他分析大量的仰韶時代墓葬墓主頭骨位向，概括了墓葬定向十規則。他發現十規則的前提在於，他預設了「主向」，準乎此標尺形成了墓葬定向依據。他講，一個墓地以至一個文化的大多數墓葬都向著同一方向。以這些墓主頭向爲「主向」，凡不符合這個方向，而且方向差 90 度以上，以至完全相背的墓，稱爲逆向墓。「向日出」是首要規則。他舉大汶口文化爲例，又注意到這個歸納包含矛盾；第二，「向日落。」譬如黃河中上游的仰韶文化；第三，「向高山。」譬如巫山大溪墓；第四，「向水流。」譬如甘肅永昌鴛鴦池馬廠類型墓地。他同樣察知此劃分也包含矛盾；其五，「同文化同一主向」。第六「同文化雙向。」譬如仰韶文化墓葬在關中向西，在關東河南是南偏西；第七，「同地區或同墓地不同文化同向。」譬如關中仰韶墓葬西向繼承了同地白家村文化西向。第八，「同墓地同一文化異向。」譬如河南淅川下王崗早期仰韶墓地，一期時代墓葬主向西北，二期墓葬主向西南。第九，「同墓地同文化變向。」譬如崧澤文化一期墓向北偏西，二期墓向由東北偏向西南。第十，「同墓地男女兩性異向。」譬如廣東佛山河宕墓地，男墓主頭在西，女性在東。王氏自己注意到諸概括不夠統一，內藏矛盾。他認爲，某墓地墓葬主向變動由外來因素造成。他最後結合信仰，嘗試彌合這種矛盾：「主向和逆向埋葬是兩種同時存在的墓葬形式。逆向墓和特葬墓並不是經濟的原因造成的，而是信仰的原因造成的。」他理解的信仰是靈魂信仰。此論點最終將墓向的本源與變動的誘因歸諸不能捉摸的精神現象——靈魂。在沒有澄清自然觀之前，驟然斷定彼時存在靈魂念頭，這顯屬不妥〔註3〕。墓向本源與變動的誘因仍是難點，它扼守中國古文明研究的關隘。

〔註2〕 龔丹：《屈家嶺文化中的兒童埋葬方式探析》，《東南文化》2006 年第 5 期。
〔註3〕 王仁湘：《我國新石器時代墓葬方向研究》，《中國史前考古論集》，科學出版社，2003 年，第 259～269 頁。

（3）金則恭墓形三等説與朱乃誠墓葬典型選擇説

目前，考古界無人一門檢討前仰韶時期墓葬，學人致力研究仰韶時期墓葬。金則恭與朱乃誠先生檢討墓葬諸多側面，代表考古界認知力。金氏將仰韶墓葬研究話題別爲兩端：墓形與葬式。他將墓形別爲土坑葬、甕棺葬、灰坑葬三類，又將葬式納入三類話題。此等研究將墓葬檢討引入區域文化類型比較，區域文化類型基於器形類別與研究。金氏重申墓葬研究理論基礎：靈魂不死觀念、所有制狀況、社會結構〔註4〕。

朱乃誠系統研究陝西華縣元君廟仰韶時期墓葬年代、墓地佈局、陶器分期與特徵變化、社會組織結構等。研究基礎是層位揭露與類型比較，輔以概率分析。此研究導出墓葬相對年代、墓地佈局、社會組織結構等結論異於《元君廟仰韶墓地》。值得重視者在於，朱氏別墓葬爲典型、非典型。典型非典型辨識基準是墓葬時代早晚之別。而墓葬時代早晚之別基於器形早晚之別。此即器物類型別墓葬早晚之法。他列四組七座墓葬爲例，以重見器物之墓爲非典型墓，而典型墓須見素面罐、小口尖底瓶、弦紋罐、B 型碗或繩紋罐、鉢。後以墓葬相對年代討論結果解釋墓地佈局。其「陶器分期」位於第四節，分期基礎是器形學。而器形學又是墓葬分期基礎。故而此文檢討對象不是墓葬表意，而是推測墓葬見器物來自何時代〔註5〕。

2）舊説指瑕

（1）瓦器類型説不是墓葬研究基礎

墓葬以埋骨爲特徵。瓦器類型以瓦器類別爲基礎。埋骨前須挖掘地穴，造器前須設計器狀、度數。仰韶時代造彩陶器前須縝密構圖。不論掘穴埋骨，而論埋器，是謂墓葬不納人骨而納器物。細思量後，須承認此説流向是埋器物爲葬人尸骨起源。不論掘穴無異於不論穴納。不言穴納，何得墓葬？故脱離埋葬而論墓葬絕非平坦切直言路。

而且，考古界迄今研究器形多貴乎外狀，不貴重前賢造器出自半天球認知，平底器貴乎二分平等系統知識。以紋飾相似或相同辨識文化類型相同之説本是畫蛇添足：同樣認知豈能導出相異物件？由此得知，依瓦器器形説論

〔註4〕 金則恭：《仰韶文化的埋葬制度》，《考古學集刊》第 4 集，中國社會科學出版社，1984 年，第 222～242 頁。
〔註5〕 朱乃誠：《元君廟仰韶墓地的研究》，《考古學集刊》第 9 集，科學出版社，1995 年，第 162～179 頁。

墓葬相對時代根本不能導出精準斷代，更不能導出埋骨者觀念。

另外，新石器時代墓葬含兩要素：土丘或石丘、其下骨殖。而器物是附加物。前仰韶時期墓葬所在地層被仰韶時期地層覆壓，而發掘者去土時不得睹墳丘，揭露見骨並見文化層土壤，即斷定墓葬。此時，墓葬外狀不復存在。嚴謹而論，前仰韶時期墓葬必是冢，仰韶時期某遺跡「打破」墓葬即去墳丘表層土，並深掘而去其一截。後世，兩層並被覆壓。墳丘之題被考古界輕忽。

（2）靈魂起源説匱乏死生認知支撐

關於墓葬起源，王仁湘以爲，靈魂不死觀念促成墓葬出現，而後逐漸制度化，白家村人是其佐證。此説將理性思維置於自然觀察與物象觀察之上，超脱天地、物象與肉身感應而論靈魂，在考古界是一種出自譯介廣播於考古界之認識。儘管此認識牴牾哲學研究之唯物論，考古界似乎刻意強調考古與哲學之別。其實，哲學界唯物論之源迄今不清，由於文明史源流不清。模棱兩可自被容許。在考古界，我承認靈魂説於古墓研究有莫大助力，甚至能統一史前墓葬起源研究。但我仍不能附議此説，由於此説立足不穩，搖搖欲墜。

第一，此説脱離生存環境。彼時生存艱辛，任一生物時刻能淪爲獸類果腹食料，或惡疾之犧牲品。即使能夠躲過這兩災，仍難免餓斃。謀食雖不免自然死亡，但能以力敵抗獸類攻擊。食足也是維持康健之根基，體健即能敵抗一些病患。故謀食是彼時頭等大事。即使雙親去世，子嗣操心者不須是埋葬雙親，而是擺脱飢餓之厄，單人無力動土造墓，埋藏先人。

第二，倘使斷定彼時存在靈魂觀念，如何解釋墓葬打破？前仰韶與仰韶時期墓壙埋藏骨殖，此骨殖是人骨。而人骨來自人體。倘使存在靈魂，狄宛二期I段動土者凡遇墓葬須繞避，何以敢於去埋骨或截去墓壙，擾動亡人魂靈安寧？推斷前仰韶時期或其後世聖賢有靈魂觀，無異於給後嗣打破墓葬製造了一種心理障礙。既有此障礙，如何能見墓葬擾動與打破？但是，每遺跡都見墓葬擾動。

第三，不別殺人與獵食人必不能堉論埋葬。殺人旨在止其生。獵食人旨在謀食。唯殺人涉及墓葬。捆綁而彎曲肢體，埋土後即得墓主掙扎蹤跡。謀殺而依計劃處置尸體即能獲得必須骨殖。此等骨殖被保留，依據埋藏者需要佈置。但獵而食人狀況異乎此等：獵獲某人不須精細計劃，唯以獵者人眾、

力勁、毆擊致死爲旨。不別器物，能傷殘爲上，石塊、木棒俱是利器。諸物施加人身，必致殘損。加之不別身體處所，凡擊中某處，即爲欲擊之處。但受害者拼死抗鬥，故鮮有被害者肢體完整之例。既然如此，欲得股骨、顱骨、腓骨、胸骨完整幾爲夢幻。

2.新石器時代早、中期墓葬研究略要

1）墓葬細節依爲曆體統

（1）述墓葬須貴話題略舉

前仰韶時期構築物多樣，但最複雜者係墓葬。考古者不能照顧墓葬封土原樣。《繫辭傳》述「古之葬者，不封不樹。」爲何彼時不封不樹，迄今不清。今案，前賢以地穴盛骨，而後以土覆蓋。但地平以上，不壅土，此謂不封。此穴不加修飾、密封，任其受雨水後下陷。下陷即見墓壙輪廓，此輪廓敦促觀者回憶爲曆舊事。

欲述墓穴，須察模樣。其狀有圓穴、橢圓穴、方穴、半方半圓穴，甚或某星與某穴狀相配。骨殖名下能別全骨架與殘骨架，以長少論又別爲長者骨殖與幼兒骨殖，以男女論有別爲男骨殖、女骨殖。以位置論墓葬又別爲墓向、墓與地穴位置關係、墓穴在遺址區域。

配物又別爲配器、配骨。配器別爲配石器、瓦器、骨器、蚌器。配骨指匹配獸骨，依配骨位置又別穴內配骨、穴外近配骨。細察配器與配骨處所，能見位置多樣：或在墓主骨骨架上、或在墓主足下、或在顱骨旁、或在手腕、胸部。而且墓主骨模樣多變。總之，狄宛墓葬訓釋是我所遇最複雜話題。

（2）墓穴尺寸爲調曆志

檢討墓穴須先見地穴，後見穴納骨殖。考古界論定「二次葬」實屬難以確證話題，我不欲在此勘驗此題，衝散墓穴檢討。前述地穴模樣各異，而墓穴模樣未必獨一。地穴有樣貌與尺寸是聖賢設定，故記錄當年爲曆與曆譜。墓壙爲穴，其尺寸度數也出自聖賢設定，故也是爲曆與曆譜佐證。故而，檢討墓穴之法不異於檢討地穴之法。

同時，須考述埋物與埋骨之別。畢竟，埋骨涉生死。埋物不涉生死，而涉物數與物狀，及某狀度數含義。骨殖本乎個體，個體生前曾能作爲。其作爲範圍甚廣，含圍獵、也能含曆數，也能含觀象。故檢討埋骨其實是檢討墓葬起源樞要。

比較而言，墓穴檢討統一於地穴檢討即可，須別樣貌而算長短、深淺度當日數，也須辨識關聯節氣間隔。墓穴外貌本乎地穴模樣，地穴模樣又涉觀象與爲曆，彼等喻示星宿或某垣，其狀與朝向是辨識前賢觀星定季節基準。總之，勘驗此等細節，而後始可言聖賢爲曆功業。否則，墓葬研究將重蹈區域類型說覆轍，如此研究將枉屈事理〔註6〕，也將斷割喪葬與祭祀關聯，難以辨識殷周隆禮之故。

2）骨殖與穴深殘損術算

（1）五十歲以上男骨多見及骨配物與觀象調曆

迄今器形說研究未能導出令人信服結論，新石器時代研究隨此觀點變得疑雲密佈。推究其故俱在墓主骨殖表意與配器表意難以統一，統一其表意是深入認知墓葬階陛。連屬此二者須基於骨殖。墓穴骨殖異乎人骨架骨骼。一人骨骼同旁人骨骼，以性別爲界。狄宛一期存骨墓葬凡見骨俱係男人骨殖，爲何無女人骨殖，這值得疑問，而且骨殖俱屬成人，五十歲以上墓主居多。此點尤須疑問。彼時，高壽即謂多智。多智即須爲邑首，以統帥邑眾謀食繁衍。考究此懸疑亦是要題。

與此關聯，墓主骨殖不得等同墓主骨骼，迄今發掘頻見墓主骨骼缺損。在此須貴細節，辨識何骨保留，以及其數滿否。軀幹放置方向與墓主顱骨朝向也須細心觀照。辨識墓主顱骨朝向是辨識擺放骨殖者埋葬本欲之臺階，墓葬是死者身後事。此事類似墓主軀幹擺放方向。關聯此二者，即得埋葬者本欲，以及相關度數。

配物須別種類、件數，及其在穴內位置，又即與墓主軀幹或某處骨殖位置關係。此認知將輔助解釋埋葬者觀念。檢討此題也是佐證狄宛一期埋骨出自爲曆綱領之憑依。澄清單人墓，而後始可言合葬墓。我檢迄今合葬墓研究頗顯話題紛淆，其本在於單人骨殖埋藏之故根本不清。

另須考究墓葬位置。墓葬位置是遺址研究與遺址曾生存人群功業認知旁支，也是辨識中國古人生存狀況之把柄。墓葬位置研究別爲某墓葬毗鄰某遺跡研究、以及二者表意關聯研究，譬如狄宛某墓葬與地穴、以及與觀象臺位置。辨識若干墓葬位置，而後可述一期遺址墓葬與地穴關係。此認知將輔助認定聖賢行爲特點，述評其功業。

〔註6〕 白雲翔、張建鋒：《黃河流域前期新石器時代墓葬的研究》，《華夏考古》2001年第2期。

（2）穴深在仰韶時期減損以尺寸度當勘驗溯跡

依《發掘報告》，仰韶時期，狄宛一期墓葬曾被破壞。墓坑存深 0.2～0.7 米之間，骨架嚴重腐朽。骨架腐朽是不可逆變動，土壤分解導致此變動，已不能修復。那麼，穴深受破必謂深度減少。但問，有無途徑溯跡舊深尺寸？此問迄今被考古界輕忽，這導致古遺跡研究不能舉證墓葬尺寸減損細節，也不能斷定後代破壞前代墓葬程度。

我以爲，前建尺寸度當算法既能輔助勘驗 H3114 發掘測算尺寸，必能以尺寸度當算得墓穴尺寸不協爲曆，即以尺寸度當算得關聯節氣日數爲曆不匹配穴深。方穴長寬尺寸是仰韶時期未受影響尺寸，其尺寸度當日數是勘驗穴深尺寸度當之根基。依今存穴深尺寸度當月日數與長寬尺寸度當關聯節氣月日數之不協關係，能夠推導出原穴深。如此，即能溯跡墓穴深減損程度。此參數是認識狄宛二期營建選址與破壞一期遺跡程度關係之根基。田野發掘頻見跨時期較多遺址，此勘驗法將有助於研究後期遺跡損壞前期遺跡之深度與廣度。

（二）止氣咼骨命陽氣處陰而時動暨埋骨稱星宿

1. 止人氣類比止節氣及咼肉存骨術算

1）止人氣類比止節氣以及死生而咼肉存骨

（1）止人氣須殺戮謀保天地陽氣

止人氣即阻礙某人呼吸。止呼吸即謂處死此人。以弧刃石刀乃至蚌刀亦能切割某個目的人物喉管，使其氣絕而亡。此作爲出自殺戮之欲。割喉而殺異乎獵食而殺，割喉而殺戮能得囫圇軀幹，以任意物毆擊生物不能得囫圇軀幹。故古聖賢殺某人，絕非以石塊毆擊，而以利器切割喉管乃至食管。此處我須面對讀者詰問：聖人愛人，何須殺人？此詰遠去狄宛一期時代背景。彼時，無殺人害命之名，日每獵殺，不別人獸，謀食而已。獸類不足食，故獵殺旁邑人眾。昨日某人今日能化爲旁人食料。存亡者，日每頻歷之事也。故而彼時無殺人即爲非作歹觀念。不得以今日刑律強約論彼時謀食困難而殺人。行動念頭不同於今日，行動之旨也異乎今日。

標題言死生即處死活物，人屬生物。不謀某人骨肉以食而殺死此人，於彼時是陌生話題。於邑人，某人死亡等於勞動力短缺。但如此短缺是彼賢須承受之損。聖人須兩選一：存一人或數人或謀長久穩定食源而殺之。存一人勞力與久存本邑人眾，此是牴牾情境，聖賢須抉擇。

　　既須殺戮，須擇個體，此人是體健、羸弱，抑或是患者，至關重要。體健者似乎用場更多，羸弱者或許能夠恢復康健。以用場論，患者似乎是最佳殺戮對象。但是，聖人殺戮前不擇此等。故在體健者氣足，氣足匹配節氣迄今足數。欲止其氣即謂不欲盛氣存在。而病患即謂不潔，喻氣不正，是察節氣者迴避對象，非徵用對象。總之，彼時擇康健者而殺。

　　康健指心力狀況符合勞作需求，不以年齡爲限。且彼時高壽者寡。狄宛一期墓葬十五座，墓主年齡達五十以上者三座，占五分之一。由此推斷，這三墓死者高壽。他們在生前已有某些作爲，故被選擇後處死，並被下葬，而且其骨殖被處理，以 M15 爲曆，墓主腰椎胸椎罔存。這樣，前仰韶時期墓葬乃至仰韶時期墓主以康健之身被處死，即其氣被止。此事又謂邑首令其氣止。此觀念類比算節氣而斷割節氣一般。割喉之後，尸體被處理，剔肉存骨。彼時，皮囊與內臟、油脂與肌肉都被清除。死者彼時是邑人、戰俘、還是遷徙路上陌生部族某人，此不得而知。但有一點確定無疑：此人須是觀象者或觀象者後嗣，是否本邑人，此無阻礙。《莊子》記盜跖訴病堯舜，言堯殺長子，《經典釋文》引崔氏云：「堯殺長子考監明。」帝堯知星宿，其子亦知。此是父傳子，於古是通例。

　　此事之類記於《夏小正》：「十一月，」「陳筋革，」「省兵甲也」。「糜角解。」王注：「陳，列也。」又引《考工記》「弓人」注「省兵甲（《大戴禮記解詁》，第 46 頁）」。其說爲流而非源。列謂咼、割。「省兵甲」謂知方圓術算，引申謂察知天象曆算與地上氣數。兵者，石斧也。其廣義囊括圓刃刮削器，石質刮削器多見於狄宛一期。夏代無甲冑，故「甲」述亞，即有方角坎穴。後世甲字狀或亞字狀大墓即有方角之墓。筋爲肌肉之經，去筋即去肉。革即表皮。二者被擺放一旁，並演示圓刃石質刮削器，以爲月狀。此事發生於一歲歲末，直冬至節氣。夏曆十一月直今曆十二月，冬至爲節氣。於物象是糜角解。

　　不獨《夏小令》記此事，出土彩陶也記述此事。安特生曾於上世紀 20 年代在甘肅臨洮半山區收購一件彩陶缽，其內壁畫著人骨架。此器迄今爲瑞典東方博物館收藏。張光直嘗試解釋狄宛晚期地畫方框部。他以爲，框內是死者，其畫法屬於「骨架式」畫技，在民族學上代表薩滿教宇宙觀表現方式。他又用安特生收藏此彩陶缽內壁骨骼畫支撐其論點﹝註7﹞。其實，張說不反映

────────────

﹝註7﹞張光直：《仰韶文化的巫覡資料》，《中國考古學論文集》，三聯書店，1999 年，

狄宛一期埋葬本相。狄宛聖人埋葬前賢骨殖，而非肉身。此前，他們必須解剖被割喉者身軀。這導致彼時前賢諳熟人體解剖，臨洮半山區前賢記錄了骨骼的模樣。此畫作從側面印證，古埋葬唯貴埋骨。此狀況旁證，「割體葬」〔註8〕觀點沒有事實依據。

（2）五十歲以上男子壽數盡於同輪返日全食三番完畢

五十歲於彼時人謂高壽，生存久故知識多。但爲何須殺之而不用其智，指導遊獵或採集？此問解答在日全食上。彼時，聖賢非今日聖賢，彼等從天令。寒則避居山穴，熱即採集謀食。但觀星宿、觀天象者有其使命。他們觀天象須待週期盡，故須自幼從長輩察日食。日食十八年又十一日爲沙羅週期。同週期三番之後即見五十以上。某週期日全食三番之後，積年五十四歲左右，即盡其數。而此週期係其生存週期。其徒屬也由此喪生。狄宛一期有骨殖屬年輕墓主，其故在此。少者追隨觀象者，在長者以日全食重現而壽終後，他們替代上輩觀象者，如此綿延不絕。狄宛一期及其後遺址見眾多述日全食物件，其故在此。

墓穴存骨非女骨，故在狄宛一期女性爲邑首。她們殺觀天象者，或以蚌月狀石片，或以圓薄石陀等。可以推測，彼時尚無反叛者，由於觀星者知連續三個同週期日全食盡即其壽終。由此可斷定，彼時母系行令爲政。剔肉留骨，此謂咼。女媧老祖之名已含此義。《覽冥訓》記女媧「煉五色石補天」，似是「神怪」作爲，實述燒結瓦器粗坯，得物堅硬如石，故言石。「補天」云云，實謂補日。補天者，增補陽氣使節氣回暖也。日全食致暖氣遲至，故須綿延算日數。記此事者無曆算之類稱謂，故以補天述此事。後世，老祖母後嗣得名，此名即咼，文獻記女媧。「五色」謂補日後，以中央土統御四方青白赤黑四色，以合節氣變遷，故言五色。埋骨殖爲曆絕非日每事件，而係災異之後作爲，故須判別剛柔，埋剛不埋柔，故存骨去肉。述日以骨，故墓穴見骨。我依此辨識推定，狄宛時代聖賢已知日全食週期。

（3）骨骼爲算器

人體骨骼別迎面與背部。迎面謂之來，背部謂之反。故文明史聖哲所知人骨異乎今日解剖學骨骼。來字由通耒、理，喻將及，不謂過往。而背喻反，事理在乎反景。故墓葬見骨，講究頗多。今不論迎面與背部骨骼，唯述關鍵

第 136～150 頁。
〔註 8〕石興邦：《半坡氏族公社》，陝西人民出版社，1979 年，第 127～128 頁。

骨骼與數字。

　　頭顱唯一，人首類獸首，述方。兩臂上有鎖骨，計數二。下有肱、尺骨與橈骨，計數各三。掌骨、指骨，各五。雙腿上見髖骨，計數二。下有股骨、腓骨、脛骨，計數各三。足掌、足趾，記述各五。脊柱是軀幹樞紐。脊柱有三部：頸椎、胸椎、腰椎。頸椎七、胸椎十二。腰椎五。計兩手、兩足爲四。諸數自爲一、二、三、五、七、十二，數骨相配，能得四、六、八、九、十。骨殖能爲算器即聖賢以骨頭計數。彼時，他們不算周身三百餘塊骨頭，而準乎氣行配骨頭計數。

2）存骨與去骨俱爲術算

（1）骨殖喻義

　　澄清骨殖喻義是解釋前仰韶迄仰韶時期墓葬含義系統基礎，今擇要述之。頭顱爲方，見顱骨即涉省方。西安半坡遺址曾在方室地下出土顱骨，其義匹配構築物模樣。顱骨爲方，房室設計、建造後爲方。

　　鎖骨能喻平直，用於述春分、秋分。肱骨位置關聯尺骨與橈骨，二骨別上揚與下垂。上揚喻日自冬至日而北遷。平置謂休止於春分。股骨喻行，類比行節氣。股骨與脛骨相連而直，此謂節氣行度不屈。屈肢葬其實是屈下肢葬。下肢屈必謂氣行不節，度數不合。此解本乎人行以股骨，行即有風，《說卦》「股爲巽」「巽爲風」即謂股爲風。股爲風者，行故也。風不直即節氣不直。

　　而踝骨以下骨殖涉及行止。仰身直肢骨殖或有足趾骨，或無足趾骨，表意涉行止。拆解股骨，搭配另一股骨，此謂交，即赤經面與黃道相交。此觀念出自左右別股骨。人左行與右行是兩向之行，左行即謂左股骨爲主，右股骨聽從。兩骨相反，猶如相交。足趾骨喻休止。休止之故在於一元已滿。不見足趾骨謂不休止而續行。脊柱能喻兩歲，也能喻背反。而俯身、仰身有別。仰身謂面天觀象，猶如飛鳥。鳥死即面天，人死而面天，此喻死者類是飛禽，墓主通星曆。俯身謂去黃道，謂令其往異域，此是惡詛。狄宛一期無此，唯後期有此骨殖模樣。

（2）短少骨骼類別與術算

　　發掘見前仰韶時期墓穴納骨不全。或缺胸椎、腰椎、或缺手指骨、腳趾骨等。如何辨識去骨與存骨關係，以及存骨含義，此是訓解墓主骨殖含義基礎。我以爲，須類別存骨或去骨。類別即以功能與寓意別骨殖，別後即見聖

賢埋骨本義。

四等骨頭缺失每見於揭露墓穴，這四組骨殖或並缺、或單缺一等、或缺兩等。這四等骨殖是胸椎、腰椎、足趾骨、手指骨。計數三十七。

胸椎、腰椎功在發揮膂力。擺放尺骨橈骨如上揚、下壓狀，即喻日冬至後北返或南遷。腰椎司股骨，腰動股從動。並配髖骨。平置即謂節氣直，彎下肢即喻節氣行進不直。足趾骨二，用於輟休左右跬步。見足趾即須推斷骨殖表意涉二至之一。手指骨十能喻太陰曆日數增十而為回歸年。顱骨謂「省方」，方喻方天，即畫天區別星斗、中官等垣星宿。別星宿即謂校驗為曆。狄宛一期墓葬是豎穴方坑，諸穴都述聖人方天觀星。觀星須正頭向，故顱骨迎面朝向異乎骨殖朝向，此間有兩等方位角。各種發掘報告唯述墓向，不記顱骨朝向。此是疏漏。

狄宛一期，單缺顱骨之例罔存。北首嶺下層有此例，但此狀況屬前仰韶時期埋骨之演變。仰韶早期模範事理，此處不述。聚數人骨殖以葬已出現於狄宛一期，白家村 M22 為例。此地也見屈肢葬，M19 為例。

我推測去骨埋於邑內某處，或被挪移，攜往某處。前者或未曾探出，或在歷史上被破壞。半坡遺址 1 號房址（長方形）南牆下白灰層出土顱骨一件（《西安半坡》，圖一八）。研究者未能解釋此事。今順便釋此：此顱骨來自軀幹無疑，人顱骨類似獸類顱骨，鳥頭為圓，獸頭為方。以人顱骨喻造房放方天，類似方形豎穴埋人骨殖維持顱骨一般。此顱骨來自何處，即不細加推測。不少遺址墓葬都有少顱骨骨殖例，北首嶺為甚。總之，缺骨必謂減算。

配物話題是附加話題，一些墓葬無配物，一些有配物。陶器（含片狀殘陶）、動物骨殖俱屬此類。墓有配物即訓，無配物不須解釋其義。配物多寡不與財富觀涉連，唯涉為曆配數。凡見墓穴無器，此非狄宛 H279 無瓦器之虛，而曆數獨準乎骨殖與墓穴尺寸度當。

2. 掩埋地下寓意令察下半天球星宿並驗地氣動靜

1）埋骨地下類比墓主察下半天球星宿

（1）土上下類比晝夜及觀星於夜促生埋葬觀象者骨殖

埋骨於地下何代產生，今不能考知。但知星象者骨殖最初被埋，此是埋葬源頭。埋骨之故是，以此人骨殖喻司察星宿。而埋於土下也有講究。今人睹土不生他念，但古人見土即知土有三義：第一，土謂吐，是出草木之所。

土能納氣，能呼氣，猶人吐氣吹拂一般。故土、吐於古文通用。第二，土上謂日照之所，土下謂日月恆不照射之所。日月不照，故能清見星宿。故以土下類比無月夜空。曾侯乙墓隨葬木箱蓋有二十八宿，全通事理。土下類比能過濾不欲見星體之夜空。某人骨殖被置於此處，以告聖賢曾觀星。依此推知，最初聖人或其子嗣是最早被殺戮者。

從日照地面派生出土第三義：每歲春秋見日北行而返。晝見日行軌道不直，在天際傾斜，猶如弧線，劃過天空。即使在渭河流於，日中不睹日在頭頂，而稍偏南。對比日行道與地面傾斜，再察地平面，又以找平底面象徵完美地平線，對比地平線與日行線即知，地也有軌道，此軌道在春分日、秋分日最易於辨識，此軌道是黃道線。地穴尺寸度當是曆算秋分春分參數，故地穴也能納骨以喻春、秋分星宿，或某時節星宿，唯春秋分是關聯節氣日。總之，春秋分晨刻與傍晚是認知赤經與黃道夾角之把柄。依此，墓葬地穴也涉及關聯節氣日求算與曆譜。其為曆不異於地穴為曆。

（2）掘穴圓方埋骨象徵不同觀星記錄

平地見骨之例罔存於狄宛一期，由此得知，彼時聖賢用人骨謹慎萬分，猶如用火一般。其類似事例是，在造就觀象臺後，他們雖知彼地能供人留宿，但不敢僭越而用 F371 等四觀象遺跡為居住所。骨殖不得見於平地，此在彼時大約是禁忌之一。此觀念源自謀得骨殖等於損失巨大：無論聖賢還是聖賢子嗣捨棄自己生命，他們都能察知星宿，校驗曆算。他們於彼時令人尊重。他們不敢褻瀆聖賢能力，由此而不敢暴露聖人骨殖。故而，埋藏聖人骨殖。

即使決定埋藏聖人骨殖，此亦非謂隨意埋藏骨殖。彼時，掘穴者知曉聖賢尺寸度當曆算，故挖穴時照顧諸多話題，譬如挖掘圓穴、抑或是方穴。如此思慮出自狄宛一期聖賢察星知識。譬如，他們知曉紫微垣大頭南北指喻季節迥異，故橢圓穴喻聖人察紫微垣於某時節。倘使挖掘圓穴而找平穴底，此謂基準墓穴，其尺寸度當記述春秋分間隔無誤。其證在狄宛 H3107 尺寸度當曆譜。倘使挖掘方穴，其義亦屬清白：此穴是方天觀星與校驗為曆之證。狄宛 H391 為證。

2）埋骨喻在下察日宿與地氣動靜

（1）埋骨喻在下察日宿

狄宛一期前賢沒有富餘生存資料，也無多餘生產資料，無暇顧及靈魂。

他們忙著解決食源問題，決此難唯有一途，此即預知節氣變率，以時出行，狩獵或採集。所以講以時，由於先出行如後出行，都將遭受困厄。出行須配備食料，過早出行，未及獵物及穀物，食料告罄，將餓斃。遲於某節氣出行，雖及穀物處所，勞而無獲，邑人怨懟，難保邑內安寧。邑人內訌，自相殘殺，豈能留存些微文明遺跡？

謀知節氣以及爲曆是當時聖人至偉功業。後世所謂遠古墓葬出現也須繞此宏綱。前賢欲演示節氣直日數涉及觀星，故造爲墓葬。可以講，造設墓葬是古曆術高等樣式：觀星知寒暑、對比日照月出沒以定日數、挖掘地穴喻二分求算、察星宿校驗曆算。

無月天際是觀星之所，地下類比暗處，猶如不見月之所。聖賢觀星，欲記此事，故埋知曉星宿者於地平之下。聖人所圖，不外記錄星宿觀測。而星宿觀測即謂察日在晨昏夜處所。此是校驗回歸年曆算唯一途徑。依此，狄宛一期埋藏聖賢骨殖旨在告喻星宿觀測，修改謬誤算法，以獲回歸年關聯節氣日數。

（2）埋骨於下能校驗地氣動靜暨甕棺葬起源

澄清如上諸題，今最後設問：前賢爲何不埋藏聖賢骨殖於泥沼，或埋藏骨殖於山洞、石棺？以黃土埋骨殖，其故何在？前賢不得埋藏聖賢骨殖於山洞，而埋於黃土層。此故在於，山穴通風不佳，尸骨腐敗產生硫化氫使人窒息，故不以石板保存於山穴。另外，他們也不須埋骨於池沼，彼處不能容人行走，不便查驗地氣初動。

在此須補釋一題。前述狄宛一期聖人不居住於 F371 等四處似房遺跡，而住宿於附近山穴。而彼地在後世被破壞或覆壓，殘跡難覓。

彼時，埋骨於黃土旨在方便嗅知地氣初動。冬至日後，地氣動，尸骨腐敗產生硫化氫味將透過疏鬆土層上達地表，狄宛聖人以嗅知此氣而斷定地氣動。故而黃土是埋藏聖賢骨殖之所。

此外，埋骨殖於黃土便於驗知熱季節氣。暑期，骨殖在地中受地氣上升與上來熱氣夾攻，土壤分解能力提高。地下熱氣能促使骨殖包含的磷游離出地面，在熱氣中自燃，形成微光，隨風游移。陝西長安方言呼之「鬼軲轆燈」，言微光流轉。察知此情狀，即知地表陽氣最盛，時在大暑。故而，埋骨一事涉及數面，每面都述辛勞爲曆，艱辛校曆。

考古界所謂「甕棺葬」也出自此理，而「甕棺葬」基準特點是，蓋被鑽

孔。孔向上，故尸骨腐敗氣味向上。此氣味是前賢嗅知以判地氣初動之把柄。此孔曾被考古界一些人視爲幼童靈魂近處之路，此是謬說。無論《臨潼白家村》圖三七甕棺、還是《西安半坡》圖版壹肆伍甕棺、抑或屈家嶺序列肖家屋脊遺址蓋甕碗底鑽孔都屬此例。

但是，無孔甕棺產生也能方便尸骨腐敗氣味上揚，故在葬具上下結合不密。冬至後，腐敗氣味上升無阻礙，無需鑽孔。不少學人結合甕棺葬與父母愛子，以爲父母憐愛子女，埋葬其骨殖於房屋周圍，有不捨之義。他們以爲，彼時存在親子之情〔註9〕。種種揣測，俱無依據。他們根本不知，古人曾有殺首子舊俗，根本沒有愛憐可言。如此殘酷的環境促使子嗣生成孝敬之念，感化母親，漸次及父，而後有父慈子孝之念。

葬具上面鑽孔旨在以嗅知氣味而驗冬至節氣預算。埋甕棺於穴室周圍，不須遠去，即能嗅知。而北邊埋成人骨殖，此是何義？冬至時節，半坡居住區有各種構築物。非在甕棺附近不能嗅知硫化氫氣味。但是，遺址北邊彼時並無構築物，冬至時節，西北風能將腐敗氣味吹拂到居住區。而且，渭河流於的寒氣每歲在西北。凡西北邊地氣動，其餘方位地氣必動。此亦是檢驗冬至節氣曆算精準與否途徑。無論甕棺葬還是成人葬，墓坑都不甚深，發掘顯示，墓坑口往往在堆積層下，坑深僅數十釐米。倘使前賢謀求埋葬存尸骨，如後世一般，他們爲何不掘深而埋，猶如商周以降事例？

二、狄宛方穴納骨爲曆及其橢圓穴觀象配骨傳播關中

（一）《發掘報告》具圖樣墓穴爲曆解

1. 狄宛 M15 以中官爲心察星宿爲曆暨譜系

1）狄宛一期方穴墓源自方天觀星宿

（1）墓主頭向出自埋骨者依觀星擺放軀幹與顱骨

《發掘報告》述，人骨頭向別爲甲乙，甲組頭向西或略偏北，計12座。乙組頭向北或略偏東，計3座。能辨別葬式者7座，能鑑別年齡者5座，2座墓人骨鑑定出骨殖屬成年人。隨葬物多者10餘件，寡者1件，無隨葬物墓1座。3座墓見豕下頜骨。

發掘者未解釋頭向根源，也未歸納頭向與墓穴表意關聯。我檢墓主頭向

〔註9〕 龔丹：《屈家嶺文化中的兒童甕棺葬》，《上海文博》2006年第3期。

西偏北故在埋骨者欲以墓主骨殖告喻，聖賢曾觀北垣星宿。其事匹配 H363 記格星、斗宿、建星觀測。頭向北或偏東，故在聖人以東垣星宿校驗曆算歲初。F371、F372、F378 三處觀象臺俱涉觀星。

總之，墓主頭向是埋骨者刻意擺放，猶如今日土葬前，理靈柩者將整理死者體位，以軟墊逼迫臂膀緊靠身側。唯狄宛時代埋骨者理骨準乎死者曾觀星象舊事。

（2）H391 分割週天以觀星宿是識墓向之基

狄宛一期，上十五座墓葬不集中於一個區域，圖一三見墓葬可別三組：沿斷崖邊緣，自東南向西北查看，見西北片有墓五座，位於 H10 向北連線以東。在 H279 以東、H359 以西，北南向散佈六座墓穴。H254、H363 直線以東，散佈四座墓穴。

細察地穴與墓葬關係，能見墓葬與地穴不相匹配。再察墓穴模樣，俱是長方形豎穴土坑墓。其狀看似 H391 去東南一角狀。前訓此穴模樣喻聖人方天觀星，以及察知角宿。今須基於前賢已認知星區，並對照墓穴位置斷定，前賢曾觀西北、北、南、東北、正東星宿。聖人嘗試分割觀宿辨識墓穴散佈，是解釋一期墓葬位置之訣竅。臨此問題，考古界曾有無本之說。

狄宛遺址發掘者之一郎樹德先生曾以爲，十五座墓葬散點分佈，東西兩端近百米，南北兩級距離三十米。諸情況說明，彼時無公共墓地。墓葬頭向不同，11 座頭向東北，4 座頭向西北或北，可能分屬不同族群。墓葬從佈局上看反映出聚落的原始性（揭前注）。此處問題不在於《發掘報告》述幾個墓主頭在骨殖何方，而在於郎先生從何出發點判定，邑眾與有墓地是遺跡須見設使。何等因素促使前賢定須將死者埋葬一處？此外，聚落原始性與非原始性之別何在？以墓頭向參差斷定墓主屬族系不同，其依據何在？

其實，諸多判定俱出自一源：墓葬起源不清。如前述，墓葬出自埋骨於穴，並補釋地穴爲曆，由於墓穴圓方俱有度數，而骨殖亦是術算器。墓穴模樣又涉觀星方式，乃至所見星宿。不知此題，故定墓主頭向參差，族系參差。其實，頭向與族屬毫無關聯。彼時，聖賢爲曆，並以觀星校驗是頭等大事，誰操心他人毛髮顏色？況且，不知星宿、不能爲曆致害遠大有異色毛髮之人。合數人之力以戰此人，必勝。但人眾非謂每人俱知星宿，能以星宿校驗陽曆。故異族同族之論與彼時時代難題與任務可謂「風馬牛不相及」之題。

2）M15 墓主以中官為心割十五度為星區

（1）墓穴尺寸與納物

《發掘報告》圖四六記，M15 位於第 I 發掘區 T13 與 T6 之間，墓坑開口於第 5 層堆積下，方向 291°。坑長 2.24、寬 0.8、深 0.4 米。坑內堆積黃色夾褐斑土。墓主是成年男子，仰身直肢，雙手交叉於胸部。年齡約 50～60 歲。隨葬物：圜底盆 1 件、鼓腹罐 1 件、圜底碗 1 件、杯 2 件、研磨器 1 件、獸骨板 1 塊、豬下頜骨 1 件、三角狀陶片 1 件，總計九件（圖四六）。獸骨版狀似條狀，似長方形，斜置於右膝蓋骨上，右脛骨緊挨研磨器，在獸骨板與研磨器上有圜底碗、陶杯。豕下頜骨位置是腹部。左肘東南見三角陶片。

骨殖短缺：掌骨、指骨、胸椎、腰椎。鎖骨似乎不平。脛骨以下跗骨、蹠骨、趾骨並喪。髖骨間距似乎拉開。上身骨殖與髖骨下骨殖分離。兩股骨不平行，似乎腰部寬而兩脛骨間距離短。此喻何事，難以窺知。細察墓主骨殖，見股骨走向與上身朝向存在夾角。此夾角即右股骨與左股骨夾角。

（2）聖人均分中官天心十五度以觀星宿

此墓底顯無坡度、地平統一。墓口平面兩端寬度不等，東南稍寬而西北稍窄。若以赤色畫兩長邊延長線，兩條直線兩者能夠在墓主頭頂相交，交點 A 為線段 AA1 與 AA2 相交處，此角是 $\angle\alpha$，此角度等於 15 度。

細察右膝蓋上壓獸骨板走向，見其延長線近研磨器邊緣。前訓研磨喻月全食，於日數是狄宛曆法初一，於今是陰曆十五日。此日數與謀算某關鍵節氣日數相差，當年曆譜含此日數。故而此線是準繩之一。向西北延伸此線，覆壓三角瓦片一邊，此線是 DD1。再畫赤線 CC1，此線與 DD1 相交，三角瓦片一角是 $\angle\gamma$ 對頂角，此角是兩赤線交角。測算此角大於或等於五十度。

再畫赤線，過左右股骨，見兩股骨各自延長線在墓穴東北角附近相交，此即 BB1 與 BB2 相交於 B，內角 B，BB1 是墓主目視直線，此線平行於 AA1。又察交點 B 與盆沿東端在一條直線上。察 CC1 是子午線，BB2 是緯線。又鑒於骨殖配器含圜底器，半天球星宿觀測是墓主曾為大事。右尺骨橈骨有上揚狀，但左尺骨與橈骨有平肩部模樣，應平行於鎖骨。但左側鎖骨似乎被肋骨覆壓，看不清朝向。儘管上圖能解釋上身骨殖與下身骨殖分離、扭轉，左股骨與上身骨殖不在同一平面。

今案，查此圖須先設擬聖人觀象並觀星宿，而且須以狄宛處於渭水流域爲基礎。顱骨有額骨與頂骨，頂骨呈半球狀。墓主頷骨微張，猶如張口講話一般。此狀本乎埋骨者的佈置與擺放，但又反映墓主生前曾張口施教。其頂骨匹配北天區核心，即北半天球核心，此區域是中官區域。聖人立於地上，頭頂北天區核心區域，此域是紫微垣核心附近。聖人察星區圍繞北極散佈，星宿亦如此列張。頭頂角度恰是中官劃分，即三百六十度分割紫微垣核心圓周。分割後，四垣星宿在其四周，如此即定狄宛聖人中官模樣：中官圓周別二十四等分。周代北、東、南、西四垣星宿分割未必等同狄宛聖人分割四垣，某星所屬未必等同，但方位一樣。這樣，半天球被等分，聖人察星宿獲得定數。此分割是二十四節氣之源，即中國二十四節氣是陽曆節氣，聖人非獨知太陰曆節氣。以節氣爲中國陰曆獨有，此是謬說。

圖九一　M15 割中官每十五度爲一星區暨觀宿驗曆日

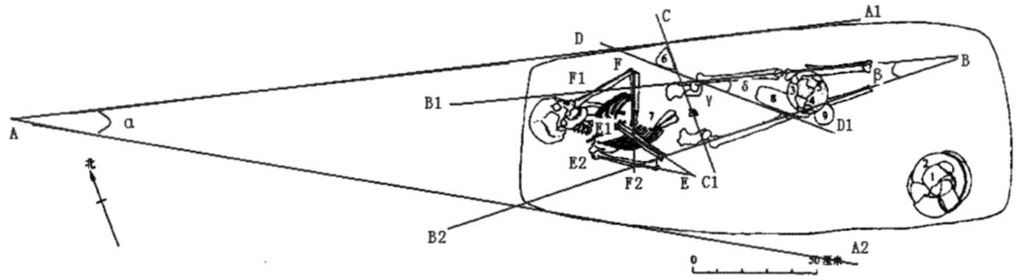

今增畫 EE1E2，FF1F2，窮盡聖人骨殖擺放。得∠E1EE2，∠F1FF2，前者等於 β，後者實測等於 60 度。二者關係如何，須以曆譜勘驗。今先依墓穴尺寸計算其度當日數。此是通釋此墓曆算細節根基，也是辨識配物含義之本。

3）M15 地穴曆譜與聖人觀仲春日宿處正冬至迄春分日數

（1）墓穴尺寸度當爲曆

今依前算 H391 尺寸度當，計算 M15 尺寸度當，以爲曆譜基礎。算前須知，H391 尺寸、模樣是狄宛墓穴模板，故尺寸相近不爲怪異。檢 H391 穴深 0.4 米，M15 深同 0.4 米。故二者涉關聯節氣間隔，以及曆算春分日虧欠基準日數應等同。今先算穴寬度當日數：

$$0.8 \div 0.33 = 2.42$$
$$2.42 \times 3 = 7.26$$

此日數是調曆前秋分日，即八月七日。

穴長尺寸度當：

$2.24 \div 0.33 = 6.78$

$6.78 \times 3 = 20.34$

此謂調曆後春分日是二月二十日。

依穴深尺寸度當求算兩關聯節氣間隔日數：

$0.4 \div 0.33 = 1.21$

這個得數告喻，今番春分去前番某節氣是三月有餘：

$1.21 \times 3 = 3.63$

三表示三個月，小數須折算日數：

$0.63 \times 30 = 18.9$

以月日數三十計算此數：

$(3 \times 30) + 18 = 108$

此謂當年太陰曆算春分去前番秋分僅達一百單八日。此數寡於兩節氣基準日數：

$108 - 180 = -72$

此數度當太陰曆寡於回歸年日數，以曆算調諧，即須數年。其配數決定能否調諧，今擇四組嘗試。

甲組能含日全食：

$30 + 40 + 2 = 72$

此謂日全食致節氣延遲三十日，四十日出自四年太陰曆短於回歸年日數，二日折算二點四個月，由於太陰曆每一點二個月短回歸年 1 日。

乙組含兩個堪拆分數：

$50 + 22 = 72$

此數謂太陰曆五年為一單元，補五十日，餘二十二日拆解兩歲、外加二點四個月。

丙組以七年為期，調諧此曆：

$(10 \times 7) + 2 = 72$

太陰曆連續七年每年補十日，末餘二日，折算二點四個月。

丁組以六年為期，其算法：

$(10 \times 6) + 12 = 72$

算迄第六年，每年補十日，第七年補十日，增二點四個月。我傾向於最後一組選擇。這十二日當十二度。加六十日當六十度，總度數等於 72 度，即∠E1EE2 加∠F1FF2 度數。今依測算舉 M15 曆譜，此曆譜月序異於 H391 曆譜。

表三三　M15 曆譜

二點四個月	第七年	第六年	第五年	第四年	第三年	第二年	第一年
8月20日	8月19日	8月17日	8月15日	8月13日	8月11日	8月9日	8月7日
9月20日	9月19日	9月17日	9月15日	9月13日	9月11日	9月9日	9月7日
10月20日	10月19日	10月17日	10月15日	10月13日	10月11日	10月9日	10月7日
11月2日	11月19日	11月17日	11月15日	11月13日	11月11日	11月9日	11月7日
兩個月又十二日算迄	12月19日	12月17日	12月15日	12月13日	12月11日	12月9日	12月7日
	1月19日	1月17日	1月15日	1月13日	1月11日	1月9日	1月7日
	2月20日	2月18日	2月16日	2月14日	2月12日	2月10日	2月8日
	3月20日	3月18日	3月16日	3月14日	3月12日	3月10日	3月8日
	4月20日	4月18日	4月16日	4月14日	4月12日	4月10日	4月8日
	5月20日	5月18日	5月16日	5月14日	5月12日	5月10日	5月8日
	6月20日	6月18日	6月16日	6月14日	6月12日	6月10日	6月8日
	7月20日	7月18日	7月16日	7月14日	7月12日	7月10日	7月8日
	補十日平二分	補十日平二分	補十日平二分	補十一日平二分	補十日平二分	補十日平二分	補十日平二分

（2）春分日虧欠 72 日以觀星校驗

察墓主左右肱骨、尺橈二骨擺放夾角參差，此二者相加，即得太陰曆春分日與回歸年春分日赤經面差數。何以佐證？曰 FF1 走向平行於 BB2，此線是緯線，即春分日晨昏赤經面與黃道相交面。察 FF2 直線是赤經面從某日轉動到此處直線。這個某日即日在 B1B 一線。此一線須轉動，接近春分日太陽應在直線 BB2。∠β 與∠F1FF2 相加，得角度是太陰曆春分應見赤經面與太陰曆算得春分日赤經面度數差：

$$60° + \geq 10° \geq 70°$$

一度折算一日，得日數大於等於 70 日，依前算，此日數應等於 72 日。

繪圖誤差度數是 2 度。

發掘者測算墓向 291 度，此角其實是左股骨與顱骨左邊連線與子午線相交所成夾角，但測算時不算象限角，而連續算自 C 右旋迄 BB1 處度數，此角等於 291 度。此度數較之回歸年赤經面變動度數寡：

$$365° - 291° = 74°$$

這個日數基準是冬至日，由於骨殖左股骨與子午線夾角能匹配二百九十一度。由此得知，聖人左股骨、脛骨走向也是校驗回歸年與太陰曆日數基準。此基準非準乎春分日，而準乎冬至日。差這個數字與太陰曆、回歸年兩算法算春分日相差日數僅有二日差：

$$74 - 72 = 2$$

此二日差出自春秋平二分節氣，但冬至、夏至節氣無平。

（3）M15 立春日是狄宛歲首考

察圖上 BB1 走向與含義，見此直線喻時光未及春分日，BB2 直線喻既及春分日。但 DD1 喻地上日照能見最初赤經面，此面與 BB1、BB2 無涉，由於它準乎三角陶片動止，而且此線段來自陶片已定 CC1。倘使 DD1 線能重合 BB2，即得春分日。但是，此線中止於此處。此處即 DD1 直指墓穴東南角圓底盆中央處。認定此處涉日照含義，是基礎討論。

圓底盆與鼓腹罐相連，圓底盆類似圓底缽，喻赤經面變遷，但有鼓腹罐節制，故能爲治曆平二分根基。鼓腹罐喻容水。容水猶坎，但能傾斜如魁斗，於春分即謂水下。但未及春分，在冬至迄春分之半，此器須傾斜四十五度。發掘者未述此器擺放，此是疏忽。

由此解析得知，此年狄宛歲首取立春日，而非冬至日。又即，DD1 是當年歲首日照線，值立春。獸骨板走向佐證當年以立春日爲歲初首月首日。其日數計算不複雜：

$$冬至迄立春日 = \angle\gamma = 45°$$

$$45° = 45\ 日$$

故立春日在冬至後 45 日。此算法是中國最古立春日算法，也是後世定冬至——立春——春分之法。

涉獸骨板，猶有數言須補：獸骨來自獸，獸四足，頭方，從坤，日照於地，獸知地上節氣，故獸能守之。後世埋獸以喻歲時，其故在此。白家村遺址 H25 橢圓穴埋犬、狄宛二期地穴埋犬俱是其例。

（4）存骨曆算義解

人類骨殖以軀幹爲要，餘者次之。M15 墓主頭骨、肋骨次序斷爲不亂。顱骨匹配頸椎，其數爲八，此日數是太陰歲補日數。後須平二分，加補足八日，太陰曆月日數同回歸年日數。與此相稱，肋骨能述太陰曆兩歲。兩歲是平二分得兩歲節氣平之期間。依據此關聯，推斷 M15 墓主曾爲 H3115：10 太陰曆補日八術算。此人生前是狄宛聖人。

察墓主左肋骨排序不如右肋骨有序，其數似不完整。其實，其數應等於右邊肋骨，埋骨時，左側肋骨未被抽去，其狀也非土壤含酸性物質導致加速分解肋骨密度不大處，而是埋葬者意欲爲此。總之，肋骨數可視爲完整。左右肋骨各十二，能當十二月。以墓主骨殖右旋，墓主頭戴北極而面南，左右肋骨匹配，但左側即東邊，右側爲西邊，月生於西，在西盛壯，故西邊肋骨模樣完整，如月生於西之狀。東爲月死之所，故弧狀肋骨被平置，略見地面有肋骨呈弧狀即可。如此，即得二歲二十四月，而每月見月死於東。月「死霸」說出自此念。

（5）冬至迄立春四十五日於白家村 M17 曆算影響

喪葬史研究未曾澄清葬俗之源是天文曆算，故而禮學《士喪禮》記述迄今不清。虞夏以降，考古發掘頻見墓主兩手相交於胸前。此樣貌曾引起學人重視。陳公柔曾以爲，此情況合乎郝敬《士喪禮》說「握手如箭，韜尸兩手，……兩手交貫於牢。」沈文倬又以戰國墓葬發掘所見加以補充。他解釋了如何韜，但未澄清爲何須交疊手於胸前〔註10〕。

其實，此俗是狄宛 M15 左右肱骨、尺骨橈骨方位角觀星、爲曆術算接受後發揮影響所致。此術算影響臨潼白家村 M17 墓主尺骨橈骨相交下腹，此狀是後世「韜尸兩手」之源。

狄宛 M15 曆算含冬至迄立春日法，其數等於四十五日。此例的相對例證是臨潼白家村遺址 M17。原圖拓印如後，以便對照。此術算傳至白家村，故見 M17 術算例。今給《臨潼白家村》圖四一 M17 補畫數條赤線，以顯天文曆算關聯。

此墓墓主仰身直肢葬，缺肋骨十二對，肱骨向身下垂直。

〔註10〕沈文倬：《對「〈士喪禮〉〈既夕禮〉中所記載的喪葬制度」幾點意見》，《考古學報》1958 年第 2 期。

圖九二　白家村 M17 赤經四十五度角變動

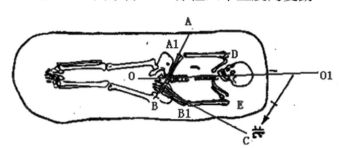

此墓是白家村遺址晚期墓之一，其含義深邃，但確係狄宛 M15 孳乳而來。又檢墓主似以左右尺骨橈骨交於下腹部，左手所及是會陰部上方，會陰下是解剖學之肛區。據此得知，前賢如此擺放尺骨、橈骨以喻濁氣墜落。檢墓主顱骨在西南，鼻骨不在上下縱軸上，而俯視肱骨與尺骨相接處。

西南是一歲冬季日落區域，此事如何與右肱骨、尺橈二骨相接關聯？詳查補繪赤線，即知其故：AB 與 BC 相交，成角 90 度，此是左右尺骨橈骨交角。沿間斷腰椎、胸椎畫赤線，見 OO1 直線，自 A 線一點 A1 畫線及 D，得直線 A1D，此線平行於從 C 線一點 B1 引出直線，使之延伸於 E。如此，墓主骨殖術算義清朗，綁縛兩手骨之故亦清白：

察∠ABC 同九十度，此度數是平面度數，是冬至迄春分之間度數，由於 AB 平行於經線，而 BC 平行於緯線。經向當寒暑線，北喻冬至，南喻夏至。均分此度數，即得四十五度。將 OO1 向 B 平落，見此線均分∠ABC，得兩分四十五度。

又察左右肱骨與縱軸 OO1 關係是側視九十度被均分兩半圖，而 A1D 與縱軸夾角等於 B1E 與縱軸夾角，這猶如赤經面變動九十度，但其半是四十五度。此圖反映兩等情形其本相同：平面見日照變換九十度角，側面見赤經面變動九十度。喪禮束縛兩手骨之本在於表述冬至迄春分日日數等於九十日。發掘者未述此墓穴尺寸，故不為墓穴尺寸度當曆日。

2.《發掘報告》具圖墓穴為曆暨原墓深度溯跡

1）M208 記中官與氐宿觀測及曆譜

（1）M208 墓狀描述與圖樣

M208 方向 308 度。坑長 1.74 米，寬 0.88 米，深 0.3 米。墓主年齡約 50 歲，仰身直肢葬。《發掘報告》圖四七。墓納物件，1：三足鼎；2：圓底盆；

3：圓底缽；4：圈足碗；5：石鏟；6：敲砸器；7：A 型瓦線陀；8：豕下頜骨。
墓見瓦線陀圓狀，圖上第 7 物。發掘者定 A 型，素面，周邊磨光，圓點對鑽
一孔。

　　今增畫赤線於圖四七，顯示最初埋骨者爲曆。先畫 A 到 B 直線，準乎獸
骨板邊緣，得直線 AB，再畫 A 到 C 直線 AC，再沿墓穴邊線從 A 畫延長線，
到 O1。再畫 B 到 C 直線，關聯 B 到 O1，得 AO1∥BC，AB∥O1C。AC 是子
午線，喻冬至——夏至線。AB 或 O1C 是緯線，喻春分——秋分線。O 是 BO1
與 AC 對角線交點。OC 其實等於 BO，由於四角被對角線均分。交點在墓主
顱骨右目上。墓主觀測秋分與冬至期間星宿。BO1 線均分秋分與冬至間赤經
面變動，得兩個四十五度夾角。

圖九三　M208 一邊摹寫紫微垣正仲秋

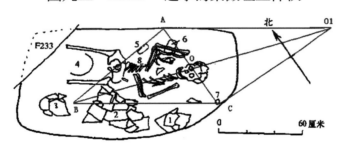

　　墓主左右肱骨與尺橈二骨交角俱等於九十度。自砍砸器向左肱骨與尺橈
故夾角畫線，均分九十度。由右肱骨尺橈骨交點畫線到左肱骨上端，此直角
被均分。鑒於墓圖容許多種解釋，今須擇其一。

　　發掘者言墓向 308 度其實是墓主左肱骨東西向走向線，自子午線零度起
算，算迄此處，得方位角 308 度。但是，此度數不能告喻關鍵解答。檢此穴
南邊是弧形，北邊是直線，此狀是直線邊與紫微垣一邊結合。判定紫微垣當
季節須察其大頭朝向。紫微垣大頭在北，小頭在南喻夏季。紫微垣左旋，與
斗柄轉向相反。其小頭在東，述秋季某事。

　　（2）紫微垣定秋季與氐宿定日月中道而見日全食

　　M208 補繪圖樣見菱形其實是兩角拉長所致，與前述狄宛星宿圖見角宿二
星與平道二星關聯後其四邊線模樣不同。但彼處星圖的確啓發聖賢深思二
至、二分日數關係，故 M208 圖樣反映此事。而且，此事發生於某年秋分前一
日或後一日，此一日差應是春秋分調曆之術算起源。此墓底見刻意加工圓瓦

線陀、相關連線與墓主頭向等俱是其證。

《發掘報告》圖四七第 7 物即瓦線陀,考古界名之「陶紡輪」。加工者磨去其邊棱,素面。磨邊即謂光滑,日全食食既,日被月侵,日隱沒,但棱邊仍有光線。此物位於墓底東壁下,繪圖顯示,此物位於墓底東部正南。正北是 A 點。自墓東 O 向西查看,CO1 是春分或秋分日晨昏見赤經面與黃道面交線。BO1 線恰是日出正東,經天後在晝日天際走向,它在西偏南墜落。此線是當日夜間察日軌道面記錄,繪圖四邊端點構造氐宿。故 BO1 線是日月等星體中道,發生日全食即在此處。

墓主顱骨位置細節也旁證此事:墓主當年曾觀測日全食。其骨殖埋葬時間是日全食後,甚至調曆完成後。墓主目視方向是 H12 附近,此處是月行道,襲日自此開始。其右目是交點,頭顱在墓東,此謂日全食食初在東天,不在中天,也不在西天。在東天謂在正午之前,在晨刻之後。一些瓦線陀述日全食,事考詳後瓦線陀與中國區域文明統一斷代。

(3)M208 度當算法校勘原墓深與曆譜排定

《發掘報告》述狄宛一期墓葬,放狄宛 H397 尺寸度當日數,先算 M208 短徑即穴寬尺寸度當日數。其算法:

$$0.88 \div 0.33 = 2.67$$
$$2.67 \times 3 = 8.01$$

此謂前番關聯節氣日數是某月第八日。準乎前識此穴述秋分日後日全食,穴短徑述前歲春分。即二月八日是前番春分日。

穴長即此穴長徑尺寸:

$$1.74 \div 0.33 = 5.27$$
$$5.27 \times 3 = 15.81$$

此謂今歲秋分調曆後日數是八月十五日。

末算穴深尺寸度當月日數:

$$0.3 \div 0.33 = 0.9$$
$$0.9 \times 2 = 1.8$$
$$1.8 \times 30 = 54$$
$$180 - 54 = 126$$

此謂虧欠日數是 126 日。在此,須重視《發掘報告》饋給一則訊息,狄宛一期墓葬曾於仰韶時期被破壞,墓坑存深 0.2~0.7 米之間。發掘者不知尺

寸度當，但能大致觀測文化層土色參差。倘若仰韶時期前賢鏟去墓穴地平面若干，如何辨識此減損？我意仍須依 H3114 尺寸度當勘誤算法。

　　涉及此處穴深尺寸度當日數寡於基準日數一百二十六日，並參照此穴見鑽孔瓦線陀記述日全食致節氣延遲三十日，今給此數分組：

　　　　30＋（10×9）＋6＝126

　　三十日出自日全食致節氣延遲，太陰曆九年致節氣延遲九十日，六日是七點二個月節氣延遲總日數。但是，九十六日差數不匹配前番春分日與今番秋分日曆譜。依每歲平二分，補八日算法，太陰曆換算陽曆時，每歲秋分與春分日變動僅有二日。前算 M208 記春分日二月八日，秋分八月十五日，此間僅見七日差。這七日差毛算僅能匹配四歲曆譜。四歲曆譜即每歲陰曆補十日，以爲陽曆。換言之，倘使不算日全食，穴深尺寸度當日數與基準日數差應等於四十。照顧此墓見磨邊鑽孔瓦線陀，此物喻陰曆節氣延遲三十日，此原尺寸折算日數與基準日數一百八十日相差僅應小於等於 70 日。由此逆算：

　　　　110－180＝-70
　　　　110÷30＝3.67
　　　　3.67÷2＝1.835

此數是 M208 原深。此數折算米數：

　　　　1.835×0.33＝0.605

此謂 M208 原深等於 0.605 米，而非 0.3 米，存深寡於原深：

　　　　0.3－0.6055＝-0.3055

存深近原穴深一半。

原穴深尺寸度當折算 70 日，其分組：

　　　　70＝30＋（4×10）

此謂四年陰曆每年增補十日，補齊虧欠陽曆日數。曆譜自頭年 2 月 8 日次第。

表三四　M208 原穴曆譜

日全食致陰曆月	第四年	第三年	第二年	第一年
30 日	1 月 15 日	1 月 13 日	1 月 11 日	1 月 9 日
	12 月 15 日	12 月 13 日	12 月 11 日	12 月 9 日
	11 月 15 日	11 月 13 日	11 月 11 日	11 月 9 日

10月15日	10月13日	10月11日	10月9日
9月15日	9月13日	9月11日	9月9日
8月15日	8月13日	8月11日	8月9日
7月14日	7月12日	7月10日	7月8日
6月14日	6月12日	6月10日	6月8日
5月14日	5月12日	5月10日	5月8日
4月14日	4月12日	4月10日	4月8日
3月14日	3月12日	3月10日	3月8日
2月14日	2月12日	2月10日	2月8日
補十日平二分	補十日平二分	補十日平二分	補十日平二分

2）M205 度當算法校勘原墓深與曆譜

（1）墓圖與基本測算

依《發掘報告》述，M205 方向 16 度，墓坑長 0.84 米，寬 0.62，深 0.32。穴內骨殖腐朽嚴重。坑內堆積灰黃色夾花土，出土物有圜底缽兩件。但是，在《發掘報告》圖四八增畫赤線顯示，方向十六度之説難以立足。畫穴底角 DB 之間連線，此是子午線。沿穴壁一邊畫 CC1 連線，再畫另一壁延長線 EO，CC1 與 EO 兩線段不平行。準乎子午線，兩穴壁直線角度差大約是 5 度。兩線段都落在第一象限。發掘者測算方位角 16 度來自何處，不清白。若言 35 度，即∠CDB，此角是 CC1 方位角。

今計算此穴尺寸度當，以驗此穴曆譜。同時須重視《發掘報告》述墓葬曾於仰韶時期被破壞，墓穴存深 0.2～0.7 米之間。

今以長邊尺寸度當算春分日，短邊尺寸度當算秋分日，再驗穴深尺寸度當是否匹配穴長、寬度當月日數。短邊算法：

$$0.62 \div 0.33 = 1.87$$

$$1.87 \times 3 = 5.61$$

此日數即前番秋分日，即秋分月日是八月五日。今再算今番春分日：

$$0.84 \div 0.33 = 2.54$$

$$2.54 \times 3 = 7.62$$

此謂今番春分日是二月七日。二數淨差兩日，毛算差三日。兩日差於曆譜即謂陰曆一年調曆平二分。準乎毛算，須算前番秋分迄今歲秋分，一番平

二分後再平第二番秋分。故而，此間見歲曆應等於一年半。此外，陰曆寡於陽曆日數限於十日。半年見五日差，一歲半見十五日差。

圖九四　M205 子午線與穴底兩長邊方位

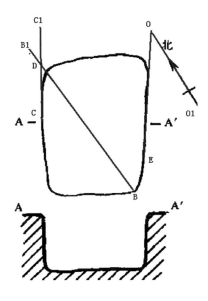

今算此穴深尺寸度當陰曆日數寡於陽曆日數：

　　$0.32 \div 0.33 \approx 1$

　　$1 \times 3 = 3$

　　$3 \times 30 = 90$

九十日即爲三個月，三個月期間不能見春、秋分調曆兩日，春秋分調曆期間應是一百八十日。今存穴深告喻，M205 穴深尺寸削減，較之原穴深削去幾尺，值得推算。

（2）尺寸度當算法校勘原墓深與曆譜排定

檢一歲曆譜能見平二分，曆補十日。平二分須更改兩日日數，前算穴寬與穴長尺寸度當容許此數。但穴深尺寸須另算。溯算原穴深算法須始於基準算法，即秋分迄春分須見璇璣歲一百八十日，自此數減十日，以爲成歲補十日基礎：

　　$180 - 15 = 165$

再除以三十，折算月數：

　　$165 \div 30 = 5.5$

以此數除以三，得數是月數折算尺數：

　5.5÷3＝1.833

以狄宛尺數計算此穴深減少：

　1.833－1＝0.833

以此數乘以米當尺數：

　1.833×0.33＝0.604

M205 穴原深大於存深並折算米數：

　0.604－0.32＝0.2848

此數謂二期聖賢削去此墓穴二十八點七釐米，或曰削去此穴 0.833 尺，即穴深減少八寸三分。此穴出土兩圜底缽，二缽口相對，即見滿天球。滿天球者，日行一周天也，其日數等於三百六十五度。倘使分二缽而扣之於地，即見春分、秋分。發掘者述，出土圜底缽 A 型 I 式、A 型 II 式各一件。依《發掘報告》圖二五，I 式缽即淺底缽，II 式缽較深。缽淺謂夜見天近，缽深謂夜見天遠。初夏迄初秋見天近，初冬迄初春見天遠。

表三五　M205 原穴曆譜

第一年	次年半歲
8 月 5 日	8 月 7 日
9 月 5 日	9 月 7 日
10 月 5 日	10 月 7 日
11 月 5 日	11 月 7 日
12 月 5 日	12 月 7 日
1 月 5 日	1 月 7 日
2 月 6 日	半歲補五日未及春分
3 月 6 日	
4 月 6 日	
5 月 6 日	
6 月 6 日	
7 月 6 日	
補十日平二分	

3）M307 弧矢星曆曆譜

（1）墓內殘骨與配器述弧矢正仲春

《發掘報告》M307 方向 20 度，長 1.7 米、寬 1 米、深 0.45 米。僅存零星人骨，坑內堆積黃色夾褐斑花土。出土物：II 式罐形鼎 1 件，I 式筒狀深腹罐 1 件、石鑿 1 件。圖四九。檢發掘者述墓向 20 度出自此穴東壁線與子午線夾角，此角在第一象限。此墓樣貌異乎 M205。

此墓見碎骨擺放於墓穴南部，碎骨似含脛骨或股骨一截，亦有髖骨。髖骨在南，但脛骨或股骨在北。這指示腿在北而頭在南，由於人骨位置有確定方向。又即，此墓主面北埋葬。其餘骨殖清除不能影響存骨擺放方向，此方向其實是子午線方向，故給原圖四九增畫 NS1 赤線。髖骨南有碎骨片如輪廓，喻陽氣在南，似摹寫日在南端，時在冬至。畫直骨與東偏北骨片連線，鼓腹罐南碎骨爲鄰，見直線 OA，此線平行於緯線，喻春分日赤經面晨昏與黃道面相交。A 是春分日星宿，以其狀頗似 F371 柱洞 10 模樣，但二者方向相反。如前判斷，此宿是弧矢，故 M307 以弧矢定春分日。謀節用篇幅並便於比較，將原圖子午線置於穴內。原平面圖第 1 物是鼎，此物喻補日，陰曆補八日。原圖第 2 物是鼓腹罐，此物喻平二分。原圖第 3 物是石鑿，此物鄰近圓底鼎，喻破分天球。破分天球寓意較多：知地轉即有黃道週旋三百六十度，破分三百六十度是其一。知日行走轉圈，以圈平面變動爲破分目的物，此又是破分日

圖九五　M307 弧矢正仲春及骨殖別南北

行度。此破分導致赤經面一歲變動三百六十五度之說。陰曆補十日爲陽曆，其本是破分天球。此墓石鑿與三足圓底器給定解答，此是中國古天文學陽曆特徵之最佳證據。

此穴耐人尋味處在於，南端寬而北端窄。爲何如此，考古界迄今未嘗發問。欲解此疑，我自南向北增畫墓穴平面圖東壁延長線迄 B，子午線與 SB 交角 α 大於等於 15 度，若算挖掘誤差與子午線摹寫誤差，此角能達 20 度。此線有何含義，值得深思。我以爲，此線喻天極軸線變動夾角，此角度應等於 20 度。如此，此墓穴尺寸度當月日數匹配無誤。

（2）墓東壁述赤經面及觀弧矢類比穴寬度當春分日爲曆

鑒此穴春分準乎弧矢，而 OA 是緯向，墓寬走向可視爲天軸線未及某位置，在春分之前，此線其實延伸到黃道面以下。故而，此墓樣貌堪如此解釋：穴寬度當日數須視爲春分日。如此，穴寬有兩用：第一，當赤經面。第二，類比春分日日數，由於此邊充當減算二十日基準先。此穴壁尺寸度當日數也能充當春分日，而秋分日在此二數之間隨月序變動。如此，各參數能夠匹配。

穴寬尺寸度當春分日數：

$1 \div 0.33 = 3.03$

$3.03 \times 3 = 9.09$

此謂春分起始日是二月九日。

長壁尺寸度當日數：

$1.7 \div 0.33 = 5.15$

$5.15 \times 3 = 15.45$

此謂平春分日後春分日最大日數十五日，即二月十五日。初始日數與此日數間隔七日，跨三年半。

穴深尺寸度當：

$0.45 \div 0.33 = 1.36$

$1.36 \times 3 = 4.08$

$4.08 \times 30 = 122.4$

此日數較之標準日數寡：

$180 - 122.4 = 57.6$

此數組合有三種。第一組合：

$57 = （10 \times 5）+ 7$

陰曆每一點二月寡陽曆一日，七日折算：

$$7 \times 1.2 = 8.4$$

零點四個月折算：

$$0.3 \times 30 = 12$$

此謂八個月又十二日。

第二組合：

$$57 = 30 + 27$$

三十日出自日全食測算，而二十七日出自兩歲加八點四個月。但是，穴內不含瓦線陀之類物件，故不當推斷此穴尺寸度當含日全食曆譜。今依毛算陰曆須見日數差大於等於三十五日爲第三組合：

$$57 = 37 + 20$$

三十七日是陰曆寡於陽曆日數，日數是淨日數。另外，存在誤算。誤算出自陰曆算法早算春分日二十日。這二十日誤差依穴壁 SB 與子午線夾角 $\angle\alpha$ 表達，此角眞實角度等於二十度，二十度折算二十日。這二十度誤差是早算天軸線二十日導致誤差。今爲曆譜起於二月，得曆譜如後。

表三六　M307 曆譜

八個月又十二日滿	第三年	第二年	第一年
9 月 27 日	1 月 14 日	1 月 12 日	1 月 10 日
9 月 15 日	12 月 14 日	12 月 12 日	12 月 10 日
8 月 15 日	11 月 14 日	11 月 12 日	11 月 10 日
7 月 15 日	10 月 14 日	10 月 12 日	10 月 10 日
6 月 15 日	9 月 14 日	9 月 12 日	9 月 10 日
5 月 15 日	8 月 14 日	8 月 12 日	8 月 10 日
4 月 15 日	7 月 13 日	7 月 11 日	7 月 9 日
3 月 15 日	6 月 13 日	6 月 11 日	6 月 9 日
2 月 15 日	5 月 13 日	5 月 11 日	5 月 9 日
補七日平春分	4 月 13 日	4 月 11 日	4 月 9 日
	3 月 13 日	3 月 11 日	3 月 9 日
	2 月 13 日	2 月 11 日	2 月 9 日
	補十日平二分	補十日平二分	補十日平二分

（3）無圖墓不堪訓釋

前訓狄宛聖人以四墓穴爲曆，其基礎是辨識 M15、M208、M205、M307 關鍵參數。堪爲關鍵參數者或是墓壁、或是墓壁加墓主某骨殖走向與數字，或是某些骨殖走向與某星宿關係，而墓內有無配器或如何配器是考述依據之一。前補畫赤線於原圖是揭示墓穴曆紀含義之關竅，但其基礎是原圖。《發掘報告》未舉剩餘十一座埋骨地穴圖樣，而其下冊附表四雖含其尺寸，但不足以考述原圖爲曆特點。即使依尺寸度當算法嘗試，難以擔保得數精準。此外，狄宛二期聖賢曾在一些墓穴口地平上起去土層，這導致其深度殘損。如此殘損出自計劃，抑或是無別施爲，目下不須斷定。無論怎樣，我於今放棄考述如後十一座墓穴曆義：M13、M14、M207、M209、M211、M212、M225、M227、M228、M308、M317。

又檢中國考古界迄今編寫發掘報告，見各等報告僅含局部墓葬圖樣。減少墓葬圖樣出自何等考慮，我不知曉，但依今日墓葬爲曆考證基礎觀瞻，須言如是節用篇幅阻礙辨識聖賢星曆知識。節用篇幅背後是無端裁量考古發掘記錄，也是考古界財富主宰論主宰之果。方酉生以爲，墓葬發掘即能認知死者生前地位、身份與財富，辨識當時社會、財產關係與血緣親屬關係之階陛。墓葬也反映宗教信仰與意識形態〔註11〕。《田野考古學》第五章以爲，墓是安放尸體之處所與設施，葬指處理尸體方式。墓葬反映埋葬制度、埋葬習俗，反映社會制度、階級關係、社會經濟、意識形態。但依前考狄宛一期埋骨處所判斷，田野考古發掘學關於墓葬財富反映論毫無立足之地。並非物質，而是認知與決克生存難題決定物質加工與放置。彼時不存在與有、獨有某物觀念。

（二）關桃園橢圓墓觀宿別赤經黃道為曆是後世兩層墓為曆之源

1. 關桃園圓穴墓為曆基礎

1）渭河流於圓穴埋骨源於狄宛 H3107 與 F378 構圖

（1）考古界關於見骨圓穴功能之歧見

圓穴埋骨究竟堪否命爲墓葬，這是考古界久存疑慮。一些發掘報告編者傾向於否定埋骨圓穴爲墓。《廟底溝與三里橋》述，遺址見仰韶文化灰坑 168 座，其狀是圓形或橢圓形。前者103座，後者65座，遍佈全遺址。除少數較

〔註11〕方酉生：《田野考古方法論》，武漢大學出版社，1992 年，第 69 頁。

小或較淺灰坑外，出土物豐富。有九座地穴不僅出土瓦器，還出土人骨架或家畜骨架。發掘者推測，「這可能是利用當時廢棄的灰坑來作爲埋葬之所。」〔註12〕《廟底溝與三里橋》圖七有 H25，此穴也是橢圓口袋狀穴。距坑口 0.4米，出土一人骨架在坑中央，其狀：頭向北、俯身、右手向上高舉、手心向下、左手側曲舉、兩腿向左側斜、兩足跟交叉、左邊壓於右邊。在距坑口 0.8米處，又見人骨架一具，兩股骨有相交似行狀，不見右肱骨。

　　圓穴埋人骨也見於西安半坡遺址，《西安半坡》記，第 250 與第 251 灰坑埋人骨架，爲屈肢葬。發掘者定名爲墓。如此，關於圓穴見骨，埋骨之穴爲墓與否，認識呈現兩端。觀點參差出自發掘組主導者。半坡遺址發掘者與廟底溝附近遺址發掘主持人不同，石興邦先生主導半坡遺址發掘，而夏鼐先生組織發掘了廟底溝與三里橋遺址。如此，考古界對於圓穴見骨堪否定義爲墓，存在兩端見解。以見骨之穴爲墓，須附議石氏說。以方穴爲埋骨之所，偶爾以圓穴放置骨殖或尸骨，須附議夏氏說。但是，爲何須將骨殖放置於圓穴，考古界迄今未曾考究。此是遺漏。

（2）以橢圓穴埋骨源於狄宛 H3107 與 F378 觀象爲曆

　　察半坡遺址與廟底溝遺址見圓穴埋骨俱是渭河流於埋骨爲曆子遺。其源是狄宛圓穴爲曆，後置骨於圓穴，述聖賢於某季觀星象舊事。廟底溝遺址雖位於黃河流域，但去渭水匯入黃河地不遠。而且，晉南仰韶時期文明處於白家村、姜寨早期與半坡早期文明影響範圍。依此，我斷定廟底溝附近遺跡俱是狄宛一期文明子遺。

　　狄宛方穴 H391 是方穴墓 M15 根源，此題前已申述。方天或角天以別中官星宿，此是狄宛聖賢巨作。穴底爲平，故墓底也平。平者，觀星象平二分也。地穴穴底與墓穴穴底之別僅在墓穴底有骨殖，而地穴穴底無骨殖而已。爲曆是二者與有話題。由此得知，圓穴必不能例外。狄宛弧邊穴基準是 H3107，前已訓此穴於狄宛曆算與曆補奠基之功。此穴穴底找平，後世埋骨圓穴穴底俱平。寶雞關桃園一期圓穴 H128 穴底與狄宛 H3107 一樣，都已找平（《寶雞關桃園》圖九，第 14 頁）。其事根基一樣。

　　此外，狄宛一期觀象臺之 F378 也是平底，此穴口是橢圓形。此狀是半坡第 250 號與第 251 號近圓墓根源，廟底溝 H25 穴口狀與此相似。如此埋骨樣

〔註12〕中國科學院考古研究所：《廟底溝與三里橋》，科學出版社，1959 年，第 15～16 頁。

式其實早見於寶雞關桃園二期。狄宛聖人以 F378 觀象，獲得星曆認知是推導陰陽曆換算算式之一。此術被後嗣繼承，他們將此術傳及關中。他們欲述聖賢觀象爲曆，須珍貴曆算。他們無其他表述途徑，故以埋骨述聖人遺留。此所謂人已亡，而骨殖存。又以橢圓穴述其功業大要。故而，關桃園見橢圓穴埋骨。此等埋骨地穴其實是橢圓穴埋骨之本。每座見骨橢圓地穴其實都是觀星與（或）曆算殘跡。

2）關桃園 M25 尺寸算陰陽曆八日差暨埋骨別二層起源

（1）橢圓穴顱骨在二層穴穴底之疑

《寶雞關桃園》第三章之（二）述墓葬，此名下第 1 述成人墓。M25 位於 T0115 中部偏西，爲橢圓形筒狀穴，口底相當。開口於第②層下，被 H191 打破。坑口距地表 0.5、長徑 1.6、短徑 1.2、深 0.37 米。坑底另有一圓形小坑。直徑約 0.5、深 0.8 米。坑內堆積鬆灰褐色土，見陶片。坑內有一具尸骨，方向 320 度，坐於小坑邊上，折腰將上肢貼於腿上，插於小坑內。頭滾落於坑中，旁有一水牛角，或用以隨葬。圖一三，2。

檢發掘者描述，三端值得深思：第一，折腰將上肢貼於腿上，此謂股骨似人立下垂，但見其靠近下坑邊，此邊傾斜。對面穴邊爲何垂直？第二，上肢骨貼於腿骨猶如，胸骨平行於股骨，人以手環抱股骨。人直立即謂垂直於地。以地爲黃道面，人與地面交角等於九十度。《寶雞關桃園》言「頭滾落於坑中」，此言含述、亦含推測：「於坑中」屬述，但「滾落」屬推測。何人見頭顱滾動？依此知「滾落」說不可信。其實，墓主顱骨顱頂又向上，此出自刻意而爲。比較股骨肱骨走向與顱頂朝向，得知顱頂本應向地，但今向上，此謂顱骨轉向一百八十度。這是爲何？第三，水牛一角在顱骨西偏北。發掘者以爲此物係隨葬物，爲何有此方位？

第三，此穴見三層一臺。最上層是地平，其次是臺階，末是穴底。三面屬同一地平。如何看待地平與顱骨轉向一百八十度含義，這是不得迴避問題。

（2）聖賢察春分前星宿

《寶雞關桃園》圖一三第 2 是此處檢討對立物。原圖子午線位置挪近 H171，以便補繪赤線。此外，將 H191 局部截去，以顯主題，並右旋圖樣。發掘報告以 H171 標誌此穴，此喻發掘者順從夏鼐說，即見骨橢圓穴是灰坑，非墓葬。我不求以 M 標誌此穴，但須重視，以 H 標誌此穴顯不妥當，由於此穴是 F378 演變而來，二構築物參差僅在於此處見骨殖。若論如何恰當標誌，我

意以西文 GL 標誌，二字母是今拼音觀象臺第一字與太陽曆第三字拼音第一字母，以顯中國星曆與曆算自古合一。

圖九六 關桃園 M25 觀象與季節暨赤經黃道

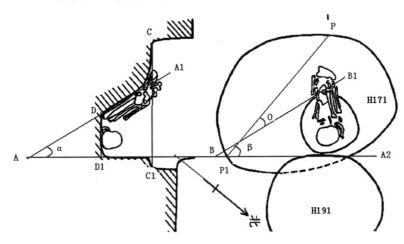

畫此穴深處斜壁直線，地下端點為 A，另端為 A1，見直線 AA1。再畫 A 到直壁線，為 A2，此線恰是 H191 與此穴東壁在北邊交點。再畫此線 B 到 B1 連線，此線平行於 AA1。BB1 線是骨殖垂落於深穴線。相對直壁，骨殖垂落夾角是 $\angle \alpha$，此角同 $\angle \beta$。測此夾角等於 30 度，照顧誤差，此角應大於等於 30 度。

從直壁底畫線，延伸於西邊地平，得 PP1。P 是目視地平，是此剖面圖最高點。P 謂準平，如前考狄宛 H3107 穴口地平，或 F378 地平。PP1 與 BB1 相交，得夾角 O，測算 $\angle O$ 等於 15 度。此度數是聖賢查角解東垣星宿之所，以 15 度為域。另外，依原圖子午線與緯線基準，勘驗 PP1 是緯線。這樣，α 或 β 方位角在第四象限，折算時須加三個象限角：

$$270° + 15° = 285°$$

AA1 含兩個 15 度，此謂前賢觀星在兩區。星屬西垣到北垣之間。PP1 與 BB1 表達日照關係是，日初在 BB1 處，故剖面圖底邊不含 B 點，猶如不能含 A 點一般。BB1 是春分前日照線。時在春分前十五日，是驚蟄節氣。

小穴穴底見顱骨，顱頂向上，顱底著地。此謂戴天。其西北邊有一水牛角。水牛角在此喻角宿。察水牛角在顱骨西偏北。而顱骨東偏南是觀星視線起點。東偏南是畫見春分前日出之所。《曆紀月令》「仲秋之月，日在角」。仲

秋爲仲春之反，由牛角對立位置推斷，M25 述春分求算。

2. H191 打破 M25 見弧線直線比度以及黃道週旋配日回歸年曆算

1）狄宛一期弧線直線比度之差

（1）弧線直線比度致別赤經黃道度數

細察 AA2 與 BB1 兩線走向，知怪異樣貌：M25 弧邊雖以 H191 一邊切去。AA2 一段重合 H191 邊線，此謂 H191 在此處不是弧形，而是直線。再察 M25 小穴邊沿，也是直線，兩處直線能夠接合。此述直線與直線長度一樣。這映襯弧線與直線不能比度。M25 被切去弧邊顯然長於 AA2 與 H191 重合線。圓物類比丸，狄宛一期聖賢曾造陶丸若干。其旨在於術算。我推測，圓周率求算是狄宛一期大事。聖賢欲察直線與弧線比度，謀算赤經總角度。此事當時已完成，否則不能出現 H3115：10 術算。此術算是辨識星宿即赤經與黃道度數關係根基。但關桃園 M25 是最佳例證。黃道與赤經度數參差是陰陽曆日數差根基。基於此辨識，今知 H191 所以在此必須，故在聖賢以此穴演示黃道三百六十度。出現一節直邊，故在聖賢欲以三百六十度當三百六十日，用如璇璣日數，即後世所言乾坤冊數。墓主顱骨顱頂向天，它在地平上。對立二者，並計牛角位置，即知春秋分之間，黃道角度變動同一百八十度，由此推導，加冬夏，得黃道三百六十度旋轉之數。比較狄宛瓦片與三足器計算璇璣歲三百六十度與關桃園 M25 墓主顱頂，今知此術算的確是狄宛聖賢肇造，唯傳播於關中。

（2）H191 對立 M25 邊角關係是打破研究根本暨考古對象

田野發掘輒見後遺跡觸及、乃至破壞前遺跡。此關係被考古界定爲「打破」。檢考古界討論，迄今未見一人深入討論兩遺跡「打破」之要義。田野考古學檢討兩遺跡「打破」，旨在辨識兩遺跡先後〔註13〕。晚近研究重點仍未改變，許永傑以疊壓與共存關係討論「半坡」文化與「廟底溝」文化年代關係〔註14〕。此討論以區域文化爲類型，嘗試辨識文化類型先後。其實，考古非謂文化類型考究。文化僅有一樣，即以文道教化與影響。文化述道、程，考古研究不能解答文化。文明研究應以天地關係認知爲根基，此是聖業辨識。

〔註13〕于海廣等：《田野考古學》，山東大學出版社，1995 年，第 189 頁。
〔註14〕許永傑：《再審半坡文化和廟底溝文化的年代關係——以疊壓打破和共存關係爲視角》，《考古》2015 年第 3 期。

迄今遺跡疊壓、打破討論最多能解釋後遺跡敗壞前遺跡某模樣，不能解釋構築後遺跡者爲何須打破前遺跡。舉問一端即能詰難考古界：前賢難道不知另覓場所施工，避開前構築物？此等疏忽背後，是輕忽聖賢苦心與艱難。

其實，考古非發掘。發掘見物，此如探寶。但考古貴在考知。兩遺跡並存而互有殘損，此狀是對立範本。考古學檢討遺跡，非研究對立不得見兩遺跡表意關聯。對立亦堪以遠去表述，譬如狄宛 H11、H12、H10 與 F371、F378、F342、F372 關聯，構造角宿大要。如此，須在大範圍覓得遺跡，對立辨識。小範圍須考一構築物構築模樣變動，甚至一構築物內諸物對立，譬如 M15。此處，唯以 H191 與 M25 邊角關係鑒別其對立。

總之，狹義考古旨在辨識遺跡對立，以顯聖賢功業與知識系統，而非謀求認知財富狀況。此知識系統根底是曆算，包括星曆。最大限度溯跡聖賢功業，是考古終極目的。此事艱難之故大略在於：第一，一遺跡內對立辨識。第二，兩遺跡衝犯之對立辨識。第三，遠去遺跡對立辨識。而邊角聯繫與遺跡對立是考證對象。如此討論，將考古焦點集中於考，而非發掘與辨識遺跡先後。而且，此等作爲將輔助遺跡先後辨識，從而爲遺址斷代、文明斷代奠定基礎。倘使學界視每座遺址爲聖賢故虛，其天書含義將日漸清白。

2）赤經週旋配黃道週旋曆算

（1）陰曆每歲見黃道三百六十度須增日率

M25 長徑 1.6、短徑 1.2、深 0.37 米。坑底圓小坑直徑 0.5、深 0.8 米。小穴淨深 0.43 米。發掘報告雖未言兩數字關係，但圖一三第 2 見坑深兩階尺寸比例支持此算。基於前訓 H3107 穴底穴口含義，參照 M25 圖樣含赤經歲日數與黃道歲日數差，今計算此穴底小穴述往歲尺寸度當與上穴述尺寸度當，以見赤經面變動一歲，即日運動一歲與地球運動一歲日數差。

上穴長徑尺寸度當算法：

　　$1.6 \div 0.33 = 4.84$

　　$4.84 \times 3 = 14.5$

此數謂調曆後春分日是二月十四日。

短徑尺寸度當：

　　$1.2 \div 0.33 = 3.63$

　　$3.63 \times 3 = 10.89$

此數謂前番秋分日是八月十日。

穴深尺寸度當：

　　0.37÷0.33＝1.12

此數乘以 3，得數是六個月關聯節氣期間月率

　　1.12×3＝3.36

此數乘以三十日，得數是此期間日數：

　　3.36×30＝100.8

此謂得數 100 日。鑒於上層穴以地平爲穴徑，而穴底地平之下有觀測點，故將下穴穴底與上穴穴底區別。上穴地平是黃道面。而下穴尺寸算得日數是調曆日數差，是中度日數。

下穴穴徑尺寸度當：

　　0.5÷0.33＝1.51

　　1.51×3＝4.53

此謂黃道面一番變動致日差近五。

兩數比率：

　　地平面變動一週：4.5＝360：4.5

此證黃道歲週旋歲日數增補之故。

（2）黃道週旋與赤經面變動角比例定陰曆補十日

圖示聖賢觀星得∠α，如何解釋此事，是難點。此難仍須依尺寸度當解答。

小穴穴深尺寸度當：

　　0.8÷0.33＝2.42

　　2.42×3＝7.26

　　7.26×30＝217

此數大於關聯節氣基準日數：

　　217－180＝37.8

察前圖，見圖示∠α匹配此數。此數謂觀測一歲赤經面變動與陰曆見黃道面變動，今算得其精確度數是 37.8。

以日數爲度數，以三十七日分割三百六十度，每三十七度匹配黃道三百六十度，於是得黃道每行進三百六十度，須增算度數或日數：

　　365÷37＝9.7

此日數是日回歸年超過陰曆歲日數。此日數也是陰曆調曆基準。後世曆

法以三百六十五度分割赤經變動，其本在此。此算法補釋狄宛 H3115：10 曆算。此釋堪爲推斷狄宛、關桃園聖賢傳承之證。

（3）M25 曆算係臺階狀地穴曆算溯跡法門暨遺址歷史基礎

除了 M25，《寶雞關桃園》圖一三第 1 也是臺階狀墓穴。檢臺階墓穴本乎臺階地穴。關桃園遺址有數例堪爲佐證。第三章第（二）下述地穴模樣若干。在圓口穴下，舉子母坑三座，H18、H208、H229。其特點是，大穴含一至二個小穴。小穴在大穴底部一側。《寶雞關桃園》圖五三第 1，第 2 俱是例證。

諸穴如 M25 一樣，是精算赤經變動一週與黃道變動一週比例。關桃園 H208 在姜寨變爲 H319。而 H229 在姜寨一期演變爲 H355，以一口統數穴，穴底見數臺階，每層臺階對立上層臺階都是赤經面變動術算，下層隔數層與上層術算見三年赤經面變動總數。這樣，黃道面變動三週與回歸年三年日數能夠測算而得。如此，姜寨一期 H355、H264、H67、H340 等地穴是遺址存續期間紀年證據。澄清此問題，將溯跡姜寨聖賢曆算與紀年，爲遺址文明斷代饋給佐證，而考古一事獲得翔實基礎。

3）補遺：脊椎喻數曆算釋

（1）「要」喻五涉中央與四方五官是要服近本

學術界述要服向來不考「要服」之本，顧頡剛《禹貢注釋》以白話注述云：「綏服以外四面各五百里喚做『要服』，這些地方都是外族所居，同時也是中國流放罪人的地方。」他由此換算五服地域面積，算得中央王畿有方一千里。他認爲，這是假想的紙上文章，世界上哪有這樣方方整整的區劃。後來，其《畿服》又承認周人有五服，這也包括要服。這樣，關於五服之要服起源，仍是疑問。晚近，趙春青檢討服制，以敵抗顧說，並推測五服應在大禹之前存在，早至堯舜時期。他以爲，《禹貢》五服是以王城爲中心、從內到外以三個大圈劃分區域：甸服是王畿、中圈含侯服和綏服，是大小諸侯治所、外圈含要服和荒服。此規劃旨在以願景繪製中央與地方及四鄰關係網絡圖。這三大圈與龍山時代考古學文化分布格局基本吻合。但他未考證「五服」名義，而以龍山時代考古學文化佐證此說，兼以器形學觀點支撐此說。考古學文化之名內涵流動，不能饋給翔實名謂﹝註 15﹞。另有學者從韋昭解《國語》

﹝註 15﹞趙春青：《禹貢五服的考古學觀察》，《中原文物》2006 年第 5 期。

為基礎，以西周青銅器銘文釋讀證實，東南蠻夷向王室繳納上等絲帛與特產等，此是要服〔註16〕。但是，此說未澄清何謂「要」，故周族與蠻夷觀念牽連不清。其實，彼時要服已見變更。此處不俱述五服，唯檢「要服」起源。要服起源於古曆算，涉節氣預計，故是謀食根基。無食何以為祀？

舊說「要」雖具大略，但本義古樸難知，非補訓不能明聖賢造字初衷。「要」字例記於《繫辭傳》「易」「原始要終。」陸德明《釋文》定讀「要，一遙反」、「於妙反」。《尚書・大禹謨》：「朕宅帝位三十有三載，耄期倦於勤。」孔安國訓：「八十、九十曰耄。百年曰期頤。」《釋文》：「期頤，以之反。期，要。頤，養（《尚書音義》卷二，第6頁）。」《說文》卷三訓「要，身中也。」此釋凸顯要（腰）為骨骼處所。此名與數存在關聯，此關聯以《禹貢》「五百里要服」表述。腰椎五塊，百倍此數即五百。五乘以十，再乘以十，此謂五百。許慎述：「十百為一貫。」依此，五十百為五貫。串貝謂之貫。貝為術算器，狄宛二期有諸。貝用於演算陰陽盈虛之數，豫節氣。蚌或貝曆算後以《狄宛聖人功業祖述之二》申述。如此，以五別十百，則四方、中央各得十百。此述是觀星之五官別等演進。中官統四官，而政治出自中官。此是要服本義。

（2）察骨腐味隨地氣升降以知節氣數是要服遠本

檢索金文，知周早期已有要字，《古文字類編》引字作𦦥。此字中部隸定鹵，與卤字同源。許慎訓鹵：「草木實垂鹵鹵然。象形。凡鹵之屬皆從鹵。讀若調。」依《唐韻》讀徒遼切。許慎訓卤：「氣行皃。從乃，鹵聲。讀若攸。」《唐韻》讀以周切。季旭昇引甲骨文、金文、石鼓文、陶文演示此二字。他以為，小篆鹵的隸定字仌是戰國字𥂕含土字的訛變〔註17〕。此說之源是羅振玉釋卣，于省吾曾引羅說：「……卣字遂作鹵、卤二形。其實並卣之譌變也。」〔註18〕

今案，季氏辨字非是。甲骨文𠧚字是鹵字之本。其證在於，鹵謂氣行之後，枝葉茂盛，果實繁多下垂。𠧚字上部是卜，豎立橢圓狀是下六人與上六V相扣合，摹寫紫微垣所致。其中央是丨，述斗柄一歲南北各一指。紫微垣

〔註16〕王暉：《西周蠻夷『要服』新證——兼論『要服』與『荒服』、『侯服』之別》，《民族研究》2003年第1期。
〔註17〕季旭昇：《說文新證》（上冊），藝文印書館，中華民國91年，第383～385頁。
〔註18〕于省吾：《釋盧雨》，《甲骨文字釋林》，中華書局，1999年，第119～120頁。

南北向匹配斗柄南北向，此謂兩等觀星對照，以演卜算節氣，此是精準算法，其故在於察赤經面變動。得之，故以時見果實。《夏小令》五月必見桃熟。虞夏中官之地在河東，其地地氣稍早熱於狄宛、也早熱於關中，故五月見果熟。此是吉兆，喻果腹。「夏」爲政治集團名之前，是曆算名。卤字讀調，本謂調曆。

此事之本以顯隱觀表述，即得卤字。此字是隸定字，甲骨文作䖪。此字凵以上如前述，下字是狄宛埋骨之所，縱剖面狀似凵，通凵，謂匿。埋骨不見骨，骨匿。骨腐氣夏秋以嗅覺察知，冬季迄初春不得嗅知，故亦是匿。以腐氣告節氣，在腐氣不顯時告節氣，此謂行氣，即令節氣行進。依此察許慎訓卤「行氣皃」，此說毫無謬誤，許說是賈逵等人古傳，是前漢儒傳曆學精粹。

察此字讀音初是「雕」，述骨殖氣味誘鳥下降，由於禽敏感骨殖氣味。而且，日行於天，鳥飛行，故相類。而且，前賢無骨殖類名，但知骨殖能散發氣味，引猛禽啄食。日南遷類比鳥去，此間地氣不行。鳥至，地氣升騰。故鳥至、鳥去喻節氣及、節氣去。目睹鳥還渭河流於，此謂雕。謀求其還，此謂繫節氣日數，此謂約。鳥去，謂悠。故「要」字在狄宛時代未必讀一音，推測事不同而讀音異。于省吾曾基於羅振玉辨識釋卜辭「䖪雨」如「調雨」。他解釋「卤雨」如調和之雨，季氏引證。于先生以兩字爲詞組，故釋以「調和之雨」，使之對立爲災之雨。其實，「調雨」即調曆致雨。不調曆，算陽曆節氣，時月不節，如何能依節氣得雨水？此雨其實是陰陽氣相遇而順節氣之雨，春雨是其例。

能印證要字所從卤字喻曆算的字例是嫂字。高明引甲骨文是䎩，字中部上是日，下字是毌。二者合述禁算日子，即不得計算的日數。周代史家用西土舊俗表述爲䎩，此字被三體石經繼承，此字中上部無卜，但下部不異於卤字下部。推斷此字謂「去脊椎」，即不得計算脊椎。自軀幹去脊椎，中部空出。從此義引申出「空」，即非陰、非陽，非乾坤冊能容納，因此不得計算日數。換言之，即使脊柱骨頭塊數既定，但埋骨時不得並計，減損脊椎某部數塊骨頭，合乎曆算之欲。其事本源是狄宛一期 M15 所見墓主胸椎、腰椎被截去。周人是中西部民族，其文明地緣近狄宛。周人保有其源頭一部，䎩字在後世演變，但卤字確乎記錄狄宛觀念。至於狄宛地畫見脊椎部有數個∧，此畫佐證狄宛二期之後，脊椎堪關聯曆算觀念已深入人心。

（3）脊椎涉曆算之經籍旁證

《春秋左傳·定公四年》記武王克商，成王定之。成王分衛康叔殷民七族，七族含「終葵氏」。王正書引《方言》曰：「齊人謂椎爲終葵。」又具《考工記》：「大圭長三尺，杼工終葵首。」他引鄭注：「椎於杼上，明無所屈也。」王氏又述郭寶鈞以爲此是椎工氏族。又引王獻唐云：「杼上，猶言上伸；『終葵合音爲椎，椎者，銳也。』」王正書以爲此說非是，並以爲「『終葵』的本義當示其形而非指其物。」

他又以《後漢書·馬融傳》記「翬終葵、揚關斧」爲題，並辯《日知錄》以「椎」涉「逐鬼」，「若大難之爲。」後定王獻唐說爲謬。他云「翬」是雉鳥，「終葵」示鳥形。「終葵」指「原始宗教中的一種巫術裝飾，即戴著用翟羽製成冠飾似「圭」形的面具，手持斧鉞之器，藉以通神驅鬼。他認爲，《定四年》記殷七族的「終葵氏」是「那些從事祭祀職業的人。」他又以爲，「終葵」詞「以面具造型而得名」。其名源是以祝融爲職的重黎，重黎即「人面鳥身」的句芒神〔註19〕。

察上述二說俱涉後「工圭」事，圭涉終葵，故在狄宛晚期地畫以疊ㄥ述脊椎，尖銳義亦源於此關聯。察終葵氏功業在於檢禁忌而治藝瀆，言其司祭祀，此說沾邊但不完滿。

「終葵」初有術算義，其基礎是脊椎塊數，而術算所恃數字即六，本狀是ㄥ，其上尖銳，圭銳端如此。終葵連讀「椎」，指脊椎骨頭，有二十四塊。拆讀此字，它能謂數盡。

「終葵」名出自夏末，初用此號者是仲虺，由於仲虺二字亦綴讀「椎」。其後嗣在殷商保守祖傳故業。《定公四年》記奚仲居薛。依杜預注，奚仲是仲虺祖。「奚仲」二字疊韻讀凶。從匣母，匣母古音通狐（弧）。

「凶」謂陷落而納，涉乂，乂是古五字，狄宛角宿二星、平道二星相交即是乂字。而陷落者是聖賢骨殖，以M15、M208爲例，脊柱都被處理，或盡去，或胸椎、腰椎被摘去。匣母古音通狐（弧度），以喻日行道難以捕捉，猶如狐狸一般。《山海經》記狐頻繁，狀貌怪異而有數字標誌，其故在此。此是虞夏觀念，是狄宛古教子遺。由此推斷，王正書推測「終葵」涉鬼，不爲誤。成王分衛康叔終葵氏七族，不欲知術算族系爲殷商奉祀者掌握。

奚仲在夏爲車正。「車」有二義：獸力車，帝車。獸力牽引車出自造器尙

〔註19〕王正書：《甲骨「鬼」字補釋》，《考古與文物》1994 年第 3 期。

象，初有魁，造車放魁，此即帝車。在狄宛一期，魁斗認知被用於爲曆營築：坎穴、觀象臺俱是。北斗七星勺的斗係其本象。從此得知，奚仲在大禹時是知天文曆算者。推斷其遠祖是庖犧氏舊族一脈，傳承西土教化。

第五卷　從圓石陀到瓦陀日全食志暨區域文明統一斷代

一、圓瓦陀起源與日全食志

（一）圓石陀與瓦陀用途研究不足

1.北方圓陀細節研究不足

1）狄宛一期圓石陀舊說詰問

（1）狄宛圓石陀

此處以圓概括橢圓、近似圓、渾圓三狀。狄宛一期石器含一種近圓餅狀物件，發掘者或呼爲敲砸器或呼爲刮削器。今欲統一檢討基礎，自此並呼爲圓石陀。發掘者以敲砸器呼石器屬扁平體。標本 H254：27，《發掘報告》圖四〇，第 2。玄武岩打磨而成，長徑 70、短徑 52、厚 12 毫米。

圖九七　狄宛一期橢圓石陀

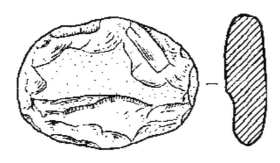

標本 H254：28，凝灰質砂岩。直徑 52～55、厚 18 毫米，圖四〇，第 3。
標本 H398：71，以正長花崗岩打製。直徑約 67～73、厚 34 毫米，圖四〇，
第 5。今依次拓印如後。

圖九八　狄宛一期遍琢邊圓石陀

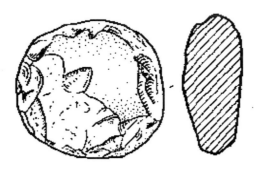

圖九九　狄宛一期少琢邊圓石陀

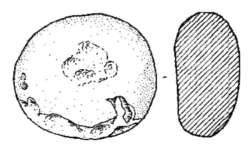

發掘者呼一種一面邊破損較少圓餅狀石器爲刮削器，標本 H363：5，近
圓形石片，刃部有刮削痕跡，雜砂岩。直徑約 61～63、厚 5 毫米。圖四二，
第 4。此石陀有內凹邊。

圖一〇〇　狄宛一期凹邊圓石陀

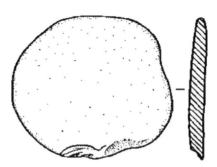

（2）西山坪與白家村圓石陀

西山坪狄宛一期標本 T18 ④：15，圖 181 第 16。圓盤狀，採用基性岩打製而成，邊緣有使用痕跡。直徑 9.7～10.4 釐米，厚 2.8 釐米。此物兩面中央厚，邊緣薄。平視此物側棱，見窄葉片狀，此述赤經面。其狀如後：

圖一〇一　西山坪圓石陀

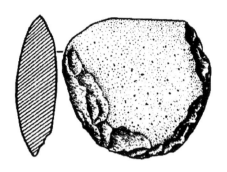

白家村遺址早期遺物含近圓餅狀石器，標本 T114 ③：8，《臨潼白家村》圖一六第 4，如後拓印。石片背面是自然石面，取石片一側，從背面向破裂面加工成刃緣，刃緣呈圓弧狀，刃緣相對一端鈍厚，可用手握。長 7、寬 5.4、厚 1.9 釐米，圖一六第 4。發掘者入此物於打製石器。此物側視模樣類似西山坪標本 T18 ④：15。

圖一〇二　白家村圓石陀

（3）敲砸或刮削器說詰問

中國考古學述舊石器時代石器立足於打製石器辨識。而新石器與舊石器於考古界是兩等器物。判別兩等物件大抵等於給某兩物件所屬時代定數。新

石器時代模範物件是磨製石器，以及瓦器出現與流傳。此外，石器功能辨識與總結也是石器研究依據。涉及人類知識起源話題，舊石器時代考古尚未饋給研究端點。我推測迄今以打製、磨製工藝區別石器所屬時代之法不足以解釋石器蘊藏知識論。

面對新石器時代遺跡出土石器，須謹慎查看諸器模樣，以爲辨識其功能與含義基礎。某物以原狀是否堪用，難以亟定。故而不得草率類比後世物件。呼之爲敲砸器，似乎出自發掘者見諸物邊緣破損，他們由此推斷此等破損出自敲砸。但發掘者未曾照顧破損之源。檢破損能出自兩等緣故：第一，刻意破損，存留以爲模範器物，告喻某事。第二，偶然破損，由於敲擊時不能預料敲擊結果。在此，唯能推斷前者。對於早知動止與加力後果者，第二等狀況能夠避免。以堅硬石塊中部打擊某物，打擊效果最大。既欲打擊，不須切削，故此等物件邊緣尖銳處不涉及此事，將能保留。基於如上考慮，諸物不是砍砸他物之器，而是砍砸所得之器。既然推斷其邊緣破損出自刻意敲擊，則前賢欲存留此等破損。檢討此等破損之故，破損之旨難以避免。

推測以圓餅狀石料邊緣刮削某物，此推測似乎能行，但不匹配當時石器使用狀況。彼時，岩石碎片足以刮削，何須耗費氣力打製此等物件。甚或以大塊花崗岩敲擊豎立而較薄小塊花崗岩，即得花崗岩碎片，亦能使用。多年以來，考古界考察打製石器目的仍停留論證它與陶器共生，嘗試解釋打製石器時代也是新石器時代，如此能將「仰韶時代」歸入新石器時代﹝註1﹞。此舉其實唯能更正「磨製石器」決定新石器時代說。其實，處理石料加力方式不能決定此等行爲發生時代之先後。斷定加工之旨與加工所得物能否滿足所望，是檢討加工水準之要題。此等討論結果是定前人認知水準高低之憑依。

2）裴李崗與磁山圓頭石盤舊說詰問

（1）裴李崗石盤與磁山石盤舊說

裴李崗遺址早期出土物有代表性的一樣是帶底釘、兩頭圓的石質板狀物，模樣怪異，與配套的棒狀物並用，似乎是磨盤。發掘紀實呼之「石磨盤」。

此磨盤與匹配石棒係砂岩琢製。盤底均有四個圓柱狀足，足高矮不同。

﹝註1﹞ 安志敏：《略論新石器時代的一些打製石器》，《古脊椎動物與古人類》1962年第2期。

曾被長期使用。完整出土者九套，另有殘片六件。別四等：I 式一件，標本 M67：4，前端尖圓，後端呈圓弧形，高足。長 67 釐米，高 9.5 釐米。磨棒圓柱形，長 48 釐米。圖八，1。

圖一〇三　裴李崗兩頭圓石盤模樣

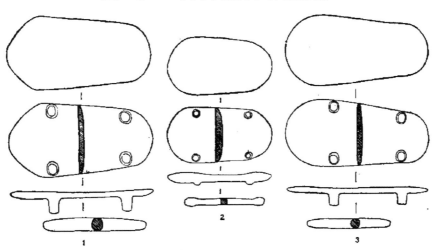

II 式四件，前後兩端均為圓弧形，器身窄長。標本 M61：2，器形較小。長 49 釐米，高 5.6 釐米。磨棒長 38 釐米，圖八，2。標本 M95：1，高足，長 66 釐米，高 8 釐米。磨棒圓柱形，長 39.2 釐米，圖八、3。前圖三幅俱拓自《考古學報》1984 年第 1 期。

圖一〇四　磁山石盤模樣

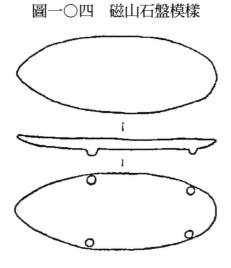

磁山遺址第二地層也出土有四底釘石盤，與匹配石棒。但此地石盤兩頭樣貌異乎裴李崗石盤，其狀或兩端直邊而弧角，或一端尖另端直，或兩端一尖一圓。今選《河北武安磁山遺址》圖一六，第 11 拓印。標本 96 ② : 1，足矮短、圓柱形。通長 64、寬 25、高 6 釐米。

（2）舊說詰問暨兩地石盤區別之難

考古界迄今未曾檢討此等石盤根源。發掘者以石磨盤定名，其本在於發掘者已見此物堪用於研磨穀物顆粒。在中國大陸核心城市周圍村莊，石碾多見。田野發掘須穿越村莊，石碾子多見，其狀、功用存於腦海。以石磨盤命此物，似乎無問題。

但若照顧此物模樣而發數問，發掘者定難解答。問一：裴李崗前賢爲何造兩頭圓石盤？方石塊不堪用於研磨穀物嗎？問二：爲何打造此器時在底部存留四顆底釘，而非三顆或五顆？不用底釘不堪用於研磨穀物顆粒嗎？問三：爲何須圓棒或扁棒匹配？以表面粗糙石片摩擦石盤，也能得穀物粉。前賢爲何不造此等物件？涉及裴李崗石盤與磁山石盤，兩地石盤見差異是淺表差異，抑或是根本差異？倘使存在根本差異，兩地爲何見四底釘石盤？磁山三顆底釘石盤如何解釋？

考古界撰文涉及兩地石盤，文獻不少，但俱不能解答如上詰問。此喻迄今石盤研究僅是淺表討論，而非細節與本質檢討。迄今器形學其實停留在「皮相」層。

3）狄宛二期圓石陀舊說之疑

（1）狄宛二期圓石陀萃聚

狄宛二期地層出土一類石器被發掘者呼爲磨石，此物依一面加工樣式別爲麻面與光面。麻面即表面不夠光潔，但見麻點。光面即磨光一面。前者如《發掘報告》圖一五四，第 6，標本 H379 : 221。發掘者依器形學入於 A型。此物周邊磨過。平面爲圓。此物扁平，檢登記表，知其參數如後：長69、寬 58、厚 34 毫米，質地是輝綠岩，四分之一周邊有小磨面。其圖樣拓印如後。

所謂光面磨石即圖一五三，第 4，標本 F714 : 3。亮晶灰岩。殘存三分之二，橫斷面呈圓角長方形，寬面磨過，周邊有修整擊痕與琢坑，寬面中央有較大圓坑，坑底琢過。依其登記表，此物底徑 96、上徑 90、厚 42 毫米。

圖一〇五　狄宛磨邊磕殘圓石陀

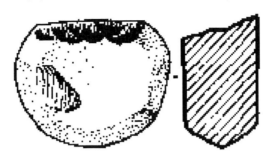

圖一〇六　狄宛凹心圓石陀

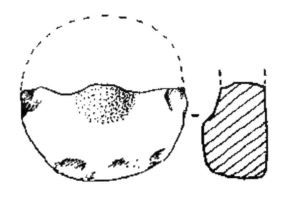

　　此外，狄宛又見某種石陀。發掘者推測其功能，而後呼爲石球或研磨棒。前者如圖一六二，第 5，標本 H715：1。發掘者述云，此物以亮晶灰岩製造，表面光滑。登記表述：直徑 40 毫米，重 70 克，破裂面修整過。

圖一〇七　狄宛半球狀圓石陀

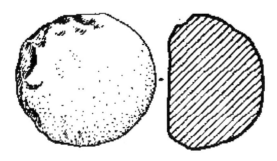

　　發掘者言研磨棒即圖一五八，第 1，標本 T7 ③：18。登記表述：長 164、寬 45、厚 51 毫米，重 650 克。細砂岩，弧背。

圖一○八　狄宛截球平底圓石陀

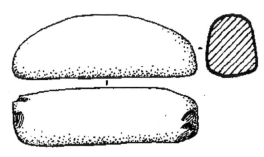

（2）西安半坡圓石陀及其平面與槽面

　　檢《西安半坡》述圓餅狀石器枚數多，樣貌多。今撮錄數等，以爲檢討對象。此處，圓石陀謂渾圓狀，不含橢圓。《西安半坡》圖六五，第 3 物，標本 P.6887，直徑 12、厚約 4 釐米。發掘者定名「石砧」，以爲用於承受敲砸他物之力。考古界未檢討此名宜否。此物兩面中部微鼓，絕無平面可言。表面曾被處理，而且無殘破。

圖一○九　半坡圓餅狀石陀

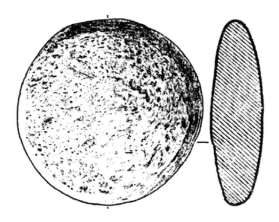

　　涉及上圖圓石餅狀器，遺址不少棱銳圓石餅，發掘者定其名「刮削器」。他們述平圓式刮削器如後：3728 件，石質 31 件，陶質 1107 件，半成品 2590件。多用石片與扁平礫石製造，少數出自改造磨製殘石斧而得。石料多係石英岩，次爲石英角閃片岩、石英片岩、片麻岩與板岩等。係打製而成，刃在一側，或兩側。刃緣佔周緣五分之四左右。徑長 5～10 釐米，厚 0.5～2 釐米。圖八四舉三件標本都是石質，今拓印標本 P.5956 如後，以便參驗。

圖一一〇　半坡碎珠邊圓石陀

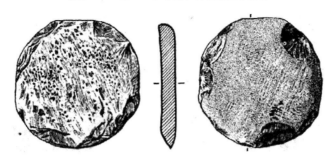

（3）「磨石」「磨棒」與「石球」、「石砧、刮削器」諸名堪詰

　　涉及狄宛二期地層見援引石器定名存在疑問。今舉三題，以檢討細節。第一，獨立於發掘者給圓石陀定名磨石、石球、磨棒，前賢造器時爲何僅擇反射光線石料？即使不反射光線岩石難得，見之後拾取，而後亦能加工爲某器。今問，爲何獨擇此等質地石料？第二，呼標本 H715：1 爲石球，此觀點近是，但仍不精確。此物其實是半球狀石陀。既知前賢刻意造諸器，但問前賢爲何造此物？第三，以爲標本 T7 ③：18 是磨棒。但問：長方體石料不可用於研磨嗎？

　　半坡第一標本 P.6887 中部微鼓，不堪用如砧板。置此物於地面，在上敲擊，其下面中央下陷，能在土地表面穩定。但是，半坡前賢用此器不須唯在地上，大可在室內。如此，已找平底面將被破壞。此外，上面中央鼓起，如何使用？倘使曾在此物上砍砸後切割骨肉，此物表面必見缺陷。今見此物完整，故知石砧說不通。

　　涉發掘者以刮削器給圓石餅器定名，今須詰問四題，以見舊說無半寸立足之地。第一，爲何以石英岩打製此器？石英岩不算結實，碰撞即破邊揭層。既欲刮削，不免刮堅硬物件，使用不慎而破損。難道前賢不知選擇恰當石料？第二，爲何選能夠反射光線爲斑點之料，而不用不反光石料？石英岩能反射光線，儘管反射力不均勻，但仍能晃眼，導致目視物不清。唯盲人不受此等影響。但問：刮削時必須盲人嗎？第三，以 P.5956 爲曆，圓餅器刃爲何在兩側，但一面上顯見近圓疤痕？此物質料是石英岩，此處受光即反光，其反光面較之此器面更強。前賢爲何須造此物？

　　第四，倘若欲造刮削器，新月狀石刀足以刮削，何須造滿月狀或日狀？此狀圓餅不便手持。那麼，前賢如何用此物？彼時聖賢已知尙象造器，放新

月而造新月狀石刀，其證是 P.5567，圖六四第 3。

2. 狄宛等地圓瓦陀舊說詰問

1）狄宛一期無孔圓瓦陀概覽

（1）狄宛圓瓦陀舊說

《發掘報告》以兩處述瓦陀，在「房址」、「灰坑」後「生產工具」下述「陶紡輪」。另在墓葬隨葬品下列舉「陶紡輪」。我以圓瓦陀呼此物，而圓喻近圓，非渾圓。

前者見 19 枚，係圓而扁平體。出自陶片打磨。發掘者別四型：A 型係素面而周邊磨光，中有對鑽一孔，2 枚。B 型一面有交錯繩紋，周邊磨光，中有一對鑽穿孔，8 枚。C 型一面有交錯繩紋，周邊未磨光，1 枚。D 型周邊打圓，未磨光、鑽孔，8 枚。發掘者謂之半成品。這四等瓦陀直徑都不大，在 3.5 釐米到 6.2 釐米間。厚度在 0.2 釐米到 0.5 釐米間。今不拓印其狀，後將備細檢討。

後者屬墓葬隨葬品之生產工具。出土 3 枚「陶紡輪」，發掘者別 A、B 兩型。A 型即周邊未磨光，中間有一未鑽通小孔。發掘者以爲，此物是半成品，例如標本 M208：14。一面施交錯細繩紋，一面有彩繪符號，夾細砂紅陶。圖五二第 1。《發掘報告》唯具繩紋面，未舉彩繪何狀。發掘者以爲，此狀同居住址「陶紡輪」C 型。B 型 1 枚。周邊打鑿，但未磨光，中間無鑽痕。發掘者以爲是半成品，又講，此型同居住址 D 型。此物即標本 M212：2，一面施交錯細繩紋，夾細砂紅陶。

發掘者別生活區與墓葬區，依此別器型四等。墓葬「紡輪」類型 A 等同生活區「紡輪」C 型，隨葬物 B 型同居住址 D 型。如此類別出自強爲類別而不察諸物模樣參差或相同。匱乏考察視點，故類別無綱，易致混亂。考古界滿足於以生產工具述其功用，但如何紡線，考古界並未操心。

（2）西山坪與原子頭圓瓦陀舉要

西山坪遺址發掘者呼圓瓦餅如圓瓦片，標本 T18 ④：31，《師趙村與西山坪》圖 181 第 4。依圖樣察知，此物一面邊緣有剝落。出自同穴標本 T18 ④：30 竟然有較大豁口。發掘者未言，爲何邊緣如此，而中央完整？某種被呼爲陶拍之物其實也是圓餅狀瓦片。

圖一一一　西山坪圓瓦陀

　　原子頭遺址前仰韶時期遺物包含一物，被發掘者呼為陶餅，此名質樸無華，標本 H101：1，圖七第 8。標本長徑 9.6、寬徑 8 釐米，厚度不詳，夾砂紅褐陶，橢圓形，罐類器殘片加工而成。外飾細繩紋，有橫豎抹道，橫抹道較寬，抹道間距較均勻，共六條，豎抹道較窄，在一邊僅三道。

圖一一二　原子頭橢圓瓦陀

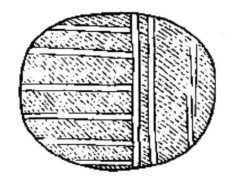

（3）白家村圓瓦陀舉要

　　白家村遺址晚期（仍屬前仰韶時期）出土圓瓦片近二百件。多數圓瓦片基料是圓底缽瓦片。一些圓瓦片基料是鼓腹罐底片、腹片。少數圓瓦片基料是三足罐瓦片。一些圓瓦片中央穿孔，一些圓瓦片周邊被磨光。不少瓦片上有淺槽線，線條或呈單向平行，或相交似網。一些圓瓦片素面。有繩紋者例如標本 T315 ②：1，《臨潼白家村》圖五一，第 4。其相對物是勒單向平行槽線模樣，武都大李家坪與半坡兩地都有標本。半坡標本 P.22137，圖版捌貳，第 4 係其例，此物一面有深而稀疏槽線十二條。

圖一一三　白家村網紋圓瓦陀

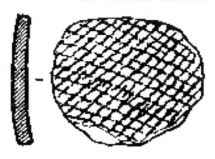

瓦片素面者例如標本 T308 ②：1，圖五一，第 11，俯視見圓狀，但平置而側視見一面凸起，顯以圜底鉢鉢底爲基料。

圖一一四　白家村素面圓瓦陀

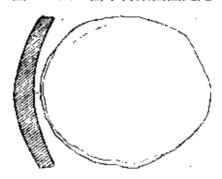

2）狄宛一期及其後有孔圓瓦陀

（1）狄宛與白家村穿孔圓瓦陀

白家村見半黑、半施網紋圓瓦片，標本 T322 ②：1，圖五一，第 8，此物中央鑽孔。如此劃分圓瓦片，半黑半素，顯模樣怪異，使人印象深刻。

圖一一五　白家村半網紋半施黑圓瓦陀

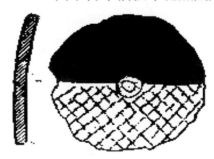

　　狄宛二期也見樣貌似前標本瓦片，但無孔，例如標本 T109 ④：8。依《發掘報告》述圖一三八，第 7 物推斷，白家村標本 T322 ②：1 與標本 T113 ②：9 底料不是黑陶，而是塗抹黑帶。

　　（2）原子頭、龍崗寺、大李家坪及福臨堡有孔圓瓦陀舉要

　　隴縣原子頭遺址別爲前仰韶文化時期與仰韶文化時期，此地見諸多陶器樣式、紋飾皆似狄宛遺址出土物。遺址三期出土陶線陀屬仰韶時期，此物樣貌有二等。其一是錐狀，與福臨堡一期圓瓦陀標本 H137：1 相似。在此不撮錄其狀。其二，餅狀線陀。標本 H40：2，夾砂紅陶。較薄，上下光素，一面輪沿有指甲掐出的花邊，中間有圓孔。直徑 7.5 釐米，厚 0.9 釐米，孔徑 0.8 釐米。圖六一，2。標本 F19：3，泥質紅陶，殘。圓形，較厚，有孔。面光素無紋。直徑：7.5 釐米，厚：3.5 釐米，孔徑：1.2 釐米，圖六一，第 3。

圖一一六　原子頭穿孔圓瓦陀

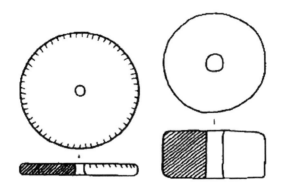

　　在秦嶺南，陝西南鄭縣龍崗寺遺址出土 7 枚陶線陀，被發掘者稱爲「廟底溝類型陶紡輪」，這個類別甚勉強。我察龍崗寺遺址陶線陀屬於前賢沿隴南——川北——陝南東遷途上創造之物。其源頭是狄宛圓瓦餅，河南西南部的淅川下集遺址早期仰韶時代遺物含陶線陀，其狀是圓餅素面有孔，與龍崗寺遺址出土的圓瓦陀模樣相似。在隴地各遺址，此狀圓陀不爲罕見。龍崗寺有三等圓瓦陀的模樣有代表性。

　　標本 H39：2，圓餅行，中間有孔，細泥紅陶。中部略厚，一面飾以劃紋。直徑：4.4 釐米，厚：1.8 釐米，圖三〇，3。標本 H39：1，圓餅狀，一面有不少戳刺的針尖狀小圓點。直徑：4 釐米，厚：1.9 釐米，圖三〇，4。標本 T26 ②：1，算珠形，中有孔，夾砂灰陶，直徑 3.7 釐米，厚 2.4 釐米，圖三〇，5。

圖一一七　龍崗寺陶線陀

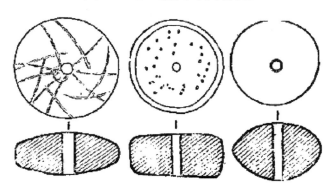

　　甘肅武都縣大李家坪新石器時代遺址出土了若干陶器，其分期曾是學界檢討焦點〔註2〕。在二期地穴出土四樣圓瓦陀，總計 24 件。標本 MH16：12 屬 A 型，標本 MH16：39 屬 B 型，標本 MH16：36 屬 C 型，標本 MH13：1 屬 D 型。在圖 8 上的編次：第 12、第 14、第 13、第 15。四種物件都屬於仰韶文化晚期前段，遲於狄宛。標本 MH13：1 係「圓形。一面平，一面微凸，上施壓印凹槽紋。直徑 7 釐米，孔徑 0.6 釐米，厚 1 釐米。」對於此物蘊意問題，他們保持沉默〔註3〕。

圖一一八　大李家坪槽線圓瓦陀

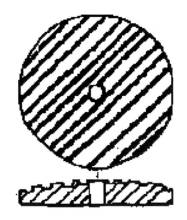

〔註 2〕　陳葦：《武都大李家坪遺址分期及相關問題再探》，《四川文物》2008 年第 4
　　　　期。
〔註 3〕　北京大學考古學系、甘肅省文物考古研究所：《甘肅武都縣大李家坪新石器時
　　　　代遺址發掘報告》，《考古學集刊》（第 13 集），中國大百科全書出版社，2000
　　　　年，第 8～9 頁。

與此對照，福臨堡遺址屬狄宛二期以降遺址。《寶雞福臨堡》述此遺址一期出土物含圓瓦陀，此物係手捏泥焙燒而成。發掘者將它別爲兩式。I，頂部隆起，但厚度不大，縱切面呈半圓形、弧頂。有的底沿起棱。標本 Y1：4，顯扁平，正中有孔。底徑：4.8 釐米，孔徑：0.5 釐米，高 1.8 釐米。圖二六，1。標本 H114：6，殘。頂部隆起較高，中有孔，斜面微鼓起，上有指甲紋，底徑：5.2 釐米，孔徑：1 釐米。高 2.7 釐米，圖二六，2。II 式頂部較高，呈截尖圓錐體，底沿或見棱或刺紋。標本 H137：1，斜面略作曲折狀。底徑 5 釐米，孔徑 0.6 釐米，高 2.5 釐米，圖二六，3。三等模樣如後。

圖一一九　福臨堡一期一面隆起圓瓦陀

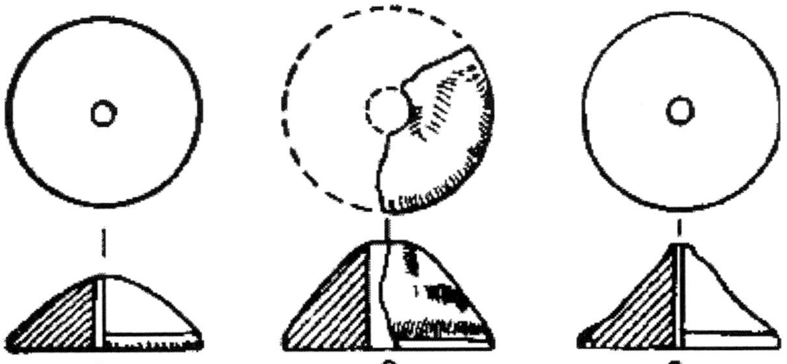

（3）狄宛一期以降穿孔圓瓦陀功能之疑

考古界迄今未解答如下問題：第一，無孔圓瓦陀與（無孔）圓石陀有何關聯？第二，爲何須在無孔圓瓦陀中央鑽孔？涉第二問，第三問是：圓石陀與圓瓦陀異同細節如何？第三，爲何狄宛一期與白家村圓瓦陀俱係近圓而非渾圓，而狄宛二期後圓瓦陀俱係渾圓？

首問涉及諸多側面，難以數言解答。涉第二問，有人答曰：合細線後纏線，並以纏線捵繩俱須木桿，木桿須插入瓦陀，故須鑽孔。在中央鑽孔能避免其擺動不均勻。此數言似能答問。但是，並未觸及問題根本。狄宛一期瓦陀直徑在 6.5 釐米以內，有 3 釐米者。瓦陀直徑如此短，而且甚薄，如何能均勻擺動？力學問題是，木桿重量遠超瓦陀，瓦陀重量不與之成比例，倒不如不用瓦陀，而用蘿蔔塊插細桿。此外，車輪俱係渾圓，非近圓。以「紡輪」名此物不塙。

　　另外，發掘者以爲，有孔者係成品，無孔者係半成品。那麼，彼時有孔瓦陀與無孔瓦陀並在，此謂兩者對立。準乎發掘者所言，前賢曾刻意不爲成品。那麼，他們爲何不完成加工？此問將導致無窮疑問。發掘物能容許無窮懸疑嗎？無瓦陀中央小孔毫無關係——即使在細木桿上纏線——更何況木桿旋轉甚難穩定，離心力較大。

　　即使認可以此物紡織說，以爲鑽孔後插木桿纏線，那麼何須在其面上施加繩紋？此非奢侈而何？彼時聖賢以奢侈造物嗎？幼睹家母合線繩，以箸插進蘿蔔，繫線頭於底部，纏線後下垂，邊擰繩，蘿蔔陀邊旋轉。推想狄宛一期時代，木桿插入塊莖植物亦能纏線。既如此，何須耗時費力鑽孔後爲「紡輪」？

　　此外，狄宛一期後，大李家坪槽線圓瓦陀一面平，一面隆起，而且在隆起一面勒槽。即使推斷此物是瓦線陀，前賢何須勒槽？福臨堡圓瓦陀呈平底而隆起，一些有孔瓦陀隆起部頗似饅頭，被一些人呼爲饅頭狀。此狀之本在狄宛二期，例證是標本 T709 ④：4，《發掘報告》圖一三八，第 13。此物出土於遺址第四地層，早於福臨堡。此狀緣何產生，也值得探究。總之，考古界以「陶紡輪」稱呼此物，甚勉強。

3. 河姆渡遺址與裴李崗遺址有孔圓瓦陀多見寡見對立問題

1）河姆渡圓瓦陀要覽

（1）河姆渡瓦線陀器形舊類

　　河姆渡遺址一期距今約 7000 年～6500 年，屬此時段遺物含渾圓瓦陀，而且枚數多、模樣眾。《河姆渡》述，出土線陀 209 件。夾炭黑陶，心有圓孔，多爲素面，少數有刻劃、戳印花紋。製作粗糙，器形不很規整，分六型。

　　A 型即圓餅狀，多達 123 件，直徑在 2.5～8 釐米之間，厚 0.8～1.2 釐米。B 型，饅頭形，8 件。C 型，圓臺狀，35 件。D 型，算珠狀，14 件。E 型，滑輪形，8 件。F 型，縱剖面呈凸字形，21 件。圓餅素面最多。如多地陶線陀一般，河姆渡線陀模樣的蘊意迄今未曾系統解釋。今撮錄其中八件，顯其準狀，以備參照。

（2）有孔圓瓦陀樣貌集萃

　　標本 T216（4B）：184，素面。圖三九，1。標本 T235（4A）：102，一面飾一圈十五個三角形花紋，中央有二周圓圈紋和三線組成的「十」字紋圖形，邊緣有斜線紋組成的圖樣。圖三九，3。這兩器歸入 A 型。

圖一二〇　河姆渡 A 型圓瓦陀

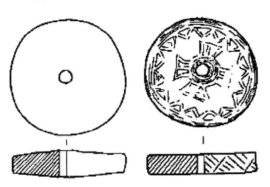

　　標本 T32（4）：65，鼓起一面邊緣及周邊飾圓窩紋，平的一面飾弧線組成的三分式圖樣。直徑：5.3 釐米，厚：1.8 釐米。圖三九，7，屬 B 型。標本 T212（4B）：198，扁薄，面徑：5.1 釐米，底徑：6 釐米，厚：1.8 釐米，圖三九，11，屬 C 型。

圖一二一　河姆渡 B、C 型圓瓦陀

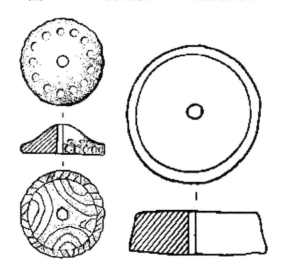

　　標本 T211（4A）：192，體扁薄，邊緣飾弦紋與斜線紋組成的圖樣。直徑7.5 釐米，厚 2 釐米，圖四〇，3，歸 D 型。標本 T235（4A）：110，面徑 4.4 釐米，底徑 5.2 釐米，厚 3.5 釐米，圖四〇，5，歸 E 型。標本 T226（4A）：101，軸下部飾一周方格紋，齒狀輪邊。面徑 3 釐米，底徑 4.4 釐米，厚 3 釐米，圖四〇，7，歸 F 型。

圖一二二　河姆渡 D、E、F 型圓瓦陀

2）裴李崗罕見圓瓦陀

（1）裴李崗罕見圓瓦陀之問

儘管圓瓦陀製造工藝遠播關東，廟底溝遺址出土圓瓦陀近似半坡遺址瓦陀，但發掘者在裴李崗遺址僅見少數圓瓦陀，而且其樣貌粗糙。是否可依此推斷，圓石陀、圓瓦陀在彼地不是貴重物件？或推斷此等攻石技藝未曾傳播於裴李崗？彼地出土物雖早於半坡早期，但不早於白家村早期，更不能早於狄宛一期。

察廟底溝遺址出土有孔與無孔圓瓦陀，例如《廟底溝與三里橋》圖三三上五件瓦器，其第 1 器無孔。彼地也見圓石陀，例如圖三九第 1 與第 2 器，標本 T354：02 與 H203：51，二物都非條狀，但發掘者強將此物歸入石鏟。儘管此等定名顯示作者不知舊石器向新石器過渡津梁，但此物足以顯示，潼關以東聖賢知曉以圓石陀表達某種思想。

但發掘者在裴李崗竟僅出土粗糙有孔圓瓦陀，此物總計一種、二件，都由瓦片改製。標本 T310 ②：4，直徑 3.6 釐米，圖一二，5。那裡也見無孔厚瓦陀，總計 3 件，係泥質灰陶。標本 T310 ②：9，器身較厚，一面齊平，一面下凹成圓窪。直徑 2.2 釐米，厚 1 釐米。圖一六，4。標本 T111 ②：4，圓形，一面齊平，一面內凹。直徑 1.9 釐米，厚 0.4 釐米，圖一六，5。標本 T111 ②：5，略呈圓角方形，一面齊平，一面周沿高起，中間有一道橫脊。直徑 2.4 釐米，厚 0.5 釐米〔註4〕。

〔註4〕　中國社會科學院考古研究所河南一隊：《1979 年裴李崗遺址發掘報告》，《考古學報》1984 年第 1 期。

圖一二三　裴李崗鑽孔圓瓦陀與無孔瓦陀

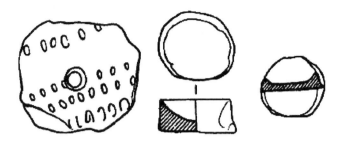

在此須發問，爲何裴李崗無精良圓瓦陀，也不見圓石陀？此等匱乏與石盤豐富係對立狀況。倘使推斷有孔圓瓦陀係紡輪，亦須推斷裴李崗前賢不知撚繩紡線。這恰當嗎？依此察考古界舊說，得知其學說基礎搖晃。

（2）內蒙古圓而鑽孔瓦陀

與裴李崗寡精良有孔圓瓦陀對立，東北域早期遺址出土物包含精良圓瓦陀。例如內蒙古呼倫貝爾輝河水壩遺址出土有孔但殘缺圓瓦陀。此遺址跨細石器與新石器兩個時代。此物係瓦（陶）磨製，一面有槽紋。標本 T4④：947，陶質係夾砂灰褐陶。半徑 2.7 釐米，孔徑 0.45 釐米，圖一三，第 7〔註5〕。

圖一二四　呼倫貝爾輝河水壩遺址瓦線陀

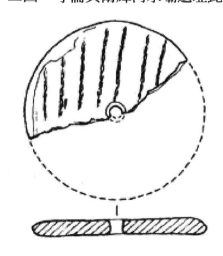

〔註 5〕中國社會科學院考古研究所細石器課題組，內蒙古自治區文物考古研究所：呼倫貝爾市民族博物館：《內蒙古呼倫貝爾輝河水壩細石器遺址發掘報告》，《考古學報》2008 年第 1 期，第 81 頁。

在其餘各地新石器時代遺址，圓瓦陀、圓石陀不算稀罕物。新疆考古發掘罕見新石器遺址，但龍山時期以降遺址不乏某種木桿穿木盤器物，木盤或圓或兩橢圓相連。此器確係紡線陀。此物與新石器時代早期圓石陀、圓瓦陀有無關聯，迄今未知。兩等物件模樣對立但定名相近。如何解釋諸物，見其關聯，這是考古界迄今未解難題。

（二）無孔圓石陀與圓瓦陀係告日月全食之器

1. 石、骨計數與季節是觀星曆數之源

1）從石喻數而攻石狀月以迄以脊椎喻月日數為曆數之源

（1）知石是知數與星起源

欲檢討圓石陀含義，須始於檢討石塊功用。石塊之用有四，一曰擊獵、二曰相互毆擊、三曰火燒熟食、四曰列石計數。此四用係古人存身之道，缺一即亡。而後世研究者多割裂而檢，其心得不足以述舊事為天文認知進步奠基之功，故石器時代之新舊之別於我不過是旁證堆砌、石塊臨摹技藝而已。不少舊石器研究文獻述彼時攻石技藝演進，但不能見古匠石者心思指導技藝蹤跡。

我以為，學者所謂石器技藝不外石藝，而石藝檢討須基於匠石者〔註6〕存身，存身之後有匠石之果。後世，以薪俸檢討者飽食，又無危身之虞。彼等以題為題，未嘗照顧聖賢肇造之艱。知尋常檢討者與古聖賢生存之道迥異，此是檢討石藝進益之根基。

擊獵係取食之道，不忍心殺戮將餓斃，故獸可擊，狀如族人之人可擊。自知用石，貌似族人者亦知以石擊，故日每見部族以石塊互擊。乾熱之時，霹靂震雷撼人心魄，但能燃燒枯木與枯草，火遇風而張勢，熱風薰蒸，地火蔓延，獸呼吸困難而不別向，葬身火海。族人躲避，但事後檢蒐，得燒烤之食。後知保留火種。以火種生火，燒烤一番不能厭數人食欲。族人相互攻訐。無奈之下，須計謀用器以熱熟食，而不限於以火燒烤。如此，即掘地為穴，鋪獸皮於穴，或以粗大樹葉，或以獸皮取水，傾倒穴內，置肉於水。後以火燒石塊，投入水池。石塊多，水將沸，多番投火燒石，肉幾熟，多人分肉，各得果腹。

〔註6〕出自《莊子·徐無鬼》，匠石非石匠。前置對立物，後置技藝，曰石匠。中國古語置技藝於前，置技藝對立物於後。此處用古名。

　　三人協力，圍獵有果，則分食不難。果木蕃熟，摘取果實，不須計數。但在冬季，須定數饋食，以養活十數人，否則來年春季協力圍獵者不足。此外，圍獵後即在野外分食，謀獵者互睹，又須照顧留居故地某人或數人，但目不見人，此時須以石塊替代某人。此謂人在而不睹。此事深入印記，由此產生在而不得手觸觀念。此猶如已知隕石墜落，夜間繁星在天一般。此觀念是星、石、數三題關聯之紐帶。

　　中國天文史學不捨《石氏》，故在石印記中國最古認知之一，其本字是何字，今不得知。但其讀音記錄此題屬最早觀念序列：石、矢、豕、示、史、室，六字韻俱同。諸字映照古史關聯緻密。於遠古，隕石墜落，目睹者知之，旁人未見，不敢妄言。知此者加深認知，化爲史家記事基礎。星石史之題，係中國最古史跡，係聖賢初階。此事出現於前天文曆算時代，我斷此時代至遲約當西學考古門舊石器時代中期。

（2）徙居河川者從打擊石塊記月闕到數獵物骨塊計月日數

　　考古界多見河川附近多見石器。其故在於，彼時賢能近流水以便取水。流徙者也知之，故河畔見石爲與知。而掘井是數千年後大事。從山穴遷徙河畔者獲得前所未有環境，他們夜間能睹星空，而穴居者不能夜睹星空，故難知星象。不知星象即不能連覺黑暗之光與晝日之光，遠光與近光、強光與弱光。彼等察覺熱氣之力不如平原人，故在平原野風吹拂，熱氣蒸騰與寒氣凍體是對立知覺。

　　由此，彼等在謀食期間，心繫日、月、星。寒季期盼熱季，知當下去熱季日夜甚多，欲以疊石計算而不得，無奈之下，遂以月滿月喪爲間，斷割時光。此是計數變遷，由石塊計數變更爲晝夜計數。

　　此間是察日、月發達期。此時也是初聖擇石述月、述日期間。述缺月故須打擊石塊。此是攻石者打製技藝萌生階段。人類遺跡附近多見卵石，其故在此。石塊缺損未必是水流作用之果，而能是人加力之果。參照地層與土色，見灰與否，即能甄別彼時打擊石料印記。

　　此事繁雜而耗費氣力，故初聖嘗試以某物替代此物。後睹骨殖側視或俯視圖頗似滿月或殘月。譬如，平置股骨與脛骨，不加拆解，俯視即見滿月狀。察胸椎棘突與橫突之間肉塊頗似初生月與將消月狀。而樞椎椎孔狀似每月第二十三日或第二十四日模樣（狄宛曆法），而脊椎總數是二十四塊。由此查看胸椎，見十二塊。此數配陰曆一歲月數。考古門舊石器研究貴重手斧。側視

某種圓頭方體手斧，其狀頗似人脊椎之寰椎上面俯視圖〔註7〕。比較 Acheulian（薄刃）石斧，此模樣是後世石斧之母。

而且，殺獸也能獲得相關知識，譬如殺犬。中國狄宛一期、二期時代俱見埋狗。而狗脊柱骨頭塊數是二十七塊，犬有 7 節頸椎，13 節胸椎，7 節腰椎〔註8〕。此數接近月日數，是初聖觀月日數之本。中國初聖察知此等數字關聯，萌發計算月日數之念，以爲中國用器曆算之本。

2）攻石以見天遠近而述季節之別

（1）觀北天星宿是半天球石陀之母

前述攻石聖賢已知日狀與月狀，以及後者模樣變遷但恒有數狀。察月趣味推助其察星空之力。蓋月數不捨寒、溫、熱三等體膚感受。某年寒季無月之夜初察星空，覺星小而光微，苦寒難耐。相反，溫季某夜察星空，見星空似乎遠，似乎不遠。熱月某夜察星空，受熱氣薰蒸，見星明而近，蒼穹似乎低垂。

如此數年，前賢穩定其察星空認知。多人相與而知蒼穹近即謂熱季，蒼穹遠即謂寒季。寒暑之別印記於心。自此，遠近關聯日來往。日北行與南遷涉連季節。夏至後，日南遷，此謂日遠。日遠故寒。春季，日返故近。日近，故溫熱。關於寒熱循環，聖賢辨識其大略率數。星曆基礎造就。而表述觀星於季節，則須假途攻石。此是石陀從圓變爲半圓之本。此等石藝變遷恰反幾何學之積方爲圓術。此技藝變遷恰在於解析圓石或解析方石，謀得告喻寒熱季觀星之器。

（2）半天球石陀以狀摹寒暑星空記聖人四季觀星

察考古界定狄宛標本 H715：1 爲石球一說謬誤。此物狀摹星空，此物印記狄宛聖賢先輩或一期某人曾於寒月觀星象。今舉兩故以釋此斷。準乎此物平面，置之地上，俯視見圓，此述蒼天。此刻，不能辨識此物述蒼天是何時蒼天。但是，俯身地上，側視，即見此物較厚。再將此物懸置，以三根火柴棒支撐平底，即見戴天之狀。聖賢以此物述觀星象，而且觀星象之時係寒月，大抵在夏曆十月中或十一月初。另外，此物以亮晶灰岩攻製，其表面光

〔註7〕 于恩華、李靜平：《人體解剖學》第 3 版，北京大學醫學出版社，2008 年，第
        8～10 頁，圖 1-7、1-8、1-9。
〔註8〕 Eliot Goldfinger: Anatomy for Artists-The Elements of Form, Oxford University
        Press, 2004, P.10.

滑。此述星起落不受阻礙，日行、日還無阻。此又寄託聖賢期待日如期而還之念。亮晶灰岩表面有亮點，頗似夜空有星。

與此對立，標本 T7 ③：18 述熱月星空。此物質地係細砂岩，狀平底而弧背。發掘者定此係磨棒。但此說非是。磨棒不必弧背，也不必以砂岩攻製。對照前者，今知此物述熱季星空。熱氣近人，星體近人，天因此近人。天低，故顯地平長，有熱氣覆壓之象。此兩物喻聖賢兩季觀星，非謂聖賢獨察寒暑星空。春季、秋季亦須觀星。石鏟等物凡見兩面平行或近似平行者，俱記聖賢觀星象。平石出自鑿切半徑較大半圓石陀，譬如從類似標本 H715：1 石陀切下底層，以此物為鏟，象徵平整寒暑期間星空去地面距離。此係石鏟生成之故。西方考古門不述此等關聯，而中國考古界學人多年以為，聖賢率意而為，思想何物，即能造此物。其實，觀象是制器之本，《繫辭傳》已述，唯考石器者不察而已。

2. 圓石陀源於狀摹月日之喪暨圓瓦陀起源

1）攻製圓石陀含義

（1）攻製圓石陀狀摹月全食

檢狄宛一期石藝產物，得至少兩遺物狀摹月全食。其一是標本 H398：71。發掘者以為是敲砸器。此物中央有琢斑，天體唯月滿能見斑點。故知此物狀摹月。又檢此物邊緣有揭層痕跡。揭層出自琢擊，但又不破損圓陀某一扇面。揭層後邊緣反光面不統一。能摹寫月全食食甚月喪之狀。

標本 F714：3。亮晶灰岩。邊有修整擊痕與琢坑，寬面中央有較大圓坑，坑底琢過。此物雖殘，但其狀不異於 M15：7 模樣。中央小穴述滿月中有斑點，邊緣揭層述月全食食甚而喪，唯邊緣有殘光。狄宛故慮發掘者從此類物件揭層有殘出發，推斷其功能。此說其實是考古門舊石器遺址發掘與石器辨識法孑遺。面對天文曆算如此系統之狄宛一期遺物，其力有不逮。

（2）攻製圓石陀狀摹日全食暨石盤起源

察日全食猶如月全食，須照顧月、日樣貌變遷。故須揭示樣貌迥異石陀表意關聯。我察狄宛述初窺石陀是狄宛一期標本 H363：5。此物係近圓形石片，刃部有刮削痕跡，雜砂岩。直徑約 61～63、厚 5 毫米。一面雖見刮削痕跡，但此不得為斷定聖賢造器之欲。用此物刮削旁物，此事出自演示日全食。日初虧即月殘日。砂岩涉光照，故能引發受教者聯想。發掘者舊名

非是。同類物是狄宛二期標本 H379：221。我推測，此物大抵源自一期，非二期攻製。

述食既石陀：狄宛一期標本 H254：27，《發掘報告》圖四〇，第 2。白家村標本 T114 ③：8 俱狀摹日食既狀。月殘日，日不全，缺損不少。破損圓石陀局部扇面，即得此狀。豎立標本，即見月殘日，日消及半，月息及半。

述食甚石陀：狄宛一期標本 H254：28，凝灰質砂岩。此物質地頗有講究。灰色喻火色在暗處，日熱被遮蔽。砂岩喻此物涉光照。又不見核心下陷述斑點，故而此物喻食甚，此間目不睹日，唯見邊緣些微光線。

述生光石陀：狄宛一期石器無代表物，推測此物被遷徙關中前賢攜往至關中。半坡標本 P.5956 上見圓斑，出自刻意敲擊。此是某種特別石藝，前賢以此將邊緣揭層而不擴大，故得圓邊某處近圓斑點。斑點有發光特點。此點是復圓前生光之始。發掘者以為此物是刮削器，此是謬名。此觀點係《西安半坡》發掘者述石刮削器而不加類別所致。食甚後生光異乎食初日狀。半坡圓石陀存其記錄。《西安半坡》圖版捌參第 10、11 器相似但弧狀缺口大小不一。前者係標本 P.22155，此物述食初月殘日。後者係 P.22157，此物述日初食後月繼續殘日。

述日復圓石陀：半坡標本 P.6887，此物完整無缺。中無斑點，故不述滿月。此物狀摹日全食復圓。發掘者名之石砧，去造器者認知甚遠。涉半坡早期石器，我疑心不少物件係狄宛一期末季遷徙滻河人群創造。其石藝水準之高，今日仍能贏得敬佩。一些物件大抵是他們遷徙前分器所得。而渭水岸邊已有白家村族人。他們擇滻河岸高地營造故盧。

（3）日食多樣致器物多樣

日月食屬中道天象，古人、今人俱知。日食有多樣，或日全食、或日偏食。月食能見月環食或全食。即使日全食，日食之狀也不必相同，日全食模樣出自觀測者目睹。而目睹者在某地，察日全食又有時刻之別。日食帶既定，而人居所不定。故同一日全食，察之者地域不同，見日食之狀參差。

磁山前賢造石盤雖似裴李崗石盤，但其狀參差明顯。裴李崗有兩頭圓石盤。合兩圓頭，即得日全食模樣。而前賢造此物所記絕非日全食在早晨或中午，而是昏時日全食。此時日全食係帶食而落。其狀恰是上下圓而間隔。裴李崗聖賢造此物狀摹之。故其狀怪異。而四足出自氐宿查看。磁山遺址石盤不見兩頭圓，故在磁山緯度稍高，彼地聖賢雖目睹日食，但所見唯是垂落日

食，故見一頭圓連盤身，另一頭非尖即直。石盤三足出自摹寫大火星，記帶食而落發生於何月。

2）無孔圓瓦陀起源

（1）圓石陀難攻又難爲曆日志

攻製圓石陀耗費心力，又耗費時日。成器能存甚久。西安半坡記日全食圓石陀即標本 P.6887 係其例。倘若將石藝與瓦藝或陶藝視爲等同耗費心力大事，在石盤面上勒槽，記日全食發生月日難於在圓瓦陀上勒槽。勒槽之故在於，聖賢欲記此事，傳告邑人，以爲警示。他們大抵從先輩口傳得知，早先已見日全食。但是，如何記錄日全食發生月日，此是一期難題。

在陶藝大抵成熟時，以瓦陀記錄日全食月日之念獲得基礎。故而，他們幾乎窮盡紋飾能力，記錄狄宛一期某番日全食發生月日。他們此等嘗試助產中國最小、但災異記錄最塙記錄。此舉給中國狄宛文明斷代奠定基礎。

（2）圓瓦陀底料來自記某季節天象瓦器

關於圓瓦陀質料，發掘者唯述「扁平體」、「出自陶片打磨」。陶片來自何等器物，發掘者未述。西山坪遺址狄宛一期遺物 T18 ④：31 源於何器殘片，亦不清白。今察原子頭早期遺跡與白家村遺跡去狄宛一期遺跡時代未遠，故準乎兩地圓瓦陀質料述狄宛圓瓦陀質料。

原子頭圓瓦陀基料是罐類器殘片。罐能述春秋兩季。以圓瓦陀述日全食食甚，標本 H101：1 述日全食發生時間若非春季，必在秋季。白家村多數圓瓦片基料是圜底缽瓦片。圜底缽別深淺。深圜底缽述冬季，而淺圜底缽述夏季。前賢既須加工此器，盡量磨薄瓦片，故知前賢欲取淺缽。淺薄喻時節在夏季。由此斷定，白家村圓瓦陀述日全食發生於熱月。是何年、何月，今難猝定。以鼓腹罐底片或腹片加工圓瓦陀，此工藝係狄宛工藝孑遺。白家村前賢係狄宛前賢一部或一部後嗣。遷居白家村後，能睹日全食屬其他全食週期之日全食。

少數圓瓦片來自三足罐瓦片，三足罐功在述陰曆補日以爲璇璣歲，三日以補璇璣歲，爲陽曆，以爲平二分基礎。總之，無孔圓瓦陀述日全食。

3）瓦器殘片改造圓瓦陀鑽孔起源

（1）無孔與鑽而未透之別暨鑽孔之源

發掘者將無孔與鑽而未透圓瓦陀歸入半成品，此說源於勞動工具說，其

推類連言特點是：既為工具，須能致用。無孔圓瓦陀不堪用於紡線，故非工具。工具別為製造完畢，半成品。此物無孔，故係半成品。其實，無孔圓瓦陀係加工完畢之物，它記述日全食。圓瓦陀出自圜底缽或罐壁瓦片，此等來源定其表意異於任一瓦片磨圓後表意。比較二等源頭殘片，知罐殘片表意限定缽殘片表意，由於罐殘片代表罐表意。前述罐述春、秋，由此得知。無論無孔圓瓦陀，還是鑽而未透圓瓦陀，抑或是兩面中央對鑽圓瓦陀在狄宛述事一樣，俱述狄宛某年日全食。

察無孔又無紋飾圓瓦陀唯能述日全食發生。但有交錯繩紋圓瓦陀表述數字。繩紋喻數後將細考。鑽一面中央未透，此述從一面嘗試定春分或秋分某日，以便調曆。但是，調曆未成。畢竟，春秋分是關聯節氣，定此亦須定彼。瓦陀兩面別上下，猶如地穴一般。以 M208：14 為例，施細繩紋一面述秋，而無繩紋一面述春。繩紋記某月數。倘使光面，即謂日全食後日復圓。在有繩紋一面下鑽，此謂嘗試定秋分日。鑽而未透，此謂未得秋分日，調曆未成。

（2）對鑽中孔源於日食後謀得秋分日以平春分日

圓瓦陀繩紋一面鑽而未透，此喻謀秋分日而未定，故而調曆未成。此又謂春分日未定。彼時調曆，須先計算前番秋分日，後算此（下）番春分日。前考狄宛一期地穴尺寸度當，以及基於度當調曆俱係明證。

鑽繩紋一面中央未透不同於對鑽。對鑽即先鑽述秋分計數一面，並算尺寸後定另一面對應位置，以為匹配某日為春分。鑽一面將及瓦片中層，後鑽另一面相對位置，也及中層。如此，即得透孔。狄宛一期鑽孔圓瓦陀中央一孔俱出自此思路。豎立每枚鑽孔瓦陀，即見孔橫截面有接茬。

澄清如上問題，鑽一孔而非數孔之故易於澄清：謀得秋分日與謀得春分日一般，皆係一日，故唯有一孔。以此孔述秋分或春分有何根據？此孔謂限定、謂確定、謂算中。舉此等瓦片，面向晨刻之後日照，但不須在正午，即見日光凝聚。此謂謀得一日。謀得一日之念對應日被遮蔽。日全食食甚時分，日光在月外圍散漫。故謀得日即謂謀得日聚光。此孔在彼時包含穿透災異之義。日全食是災異，前人知曉。

狄宛一期，對穿孔石器、瓦（陶）器甚多。考古界迄今未曾考得緣故。今察鑽孔俱有緣故。其本係聚日光，斷割某數。石刀、陶刀有孔，其源在此。

（3）渾圓與近圓瓦陀含義參差

狄宛一期與白家村並見近圓瓦陀，前已申明。近圓與渾圓有別。渾圓述日，故能述日全食前日狀或食既復圓。而近圓瓦陀能述日為月殘。若近圓瓦陀面上有繩紋，其數必涉某種曆紀。而此曆紀又能涉及日全食曆算。述日全食係一事，述日全食曆算係一事，兩事關聯在於，調曆平二分之願將日全食致陰曆節氣延遲與陽曆日數補差結合。欲為此，前賢造器時照顧多種途徑，或加某狀於器面、或加紋飾於一面。此係狄宛一期與白家村稍晚時期近圓瓦陀曆數特點。

狄宛二期時代，鑽孔渾圓瓦陀替代近圓瓦陀。學界檢討其義，各家俱報心得。今見兩等心得：其一謂此物屬勞動工具。其二謂此物係法器。前者是考古界上世紀五十年代以降舊說。後者出自龐樸先生，他認為屈家嶺一些被呼為紡輪瓦器其實是法器，他曾言及其上紋樣、器物顯色等〔註9〕。晚近，蔡運章先生基於龐說，以為屈家嶺圓瓦陀模樣表述彼時存在「天體崇拜」，以為此物係玉璧前身〔註10〕。第一說給 K. Marx 學派勞動造人說饋給佐證。第二說是新見，但龐先生未述「法器」底義。蔡先生擇「法器」說一隅，結合圓瓦陀兩面平行，關聯玉璧。此說未照顧近圓瓦陀，也未照顧一面平，一面隆起圓瓦陀，其「天體」說底義不清白。

二、狄宛一期近圓瓦陀依日全食調曆考

（一）近圓瓦陀表意基礎

1.近圓瓦陀依調曆與否類別暨瓦陀繩紋源考

1）由某器殘片改造圓瓦陀類別

（1）依調曆與否類別

今捨棄考古界類型學，依觀象與曆算，以及調曆與否類別圓瓦陀。在此，先照顧改造殘瓦片為圓瓦陀者，而後再給預留中孔圓瓦陀分類，由於此等圓瓦陀在造粗坯時已有系統構圖，以便表意。如此類別能夠窮盡各樣圓瓦陀，無論它出自改造殘片，還是在入陶窯前已模壓紋樣，都能依此視域溯跡前賢最初心思。

〔註 9〕 龐樸：《談「玄」》，《中國文化》1994 年 8 月，第 10 期。
〔註10〕 蔡運章：《屈家嶺文化的天體崇拜——兼談紡輪向玉璧的演變》，《中原文物》1996 年第 2 期。

　　如此類別另一優點是，各地圓瓦陀模樣參差背後將見當地代表性日全食是何時日全食，是春分或秋分時發生某日全食，還是寒季、熱季某番日全食，彼時前賢有無平二分等訊息俱能以考證獲得。平底隆起與兩面平圓瓦陀含義不得相同。如此，將獲得中國狄宛一期時代以及其後最系統災異記錄。

（2）無孔近圓瓦陀類別

　　無孔圓瓦陀別爲六等：第一，素面，例如西山坪標本 T18 ④：31，白家村標本 T308 ②：1。第二，單向平行槽、線，例如白家村 T116 ②：4。第三，片段雙向或三向槽、線，片段雙向槽、線例如狄宛標本 M212：2、白家村 T101 ②：2，片段三向槽線例如狄宛 F371：8。第四，半繩紋半塗黑，例如，白家村 T113 ②：9。第五，繩紋，別二等：單邊鑽而不通，或無鑽痕。前者如狄宛 H254：2、M208：14；後者如白家村標本 T315 ②：1。第六，抹道，例如原子頭標本 H101：1。

　　凡見槽線，俱涉術算。凡見塗黑，俱顯食既月殘日之半，或太半、或少半。若見半繩紋、半塗黑，繩紋必述日全食。抹道能涉及月、日數。故而，此等圓瓦陀雖無孔，但絕非半成品，諸物俱須細考。

（3）有孔近圓瓦陀類別

　　此處有孔謂對鑽爲孔，非謂單向鑽透見孔。其類之一，兩面或一面磨光、素面，周邊未磨光，例如狄宛標本 H363：14。其二，片段素面、繩紋與單向槽線。其素面光潔，例如狄宛 H363：12。第三，半繩紋、半麻點，例如狄宛標本 H363：11。第四，白家村標本 T322 ②：1。

　　此等圓瓦陀係狄宛陶藝較高產物，故難以訓釋：素面有孔者述調曆有成，得秋分後得春分日。地穴 H363 模樣含星宿，而氏宿係其一。此宿足以察日月食之所。無論素面磨光圓瓦陀，還是半繩紋與半素面合單面圓瓦陀，俱是狄宛某週期日全食之一觀測記錄。而繩紋涉及曆算。無論何等紋樣，都是聖賢精心構思之果，斷不可以粗糙稱謂。

　　無論考證無孔圓瓦陀還是有孔圓瓦陀，紋飾考證係難題之一。解答此題係若干考證基礎之一，而此事又是古史、尤其是曆算史旁證。迄今，考古界尚未用功。於重見中國古史，此缺漏導致紀事斷點。不少學人呼籲重構中國古史，而曆算考證缺漏曾使呼籲化爲不交之言。河姆渡遺址早期渾圓瓦陀模樣較多，將在後一門檢討。

2）後狄宛一期燒製有孔圓瓦陀類別基礎

（1）原子頭、龍崗寺與福臨堡圓瓦陀類別

前舉原子頭、龍崗寺與福臨堡有孔圓瓦陀六狀，須依記調曆與否類別。今別三等：第一，兩面平。例如原子頭標本 H40：2、標本 F19：3 俱是。龍崗寺標本 H39：1 入此等。第二，側視如卵狀，龍崗寺標本 T26 ②：1，發掘者名之算珠形（狀）。標本 H39：2 係其變更，削減上下弧度，使之變成微鼓狀，將兩旁弧線改爲近似垂線，即得此狀。第三，福臨堡平底隆起狀。標本 Y1：4、標本 H114：6、標本 H137：1。這三者含義參差，不得混淆。

第一等述調曆而平春秋分。後兩等含義複雜，但不述春秋分或調曆，故此狀述日全食發生季節清白，但月日不清。若有紋飾，即係精細記錄。第二等涉及春分、秋分時節觀星而知赤經與黃道關係。第三等涉及春分、秋分時節見日全食。此三者俱係狄宛日全食觀測印記。三地前賢係狄宛聖人後嗣。

（2）三地圓瓦陀表意基礎

圓瓦陀之兩面平者述前番秋分與今番秋分日數已定，中央存孔即其例證。例如，原子頭標本 H40：2，一面輪沿花邊有指甲掐紋五十九處，喻當年某調曆含日數五十九日。龍崗寺標本 T26 ②：1 俯視爲圓、側視或曰縱剖面似卵狀，此瓦陀旨在述當年春秋分赤經面，由於側視模樣是橢圓狀，此狀述日軌道。此軌道長徑兩半徑去中央相等。由此推斷，此物述晨、昏兩時赤經面與黃道面相交而兩端距離相等，此述晝夜長短相等。其本係狄宛聖賢察兩節氣前後星宿而知日夜長短，F371 等觀象臺爲證。標本 H39：2 係前標本變更，事理一樣，今不贅言。

福臨堡平底而隆起圓瓦陀別二等：側視見隆起如扇面者述觀星時節。側視隆起如錐狀者述觀星時節見中官主星。標本 Y1：4 述已平二分，但於夏季觀星，隆起扇面猶如半天球，徑短述觀星時天低。標本 H114：6 述觀星時在冬季。其實，狀此石質圓陀出現於半坡，圖版捌玖第 1 器，即標本 P.22206 述此。而福臨堡標本 H137：1 是錐狀，而且尖銳處是孔上口。此物也述平二分，但觀星時節在冬季，錐底與上端距離長，而且側視見兩面陡，此喻聖賢曾察天際最高處，猶如登山者在平地見遠處山頂。此述聖賢觀冬季中官，帝星已被窺知。

2. 繩紋源考

1）繩紋研究難點匯要

（1）舊説匯要

繩紋如何起源，迄今不清。以此紋爲裝飾，似乎悄然化爲古文明檢討者與知，附議者難以計數。繩紋係於考古界係象徵而非表記，東瀛考古界以繩紋定時代名，故在此時段出現不少外面有繩紋器物。於考古界，繩紋時代象徵磨製石器出現、瓦器出現，農耕出現，係定居開端。考古界有人斷定日本新石器時代始於距今 12000 年前，其佐證係彼時出現黑陶，殘片表面有繩紋〔註11〕。但是，考古界迄今未能澄清，繩紋起源何在。

繩紋檢討影響張光直，使他檢討「華南的早期繩紋陶文化」。他以仙人洞遺址出土瓦片面上繩紋爲證，斷定此時期存在繩紋文化。其實，他舉柳州鯉魚嘴洞穴遺跡類似仙人洞遺存，而鯉魚嘴遺物有橢圓而中央鑽孔礫石。他未以此物爲關鍵遺物，猶如中國大陸考古界一般〔註12〕。

（2）舊説檢討

依我認知，張光直檢討時所用遺跡出土物圖樣含橢圓有孔石器係關鍵物件（《考古》1983 年第 9 期）。此物印證，彼時聖賢已知日行道變遷。基於此遺物眾多，我認定，彼時赤經認知是族人與知，而非某人獨掌。物件繁多佐證多人使用：遠古人用器，非似現代，頻繁替換。彼時，一人掌一物，世代沿襲，絕無替代。多人使用眾物，物件匯聚，此謂多人參與某事，一人用某物，旁人知其用彼物，故言與知。而橢圓物恰述觀星宿知曉赤經面變動，係日照認知升華之證。此物與繩紋瓦片對照，印記彼時中國已有繩紋器。今見殘片唯喻彼等今係殘片，古則非殘，至少於造器者不得謂殘。造殘物非謂造器。

基於繩紋瓦片斷代，考古界有人以爲日本新石器時代開端早於中國新石器開端。此觀點絕非定性説，最多係旁證。不知繩紋表意，又不知繩紋起源，或繩紋寄託之器在更古時代有無鼻祖，此謂不知本。《世界上最古老的陶器——繩紋陶器》題「繩紋陶器」係無端崖之言，此文述陶器俱出自繩紋時代，諸器無繩紋，故非繩紋陶器〔註13〕。須知繩紋時代在東瀛綿延甚久，達

〔註11〕 王新生：《日本簡史》（增訂版），北京大學出版社，2013 年，第 3～5 頁。

〔註12〕 張光直著，印羣譯：《古代中國考古學》2013 年，三聯出版社，第 106 頁。

〔註13〕 紫玉：《世界上最古老的陶器——繩紋陶器》，《收藏界》2010 年第 9 期。

西元前三世紀，以「繩紋」稱謂繩紋時代，此係珠玉混魚目。

2）狄宛系繩紋多寄託於赤陶原故

（1）陀日炳照與日經天念頭之源暨連覺認知

日月於今人之義異乎於古人之義，古人無堂屋，今人寒暑以堂屋爲堡壘，防護森嚴。古人被飄風苦雨之難，今人以各等服裝鞋帽武裝到口鼻。比較古人，今人覺察日月之力衰弱。今日，在野外勞作者恒睹日而眼目疲乏，以爲觀晝日乏味。但古人異此，彼等在野外圍獵，不知風向不能得獸，不知日照方向者不能得獸，不知地勢高低者不能得獸。幼時曾與鄉鄰以磚頭瓦石逐狼。值食時，日照東天，而狼行西南，目睹狼行自高地而下，奔向栲栳村溝道，向南偏西即達洞射溝〔註 14〕。由此，我知獸行避害，絕不迎光而行，覓川向下而行，遠避人眾。日於臨危之獸含義異乎於古人之義，古人知日光有兩善：寒日暖身，野外察物。後世，聖賢知星宿，而後察日行道。

古人察日光久，即知日恒爲圓陀，照射發光。圓瓦陀之圓出自日圓。而此光照又致察日者知覺三事：第一，日散熱如線狀，若蜘蛛之絲。射線喻日觀念出自晴日行於川林，蜘蛛於草木茂盛處結網，日照其上，線反射日光。晨刻面東行於露灑草地，能見露珠反射日光。此亦證光能上射。久視晝日，目刺痛，猶如酸棗刺刺痛，棗刺尖銳而細，故細線能喻日照。第二，日光偶被反射，日向上照射也被認知。日向上照射謂日行天，日下有熱，日上也有熱。而此觀念係天地之別本源。遊獵者能知。不少學人以「一畫開天」喻庖犧氏功業，此舉實非佳褒，故中國古人知天地之別早在瓦器草創前，而非瓦器成熟、陶器消息畫成熟時代。第三，日散熱垂地與散熱衰弱之念也起於古人認知日照。我幼時多番被蓑衣踐泥屐〔註 15〕立於雨中，以雞骨木桿戳刺泥地地表，察雨水灌滿之狀。偶見日出，並見日光與雨腳並垂。以此，得知古人行於野而知日散熱下垂。日散熱以寒暑參差，故多夏之別於前瓦器時代古

〔註 14〕 洞射溝讀若洞爺溝。陝西關中古方言以熱、爺、射互換。譬如，咸陽方言「光光射」在百姓口中讀如「光光爺」。古字射變爲「爺」，出自射，即觀日照與星宿、天象者。楚人觀射父即其例。以度測算，此謂父。甲骨文有其蹤跡。能光大先人功業者謂之大父。「大」讀「多」，上聲。上尊三代，故自身以上，褒稱父之父爲大父。

〔註 15〕 木屐之一，泥地行走，須以此物。此物模樣：足所踐者狀如鞋底，下面於足掌前後兩頭各有一橫板。兩橫板高度相等，橫板狀似截去上部之橢圓之半。家父曾給我造木泥屐一對，我目睹製造過程。

人絕非未知。概括前述,今須記日爲熱陀,熾熱而散熱,冬夏有別。於受熱或覺熱不足者,直線能喻日照熱輻射。輻射線喻熱量。此係圓陀喻日與圓陀得單向線之本。

（2）圓夾砂赤陶喻日

前狄宛一期時代,聖賢不知名日,但知圓陀在天,而且知此陀燃燒而散發熱量。火熱與紅色關聯,以及地上人血、獸類血與熱關係加深他們印記赤色喻生命之觀念。狄宛一期赤色曆算紋樣即其例證。他們將赤色視爲吉祥色,初造瓦器,即準乎赤色投料燒製瓦器。赤陶在狄宛不爲稀罕。《發掘報告》言圓瓦陀多係紅陶或紅褐陶,此等料色出自精心選擇,而非隨欲採取。我多年前曾目睹燒窯者燒陶土,其地在關中長安樊川陽坡塬棱。匠人和泥時添加輔料,燒結後瓦盆等器係灰色。由此,我得知,狄宛赤陶至少出自精心考慮,他們考究過用料問題。

李文傑等人認定,狄宛遺址黃土下有第四紀赤土,山水沖刷致紅土暴露。當地迄今以粘性較強赤土爲原料。他們推想,狄宛一期也曾如此。細砂來自河床。發掘者未曾重視兩問:地上有土,不含料姜石,爲何不用此土,一心索求赤土?不用砂爲何不行?另外,他們檢討狄宛瓦器原料、成型、修整、加繩紋、安足、燒製。但未考慮赤色喻熱之義(《甘肅秦安大地灣一期製陶工藝研究》,揭前注)。但此點恰是深層認知,此認知導致其陶藝發達。

察狄宛不少夾砂赤陶模樣近圓或爲圓,彼時聖賢述半天球或某星體,欲告此物,無文字口傳,故以造器指示。造器須涉天體發光,故須以沙粒反射光線表述。謀此,他們在河床附近取細砂。他們又放棄在地表取土,而向下挖掘,赤土爲混合料基料。捏出模樣,甚或晾乾後以燒結。此係赤陶之本。前賢既能接受圓缽喻半天球,爲何不能以赤色圓瓦陀喻日?知此間關聯,今能斷定,狄宛圓夾砂赤陶係聖賢述日之器。赤色圓瓦陀喻日,而日全食唯係災異天象。

3）繩紋本乎春秋日照線相交以記赤經面變動

（1）單向平行槽線以喻某季日照

如前述,日照散熱堪以直線歸納。四季日照絕非恒等,別寒暑與春秋。單向一條射線能喻日穿孔而至,但絕非日照大地。某時節日照大地之光係平行光線。古人放何例而造單向槽線以喻某季日照,我未察知。但草木能見其端倪。春日,光照大地,其類在柳條下垂,平行而落。準乎柳條下垂,

能知日自上而下。單向平行槽線圓石陀或瓦陀線係其例證。今依例申述諸物要義。

　　《臨潼白家村》圖五一，第 3，即標本 T116 ②：4，第 5，標本 T307 ②：4 俱係其證。武都大李家坪標本 MH13：1 亦係例證。《西安半坡》圖版捌貳第 3，即標本 P.22136、第 4 即標本 P.22137、第 6 即標本 P.22139 俱係其例。單向平行線數多在十三以內，例如標本 MH13：1 有槽線十二。半坡標本 P.22136 面上槽線平行細密，兩槽線在中部勒斜交匯，不能精算槽線數。但標本 P.22137，槽線稀疏，總計十二條。由此得知，單向平行槽線喻月數，謂一歲月數滿，而此一歲即新歲，係調曆後一歲，故圓瓦陀兩面平行。

　　另外，單條直線後入文字庫，例證是姜寨遺址一期（圖一〇八）瓦片面上刻線狀如＼。此刻線已從圓瓦陀或石陀單向平行線游離，化爲構字部首，其縱橫或左右傾斜俱有含義，《說文》記述值得深究。此非我檢討話題，不再深討。

　　（2）兩向平行線相交於渾圓面喻兩季赤經面相交

　　此一單向平行線與另一單向平行線相交，不再見平行線，而見交線。平行線多，故交線密。若以單向平行線爲述春季日照線，則另一組相交平行線述秋季日照線。春秋之義具備。面對此等圓瓦陀，見日全食、春秋日照。日全食與曆法關聯隨之出現。如此，圓瓦陀或圓石陀交線涉調曆。

　　檢交線出現絕非偶然，而是狄宛早期聖賢構思之果。若干圓底缽外面有兩向平行線相交，所得即繩紋。但問，聖賢爲何造繩紋？倘使不論圓瓦陀迎面繩紋，而論狄宛圓底缽外面繩紋，它有何含義？倘使探究而得某含義，此義能否被圓瓦陀一面繩紋含義支持？我曾耗費數月，考究繩紋，最終在圓瓦陀繩紋長度上覓得解答。此解答是，繩紋喻晝日日照與夜間日赤經面在天際變動。日遠近俱以赤經面橢圓短徑、長徑表達。此解釋能被圓瓦陀面上繩紋長短支持。

　　察每樣有繩紋圓瓦陀或圓石陀上交線長短，即見圓陀直徑與槽線同長。無論圓陀有無中孔，圓陀長線都在中部。例外僅是，特別構圖後，譬如繩紋占半面圓瓦陀上不見此等模樣。如此異樣出自造器者特別計數目的，狄宛一期圓瓦陀面上有此例證，而且至少有兩樣。

　　倘若在地面緩慢旋轉圓瓦陀，即見交線之最長線變更角度。這恰述一歲春分、秋分赤經面相等：單線喻春或秋，但雙線必並喻春秋。我定圓瓦陀中

央一孔爲春秋分日數即得，其本在此。而地面與圓瓦陀兩面大抵平行，此平行即謂黃道面與赤經面在春秋分日相交。稍遲時代，繩紋消亡，但春秋分日黃道與赤經面晨昏相交而重合之義被保留，其例證係狄宛二期標本 F352：2。此狀傳及原子頭與龍崗寺有孔圓瓦陀、半坡有孔圓石陀俱係其例。與此相對，繩紋中央兩旁，線條甚短，短線喻冬日與初春。

基於如上訓釋，今知繩紋看似單純，但述季節與日照之義深刻而系統。有繩紋瓦器確係模範器物。以繩紋瓦器爲器物演進代表係可靠理路。

與此二者參差，三向線相交理路在狄宛短暫嘗試後退出圓陀表意系統。狄宛聖賢嘗試此等表意途徑之故在於，他們嘗試調曆，但未能獲得秋分日，故不能平二分。標本 F371：8 未見對鑽孔，其故在此。

4）狄宛一期繩紋依瓦陀近圓渾圓參差表義

（1）近圓瓦陀繩紋喻陰曆日闕不足陽曆

瓦陀近圓而非圓，此謂圓闕。圓喻日照，日照別日數。日數滿與不滿係彼時頭等問題，非如今日，無人操心日數。自聖賢察半天球深入，滿日數之名已有三義：地上見日，察月見日，察星宿見日。地上見日即黃道與某星相對，位置變遷，期間三百六十日。察月即得陰曆。但察晝夜日行道，此觀測導致重大發現，聖賢先輩見日數最多。此日數係陽曆一歲日數，是滿數。但觀月而紀日之法久存，聖賢不欲捨棄，故匹配陽曆與陰曆，並以三百六十日爲參證。

在此，聖賢知曉月陰曆短於陽曆，陽曆日數出自增補，而非自覺完滿。故而近圓瓦陀係狄宛聖賢述陰曆虧欠陽曆之途。他們最初也未考慮以渾圓瓦陀述陽曆滿日數。此思慮出自圓瓦陀容繩紋不得爲方數。兩線乘積得數恒係方數，但陽曆日數非乘積。由此，他們捨棄以渾圓勒繩紋述日數，而以近圓瓦陀述陰曆調曆。由此，產生近圓瓦陀繩紋述日不足。其述日不足又別數等，俱涉及日全食調曆。此等瓦陀藉日全食時月殘日述日數殘，非述日狀。

考古界欲檢討前狄宛一期繩紋表義，猶須重視此題。此題係文明史最深刻、最難檢討之題，也是辨識陰曆、陽曆相對起源之證。

（2）渾圓瓦陀繩紋述春秋分調曆基準

渾圓瓦陀較之近圓瓦陀表義似乎單純，此係泛論。若遇前賢勒繩紋於渾圓瓦陀，其考證更爲艱難。此難本乎圓瓦陀所喻何數，須考釋者覓得其他佐

證，而繩紋本身不能饋給關鍵參數。此等繩紋非滿繩紋，而係局部繩紋。其含義辨識須基於旁證考述。我檢討此題曾受阻厄數年，未嘗通觀諸物。狄宛二期若干消息盡考證前，我考證狄宛 H3115：10 術算，而後未能貫通一期術算。後將久前積累二期度當算法心得片言用於考證一期地穴尺寸度當，後得系統對照參數，依此證據，今敢於述渾圓瓦陀記曆算。

　　檢狄宛一期渾圓瓦陀模樣二等：第一，欲造渾圓而不得爲渾圓，磨光其面、棱邊。此係日全食食甚記錄。第二，渾圓瓦陀，面上勒繩紋計數，非涉平二分，而涉某種常數計算。此術算係基礎參數，它用於數計其餘近圓瓦陀繩紋，由此考證陰曆、陽曆日數差。此物佐證狄宛曆日三等已化爲曆算體系。曆日三等：陰曆、黃道日曆（乾坤冊）、陽曆，知此間三等宏綱，得睹《莊子‧齊物論》述「言與日」本義，中國哲學研究迄今未嘗著此題〔註16〕。

　　（3）甲骨文兩條斜線相交喻草木茂盛爲證

　　檢《西安半坡》圖一四一第 16 刻紋✕，或可視爲乂字之本。考古界一些人以爲，此字讀五。我不附議此說，由於前考平道二星與角宿相連模樣即此狀。

　　但是，乂字構造含單條線，此係根本。許慎訓「乂，芟艸也。」此字構造係西南——東北向日照線與東南——西北日照線相交。此構形又包含日上下移動。以單條直線而論，其本係姜寨文＼，此係文，而非字。其本係單向平行射線，半坡、姜寨兩地俱有例證。

　　姜寨單線刻文＼即《說文》乀，隸定乀字，許慎解：「左戾也。從反丿。讀與弗同。」《唐韻》讀「分勿切。」其反形即乁。許慎釋此：「右戾也。象左引之形（《說文解字》，第 265 頁下）」。這兩文相交即乂字，左、右皆指移動，即日出光照移動，涉及日行北回歸線與南回歸線之間。察日冬至東南出，出點逐日向北遷移，向北即向左，迄端點再南遷。此力不能阻厄，故係暴戾之戾。夏至，日出點向下移動，即向右，此力同樣不能逆。但是，圓瓦陀面上兩向平行線相交，非謂疊左右戾，而謂春季耕種前雜草叢生須剪，訓芟。芟字亦能謂去陽。《秦本紀》述秦穆公善馬爲眾人私食。善馬今作騸馬。騸羊

〔註16〕《齊物論》「一與言爲二」：我隱合道而爲一。顯我即言我，不貴道。隱、顯迥別述者境界。莊子貴一即貴齊。此係篇名之本。巧曆係曆日之巧者，彼等知三等日數，能系短爲滿，故能歸一。莊子以一述道，此道乃天道，故涉曆算。郭象說遠去莊子本旨。

騸牛之騸，此字俱從馬字，顯非是。推「善馬」之善本係芟字，謂去陽，於獸即謂割勢。秋季，草木衰殺，故亦是芟。

如此，春秋草木榮枯俱涉芟，即乂，而春秋陽氣增減之義顯明。此係圓瓦陀疊「乂」子遺。此字本乎半坡，但傳及後世，甲骨文存其模樣。《甲骨文編》卷一二引七七一三狀作 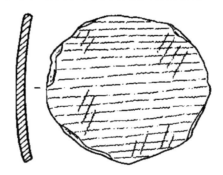（第486頁）係其證。

（二）狄宛圓瓦陀繩紋曆算例釋暨交點年日全食輪返斷代

1.無孔與有鑽痕圓瓦陀繩紋日月交食曆算例釋

1）無孔圓瓦陀告日月不交食

（1）M212：2模樣辨識

標本 M212：2，夾細砂紅陶，直徑 6.6 釐米。圖五二，2。原圖旋轉一百八十度，得後圖。旋轉之故在於，黃道日數（乾坤冊或璇璣歲）涉及曆算。察此物面上繩紋有限，僅覆蓋四處，其餘大部無繩紋。線紋面上有短交叉線若干，占圓面四方，近乎平分陀面。短斜線如槽線，也是平行線。四處短斜線與眾多平行線構成繩紋跨越橫線數參差。紅陶喻日被月殘而食甚，此物中心不透謂二分未平。

圖一二五　平十八陽曆年豫日全食璇璣歲一年後輪返瓦陀

（2）平線十八喻未足十九交點年故不交食暨欠 90 日佈於四季

此標本與前訓蚌狀瓦片標本 H398：72 一面兩段白色扇面之右邊尚缺年數相稱，兩物是姊妹器。檢平行橫線十八條，每條當一年。十八年滿，將見此番日全食。但問，為何須平置？

平置之黃道面重赤經面，於觀宿者，黃道面為平。每歲春分日，晨昏見春分點日處所與黃道面相交，算黃道面，即為平面。每平一番，即為一年。

平十七年，得十八線。欲得正十八年，須見十九線。

　　測算其日數：

　　　　18×346＝6228

　　　　6585－6228＝357

　　　　357÷4＝89.2

　　以虧欠日數佈於四季，每季節得 89.2 日。四個季節完滿，此番日全食即期。毛算虧欠璇璣歲長 360 日。

　　由此推斷，原子頭標本 H101：1 面有抹道，其術算也證明此事。

　　對照前引大李家坪標本 MH13：1，見槽線十三條，無相交之例。此謂十三交點年。此年數寡於 19 交點年。故無交食。但此物有孔，該當何釋？同例即呼倫貝爾盟標本 T4 ④：947，面上有平線七條，謂七年。此數也非交食志。對照諸物與有繩紋圓瓦陀，得知其穿孔欲日全食，陰陽消息相貫。面上平行線即某番日全食後年數。依此，能視此等物件爲遺址文明斷代精算依據。

　　2）凹面有鑽痕圓瓦陀日全食志例釋

　　（1）標本 H254：2 模樣辨析

　　標本 H254：2，中間有未透鑽痕，夾細砂褐陶。《發掘報告》二八，第 3。左旋此畫九十度，得圖樣如後。此物夾砂，而且係褐陶，故能述食甚。褐色象夜空，夾砂述繁星。此物非渾圓，故能對立 M212：2。前者喻璇璣歲半歲，其繩紋不足。此標本模樣須甄別：以中央距最近邊緣爲半徑，此標本見左下、上部多餘。準乎左下長半徑，其餘各處虧欠。其基準爲何，今須考究。

圖一二六　日全食致陰曆補日志

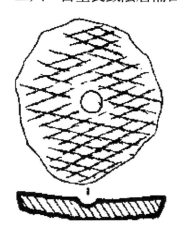

（2）標本 H254：2 日全食曆志暨補陰曆三十日並平二分

標本 H254：2 凹面見東北——西南向斜線十四、東南——西北向斜線十四。以兩數相乘，得 196 條。此數比基準日數 180 多 16 日，評價這多出日數，決定此標本含義考釋成敗。

準乎前算璇璣歲 180 日，此處多十六日。依璇璣歲半一百八十日對立陰曆五日為陰曆虧欠陽曆日數常數，多十六日之義即：

　　　180：5＝360：10

此謂每璇璣歲一歲，陰曆虧陽曆十日。

陽曆半歲與璇璣歲半歲日數比：

　　　182.5：180＝365：360

今見繩紋相交數大於璇璣歲半歲日數：

　　　196－180＝16

此數謂超算半歲陰曆補日數十六日，故一歲超算日數等於：

　　　16×2＝32

如何解釋這一陰曆年超算三十二日？這是問題。我察此數對立 M212：2 術算恰釋狄宛聖人察日全食而為閏月例證，他們以日全食致節氣延遲推算陰曆曆補日數應等於一個月。這相當於加兩個節氣，半歲十六日之差謂滿歲三十二日，一歲有節氣距下節氣十六日之例，此係其證。

由此標本鑽痕位置得知，狄宛瓦器殘片改造圓瓦陀別反正、上下。以此標本為例，凹面向上為正。前賢鑽孔未透，恰證曆補一月尚需平二分，而二分應準乎春分。準乎春分調曆助產中國耕種。蘇海洋嘗試申述狄宛一期「文化」與中國農業起源關係，全恃考古文化，而非文明物證考古。各等刊物發佈此等研究心得頗多，但俱無考而徒然聯繫，以致狄宛聖賢調曆貴春分觀念隱沒〔註17〕。

3）凸面有鑽痕圓瓦陀日全食兩輪返 108 年例釋

（1）M208：14 模樣辨析

M208：14，夾細砂紅陶，一面勒細繩紋，一面施彩繪紋，圖五二，第 1。彩繪模樣如何，不得知。察此標本近圓，似乎不涉及標本 H254：2 話題，但鑽痕在瓦片背面，這須考究，而考究基礎仍係繩紋曆算。

〔註17〕蘇海洋：《論大地灣一期文化與中國農業起源的關係》，《西北農林科技大學學報》（社會科學版）2009 年第 6 期。

圖一二七　陽曆第 108 年日全食輪返瓦陀曆志

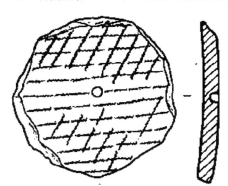

（2）陽曆 108 年日全食兩輪返曆算

標本 M208：14 繩紋面見橫線十二條，斜線九條。二數相乘，得數一百零八。如何解釋此數，此係難題。前算尺寸度當曆算俱不能確定此數堪否驗證，由於圓瓦陀屬高等曆算器，自爲體系。

對照標本 H398：72 與 M212：2 即知，此處曆算涉及日全食輪返年。陽曆每 54 年一番，第 108 年，此日全食輪返，毛算兩番，精算一番。此等精確算法在世界曆算文明史上是最早輪返計算。西文對音「沙羅」其實謂輪返。此算法根源於兩河流域，還是中國，迄今無人發問。我以爲，此係中國曆術西傳後結果，非西亞當地人獨創。此器未曾鑽透。此謂當年天氣狀況不佳，未能察知此番日全食。檢鑽痕在瓦陀凸面，即外面。此瓦片來自水器，繩紋在外面。內面中央無對鑽，此謂不通，即交食未驗。此事有多故。其一是當日落雨，陰雲密佈，不見天日。陰雲遮蔽地面，阻礙視線，但不能阻礙日月在雲層外相交。故而，聖賢鑽一面而不透。

2. 鑽孔圓瓦陀日全食志例釋

1）初虧食半暨初復圓

（1）標本 H363：12 喻日初虧或將復圓

標本 H363：12，夾細砂紅褐陶。圖二八第 2。左旋原圖，得後狀。褐色即暗色，喻日變暗。紅色喻月殘日。此標本面上東南——西北向平行線十五條。但橫向平行線條數不堪計數，由於勒刻方向變亂。線條在東南北截斷，不得延伸。此標本見三區：右下、西北、東北有繩紋、左邊係散亂單向線，上有平行者，下部平行與不平行線並存。

圖一二八　預算日全食敗績瓦陀曆志

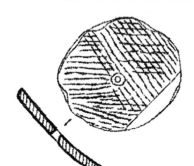

日初虧見月自右下切日。拉直豁口凹痕，即見直線。中央鑽孔喻調曆完成，二分已平，節氣無虧。倘使左旋九十度，即見小扇面在左下。此喻食甚復圓之初。食甚後，日在東南透出月，其初狀是扇面。此器凹面繩紋散亂，難以計數。但是，此瓦陀有孔佐證，此證某日的確發生日全食。對比孔與散亂紋，得知前賢未能預算此番全食日數。

（2）H363：11 初虧或復圓狀暨交食發生於朔日曆算

標本 H363：11，體較大，夾細砂紅陶。圖二八，4，有孔。一大半有繩紋，少半有麻點。右旋九十度，即見後狀。麻點區在右半，左半有繩紋。

右半麻點喻日全食食半，非初虧。右半見月狀，日唯剩左邊。倘使計數，見東南——西北向槽線二十，西南——東北向槽線十九。二數相乘得三百八十。此數超過陽曆日數，難以解釋。

圖一二九　合朔豫日全食瓦陀曆志

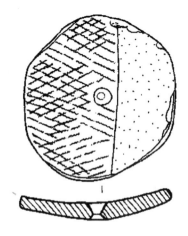

　　倘使聯繫前述交點年與朔望月係日全食發生基礎，則交食不敗朔望月。另外，無論自日全食發生前計算，還是自日全食發生日計算，狄宛曆法都能推導出交食發生於朔日。此處見 380 日其實等於陽曆年 365 日盡，日與月交食，交食日係朔日：

　　　　380－365＝15

15 即某月第十五日，此日即朔日。望月後一日爲首日。

　2）標本 H363：14 述天大殤暨月入日爲盈

　（1）標本 H363：14 模樣

　　發掘者略述標本 H363：14：夾細砂紅陶。圖二八第 1，素面，周邊磨光，對鑽中孔。此瓦陀爲何素面，而且僅在周邊磨光，此物非渾圓，值得思考。我察此物摹寫狄宛時期某週期天大殤模樣。而且，此物無繩紋或其他紋飾表述曆算。

圖一三〇　H363：14 摹天大殤暨日月爲盈瓦陀

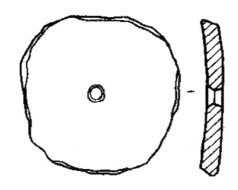

　　此標本看似簡單，但其製造係當時天文學高等成就之一：日全食係災異天象，且天大殤時刻甚短，而聖賢憑藉記憶造出此物，其樣貌似食甚有日珥狀。1941 年 9 月 21 日，張鈺哲等人拍攝臨洮日全食相片之中央圖片與標本 H363：14 相似。於今日天文學界，彼時觀測隊貢獻甚大。若比較狄宛聖賢作爲，天文學界將如何評價近代中國日全食觀測？

　（2）磨光面圓瓦陀日盈考

　　此物係夾細砂赤陶，赤色述日全食食甚狀，日消而爲月盈，即月塞滿日。此即盈。鑒於月狀非日狀，月殘日而入日僅瞬間見圓，後見月盈日後邊棱不齊。而磨周圍反映日珥。彼時，聖賢未必有日珥名，但日珥爲其知曉，此層

係電離層，色彩怪異，與食甚赤色對照。彼時前賢無其他表述途徑，此瞬間色彩多樣，不堪以某種顏料狀摹。故以磨邊表述。此番天象係日全食，晝日見日喪，此係不尋常事件，故爲深入考究對象。月入日在《竹書紀年》係周昭王時代「天大曀」。

鑒於此物無紋樣，無訓釋基礎，今將擴大考述範圍，以及此物徑長與厚度，以見當年日全食參數：

《發掘報告》述，此物直徑約 4.5、孔徑約 0.3、厚 0.4 毫米，圖二八第1。今見此物直徑甚小，故準乎尺寸度當算法，但算長短以比例，即地穴尺寸十分之一計算，以 3.3 釐米當一寸。關聯節氣間隔一百八十日也算十分之一。

直徑尺寸度當算法：

$4.5 \div 3.3 = 1.36$

$1.36 \times 3 = 4.08$

此謂春分日在二月四日，前番秋分也在此日，由於底徑與面徑相等。

厚度尺寸度當算法：

$0.4 \div 3.3 = 0.12$

$0.12 \times 3 = 0.36$

此得數係關聯節氣間隔，本應是六個月，十倍縮小，此數基準應是 0.6，兩者相減：

$0.6 - 0.36 = 0.24$

關聯節氣間隔日數：

$0.36 \times 30 = 10.8$

基準間隔縮小到十分之一：

$180 \div 10 = 18$

以此數減去前算關聯節氣間隔日數：

$18 - 10.8 = 7.2$

擴大十倍，得數即陰曆日數欠七十二日。

此數僅容一種分組：

$72 = 30 + (10 \times 4) + 2$

如此，狄宛聖賢爲曆算法可以溯跡。

表三七　天大燵圓瓦陀標本 H363：14 曆譜

置閏一月補三十日	第四年	第三年	第二年	第一年
	8 月 4 日	8 月 4 日	8 月 4 日	8 月 4 日
	9 月 4 日	9 月 4 日	9 月 4 日	9 月 4 日
	10 月 4 日	10 月 4 日	10 月 4 日	10 月 4 日
	11 月 4 日	11 月 4 日	11 月 4 日	11 月 4 日
	12 月 4 日	12 月 4 日	12 月 4 日	12 月 4 日
	1 月 4 日	1 月 4 日	1 月 4 日	1 月 4 日
	2 月 4 日	2 月 4 日	2 月 4 日	2 月 4 日
	3 月 4 日	3 月 4 日	3 月 4 日	3 月 4 日
	4 月 4 日	4 月 4 日	4 月 4 日	4 月 4 日
	5 月 4 日	5 月 4 日	5 月 4 日	5 月 4 日
	6 月 4 日	6 月 4 日	6 月 4 日	6 月 4 日
	7 月 6 日	7 月 4 日	7 月 4 日	7 月 4 日
	補十日加二日	補十日	補十日	補十日

　　此處以標本 H363：14 尺寸度當爲例，申述狄宛聖賢精純用心。其實，狄宛不少完整遺物俱含尺寸度當曆譜。其譜系甚廣，我僅舉此例爲證。期待考古界審視並辨識發掘學特點與考古學功用。

3. 狄宛日全食逆輪返 144 運算爲中國曆算文明斷代基準

1）同地同一輪返日全食係文明斷代依據

（1）狄宛一期斷代須恃天象發生年推算

　　前訓狄宛一期眾多遺物、遺跡曆紀俱證狄宛曾發生日全食。此事不被史家記載，這不難解釋。虞史之前，口傳之跡難覓。但舊事寄託於古器，古器辨識係艱難大事，學界未曾勘破。今既得法門，察知狄宛一期發生日全食，須對照其全食週期，定其年月日，以爲中國文明史開端。

　　甲午年年中，新世界出版社發行欒貴明、田奕等人力作《中華史表》，彼等考證中國史應起於西元前 4464 年，當年是燧人氏末年。此研究結論發佈，即引發各界聚焦。西曆 7 月 15 日，此書新書發佈會召開。張傳璽先生表達遺

憾：此書「缺乏考古學」與「民族學支持」〔註 18〕。張先生立場不誤。中國
史學研究迄今，各色學人不吝賜告各等心得，眾門發力齊心覓源，此係大陸
民國時期不得企望之景。徧察諸多檢討，終極目的唯一：給中華文明起源斷
代，而且須恃自然科學，而非「片言斷訟」式考證。唯如此，檢討心得堪受
時光糾彈，不至於辱沒聖賢、毀其功業。

考古界檢討諸多遺跡器物，產生考古文化說，以及區系文明參差說。我
不全附議此說。我以為，諸多遺跡唯狄宛遺跡有本有體。有本即遺跡含術算
創造之證物，而諸物源於聖賢草創與系統。有體謂諸多遺物俱涉天象觀測與
曆算。此係其文明之徵。此遺跡係上蒼餽贈，可盼而不可求。得此遺跡，實
係中國文明傳承之幸。此處遺物尺寸度當曆算能通行於中國較早各地遺跡遺
物曆算檢討。基於如上話題，我定狄宛文明為中國文明模範，而文明斷代須
始於狄宛文明斷代，狄宛文明斷代須基於狄宛日全食週期考證。

（2）民國 39 年臨洮日全食同狄宛一期日全食輪返

欲檢狄宛日全食週期，唯須檢索與狄宛在同一日食帶區域日全食，此係
其對立事件。臨洮曾發生日全食，時在 1941 年 9 月 21 日，農曆值秋分前兩
日。民國政府派員觀測，張鈺哲博士主持觀測，陳遵嬀先生參與並攝珍貴相
片若干。觀測地點是臨洮東山泰山廟。甲午年 10 月初，我曾在蘭州某法院石
林法官幫助下，前往臨洮東山附近，察其地高聳，山上有電線桿若干，位於
今縣治東邊，沿途又考察了馬家窯遺址。

申述日全食須參照日食帶，我採用 268 公里標準〔註 19〕，由於狄宛如原
子頭、西安，俱非高緯度地區。全食帶最大寬度合緯度兩度有餘。臨洮、秦
安兩地南北距離差遠小於 268 公里。依此得知，臨洮發生日全食即狄宛發生
日全食。逢此日全食，在秦安五營鄉邵店村察看日食與在臨洮東山察看日食
必無差別，兩地見食初、食甚、食既三階段模樣無異。唯兩地察日食時分稍
別前後。臨洮東山早見，而邵店村遲見。日全食發生謂月自西侵日，以月球
高速公轉而論，兩地距離差導致察初虧時間差微不足道：兩地經度相差 2 度。
每 15 度當一小時，兩地時差大致 8 分鐘。此番日全食帶從前蘇聯高加索斯塔
夫羅波爾開始斷割裏海北、從伊犁南進我國，過新疆、青海、甘肅、陝西、

〔註 18〕劉彬：《〈中華史表〉：6477 年「日誌」》，《光明日報》2014 年 7 月 16 日，第 5
版。
〔註 19〕程之穎：《日全食持續時間的簡析》，《物理教師》2009 年第 11 期，第 29 頁。

湖北、江西、福建、浙江等地，在福州北離開陸地，又在台灣開端。後圖拓自《中國天文學史》圖一七七。

圖一三一　臨洮日全食相片

依歷史記錄，1941 年 9 月 21 日臨洮日初虧於 9 時 30 分，其時月自日西面侵日。10 時 5 分，日被食約三分之一。10 時 50 分 38 秒，食既。10 時 53 分 39 秒，開始生光。倘若當時無雨、霧，臨洮人、狄宛人、原子頭人幾乎同時目睹。另外，1941 年是農曆辛巳年，9 月 21 日值八月朔日，是秋分前兩日。

檢臨洮縣處於北緯 35°03'42" 至 35°56'46" 之間。秦安縣五營鄉處於秦安縣北偏東，北緯 35° 線略北。原子頭當年見日全食也是此週期日全食，比較臨洮緯度，原子頭緯度 34°35'～35°05'，雖稍低，但能清睹此番日全食，由於日食帶向東南偏移。前訓原子頭標本 H101：1 係日全食佐證。

2）狄宛基準日全食距今年長之回歸年算法

（1）狄宛當年全食日推算基礎

依《中國歷史日食典》（後稱《日食典》），採納回歸年平均年長 365.2425 日。計算同位置日全食週期依交點年 346.62 日或朔望月 29.53 日倍數。223 個朔望月係其週期，此數乘以朔望月日數，精算得日數 6585.32。折合陽曆 18 年又 11 日即沙羅週期。每番日全食與其後日全食即使屬於同週期，但不能在同處出現，由於沙羅週期有三分之一日剩餘，此謂迄下一番日食，地球在軌道上多轉三分之一圈。以公轉軌道論，折合度數 120°。這樣，每三個週期後，某週期日全食返回原地。換言之，三個週期後，同日、同地能見同一日食。劉次沅先生教我，日食週期堪以沙羅週期歸納，也能依週期預測，他強調同

週期日食在某地週期日不必重見。

我基於前考標本 H254：2 日全食輪返數認定，狄宛前賢深知日全食每陽曆年 54 年一輪返。由此，須斷定聖賢算法與今日算法無別。今日，天文學術界恃 Charles Kluepfel 開發之日食計算軟件 SunTracker 精準計算日全食，但其基礎仍是日全食輪返。基於相同運算、運算相同之物運動，兩事其實是一事，故堪相互參驗。我無此軟體，仍用舊算法計算，但事理不變。我算得全食日數或有誤差，但以交點年算得全食年應無問題，依交點年長推導西元年數與之匹配。

總之，狄宛一期聖賢幸而獲得先輩傳授，他們目睹同週期間隔 18 年有餘兩番日全食，預測第三番日全食。而且精準預算此日全食兩輪返爲陽曆年 108 年許。此術算係其調曆基礎，也是我溯算狄宛日全食逆輪返之憑依，此係中國曆算文明萌發斷代基礎。

（2）陽曆溯推狄宛日全食逆輪返

我斷定臨洮日全食係《發掘報告》述狄宛一期聖賢所見日全食，故係同一日全食。又檢第 2 章《日食表》，得知 1922 年 9 月 21 日日全食與 1941 年 9 月 21 日日全食屬同週期。今準乎 1941 年 9 月 21 日，先考校此算法是否可靠。另外，我以三番同週期日全食耗時又至期間爲「輪返」，堉指其義，不用「沙羅週期」。

先換算同週期三番日全食輪返年數：

6585.32×3＝19755.96

此數除以回歸年日數：

19755.96÷365.2425＝54.0899813

此年數折算：

54.0899813＝54＋（365.2425×0.0899813）＝54 歲＋32.864995 日

32.864995 日即一月有餘，此謂同地見同一日食間隔是陽曆 54 年加 32 日有餘。當然，此數又須匹配 19 交點年。單以 54 年又 32 日計算，算下一週期在今番日數上追加 32.865 日。若溯算，須減此日數。例如臨洮日全食發生於 1941 年 9 月 21 日，下一週期係 1995 年 9 月 21 日後第 32.865 日，即算迄 1995 年 10 月 24 日，此番日全食輪返。所加日數是 33 日，延及下一月。檢《日食表》得此日全食（《日食典》，第 97 頁，倒數第 7 行）。今將推算表列於後邊。

表三八　A.D 1900～B.C.5835 年狄宛日全食逆輪返

輪返期	全食日	輪返期	全食日	輪返期	全食日
1	1887.8.19	2	1833.7.17	3	1779.6.14
4	1725.5.12	5	1671.4.9	6	1617.3.7
7	1563.2.2	8	1509.12.31	9	1455.11.28
10	1401.10.27	11	1347.9.24	12	1293.8.22
13	1239.7.20	14	1185.6.17	15	1131.5.15
16	1077.4.12	17	1023.3.10	18	969.2.5
19	915.1.3	20	861.12.2	21	807.10.30
22	753.9.27	23	699.8.25	24	645.7.23
25	591.6.20	26	537.5.18	27	483.4.15
28	429.3.13	29	375.2.8	30	321.1.7
31	267.12.5	32	213.11.2	33	159.9.30
34	105.8.28	35	51.7.26	36	BC3.6.23
37	57.5.21	38	111.4.18	39	165.3.16
40	219.2.12	41	273.1.10	42	327.12.8
43	381.11.5	44	435.10.3	45	489.8.31
46	543.7.29	47	597.6.26	48	651.5.24
49	705.4.21	50	759.3.20	51	813.2.15
52	867.1.13	53	921.12.11	54	975.11.8
55	1029.10.6	56	1083.9.3	57	1137.8.1
58	1191.6.29	59	1245.5.28	60	1299.4.26
61	1353.3.24	62	1407.2.19	63	1461.1.17
64	1515.12.15	65	1569.11.12	66	1623.10.10
67	1677.9.20	68	1731.8.18	69	1785.7.16
70	1839.6.14	71	1893.5.12	72	1947.4.9
73	2001.3.7	74	2055.2.2	75	2109.12.31
76	2163.11.28	77	2217.10.26	78	2271.9.23
79	2325.8.21	80	2379.7.20	81	2433.6.17
82	2487.5.15	83	2541.4.12	84	2595.3.10
85	2649.2.5	86	2703.1.3	87	2757.12.1

88	2811.10.29	89	2865.9.26	90	2919.8.25
91	2973.7.23	92	3027.6.20	93	3081.5.11
94	3135.4.8	95	3189.3.6	96	3243.2.1
97	3297.12.30	98	3351.11.27	99	3405.10.25
100	3459.9.26	101	3513.8.24	102	3567.7.22
103	3621.6.19	104	3675.5.17	105	3729.4.14
106	3783.3.12	107	3837.2.7	108	3891.1.5
109	3945.12.3	110	3999.11.1	111	4053.9.29
112	4107.8.27	113	4161.7.25	114	4215.6.22
115	4269.5.20	116	4323.4.17	117	4377.3.15
118	4431.2.10	119	4485.1.8	120	4539.12.7
121	4593.11.4	122	4647.10.2	123	4701.8.30
124	4755.7.28	125	4809.6.25	126	4863.5.23
127	4917.4.20	128	4971.3.18	129	5025.2.13
130	5079.1.12	131	5133.12.10	132	5187.11.7
133	5241.10.5	134	5295.9.2	135	5349.7.31
136	5403.6.28	137	5457.5.26	138	5511.4.23
139	5565.3.21	140	5619.2.16	141	5673.1.14
142	5727.12.12	143	5781.11.9	144	5835.10.6

如上算法出自匹配西元紀年，不合交點年，故每輪有誤差。對照《日食典》日食總表，見同輪返全食日數相差甚大，少則 40 餘日，多則 250 餘日，但小於交點年長。由此得知，此算法不能逕得全食日，須另覓算法補充差日。

（3）一期基準日全食發生於 B.C.5840 年

今從狄宛一期某全食日在秋分前兩日出發，折合西元 B.C.5835 年 10 月初，大致測算第 144 逆輪返日全食月日。在此，須照顧補日三等細節：第一，閏年計算準乎四年設閏、百年不閏、四百年閏之例。第二，回歸年須精準計算。

每 100 年欠 24 日，每 400 年又虧 1 日，故每四百年須補 25 日。須補日數關聯日全食輪返期數，即能算出 1941 年迄 B.C.5835 年寡算日數。此間積年數：

5835＋1941＝7776

別 400 年一組：

7776÷400＝19.44

寡算日數求算：

〔（24×4）＋1〕×19.44＝1885.68

折合年數：

1885.68÷365.2425＝5.16281648

此數顯示，第 144 逆輪返須補足 5.16281648 年，即此輪返日全食：

5.16281648＝5＋（0.16281648×365.2425）

增算 5 年即謂 B.C.5840 年 10 月 6 日發生日全食，但此數須增補零頭 59.467 日。自 10 月 6 日減算，得 B.C.5840 年 8 月 7 日正午 12 時許發生日全食。

3）狄宛 8200 交點年逆輪返日全食推算

（1）8200 交點年逆輪返略表

今依《四千年氣朔交食速算法》第 XVI. A. a.西元前每百年朔望積月算法，算每百交點年日全食輪返。各首行給出本欄數字含義。

此算法導出全食日約當 B.C.5840 年，9 月 29 日 13 時許，比前算逼近狄宛曆法。

表三九　民國 39 年日全食 8200 交點年逆輪返

輪返	每百交點年	交點年長	回歸年	西元全食年	日食典全食日	回歸年零頭	零頭折日數
1	100	34662	94.90141063	1846.098589	AD 1847.4.15	0.9014106	329.2332
2	200	69324	189.8028213	1751.197179	1751.5.25	0.8028213	293.2242
3	300	103986	284.7042319	1656.295768	1656.7.21	0.7042319	257.2152
4	400	138648	379.6056425	1561.394357	1562.2.3	0.6056425	221.2062
5	500	173310	474.5070531	1466.492947	1466.3.16	0.5070531	185.1972
6	600	207972	569.4084638	1371.591536	1371.4.16	0.4084638	149.1882
7	700	242634	664.3098744	1276.690126	1276.6.13	0.3098744	113.1792
8	800	277296	759.211285	1181.788715	1182.1.6	0.211285	77.1702
9	900	311958	854.1126956	1086.887304	1086.2.16	0.1126956	41.1612

10	1000	346620	949.0141063	991.9858937	992.8.30	0.0141063	5.1522
11	1100	381282	1043.915517	897.0844831	899.3.15	0.9155169	334.3854
12	1200	415944	1138.816928	802.1830725	804.4.13	0.8169275	298.3764
13	1300	450606	1233.718338	707.2816619	707.7.4	0.7183381	262.3674
14	1400	485268	1328.619749	612.3802512	612.8.2	0.6197488	226.3584
15	1500	519930	1423.521159	517.4788406	519.2.15	0.5211594	190.3494
16	1600	554592	1518.42257	422.57743	422.5.6	0.42257	154.3404
17	1700	589254	1613.323981	327.6760194	328.5.25	0.3239806	118.3314
18	1800	623916	1708.225391	232.7746087	232.7.5	0.2253913	82.3224
19	1900	658578	1803.126802	137.8731981	138.1.28	0.1268019	46.3134
20	2000	693240	1898.028213	42.97178749	42.4.8	0.0282125	10.3044
21	2100	727902	1992.929623	−51.92962314	BC 51.8.31	0.9296231	339.5376
22	2200	762564	2087.831034	−146.8310338	147.11.10	0.8310338	303.5286
23	2300	797226	2182.732444	−241.7324444	241.6.3	0.7324444	267.5196
24	2400	831888	2277.633855	−336.633855	336.7.4	0.633855	231.5106
25	2500	866550	2372.535266	−431.5352656	433.9.22	0.5352656	195.5016
26	2600	901212	2467.436676	−526.4366763	528.10.23	0.4366763	159.4926
27	2700	935874	2562.338087	−621.3380869	621.5.6	0.3380869	123.4836
28	2800	970536	2657.239498	−716.2394975	716.6.6	0.2394975	87.4746
29	2900	1005198	2752.140908	−811.1409081	811.12.30	0.1409081	51.4656
30	3000	1039860	2847.042319	−906.0423188	906.3.10	0.0423188	15.4566
31	3100	1074522	2941.943729	−1000.943729	1001.4.8	0.9437294	344.6898
32	3200	1109184	3036.84514	−1095.84514	1095.12.22	0.84514	308.6808
33	3300	1143846	3131.746551	−1190.746551	1191.12.2	0.7465506	272.6718
34	3400	1178508	3226.647961	−1285.647961	1286.2.10	0.6479613	236.6628
35	3500	1213170	3321.549372	−1380.549372	1380.8.24	0.5493719	200.6538
36	3600	1247832	3416.450783	−1475.450783	1475.9.24	0.4507825	164.6448
37	3700	1282494	3511.352193	−1570.352193	1570.4.29	0.3521931	128.6358
38	3800	1317156	3606.253604	−1665.253604	1667.1.23	0.2536038	92.6268
39	3900	1351818	3701.155014	−1760.155014	1760.7.27	0.1550144	56.6178

40	4000	1386480	3796.056425	−1855.056425	1856.9.6	0.056425	20.6088
41	4100	1421142	3890.957836	−1949.957836	1949.3.20	0.9578356	349.842
42	4200	1455804	3985.859246	−2044.859246	2044.4.20	0.8592463	313.833
43	4300	1490466	4080.760657	−2139.760657	2139.11.13	0.7606569	277.824
44	4400	1525128	4175.662068	−2234.662068	2234.1.22	0.6620675	241.815
45	4500	1559790	4270.563478	−2329.563478		0.5634782	205.806
46	4600	1594452	4365.464889	−2424.464889		0.4648888	169.797
47	4700	1629114	4460.366299	−2519.366299		0.3662994	133.788
48	4800	1663776	4555.26771	−2614.26771		0.26771	97.779
49	4900	1698438	4650.169121	−2709.169121		0.1691207	61.77
50	5000	1733100	4745.070531	−2804.070531		0.0705313	25.761
51	5100	1767762	4839.971942	−2898.971942		0.9719419	354.9942
52	5200	1802424	4934.873353	−2993.873353		0.8733525	318.9852
53	5300	1837086	5029.774763	−3088.774763		0.7747632	282.9762
54	5400	1871748	5124.676174	−3183.676174		0.6761738	246.9672
55	5500	1906410	5219.577584	−3278.577584		0.5775844	210.9582
56	5600	1941072	5314.478995	−3373.478995		0.478995	174.9492
57	5700	1975734	5409.380406	−3468.380406		0.3804057	138.9402
58	5800	2010396	5504.281816	−3563.281816		0.2818163	102.9312
59	5900	2045058	5599.183227	−3658.183227		0.1832269	66.9222
60	6000	2079720	5694.084638	−3753.084638		0.0846375	30.9132
61	6100	2114382	5788.986048	−3847.986048		0.9860482	360.1464
62	6200	2149044	5883.887459	−3942.887459		0.8874588	324.1374
63	6300	2183706	5978.788869	−4037.788869		0.7888694	288.1284
64	6400	2218368	6073.69028	−4132.69028		0.69028	252.1194
65	6500	2253030	6168.591691	−4227.591691		0.5916907	216.1104
66	6600	2287692	6263.493101	−4322.493101		0.4931013	180.1014
67	6700	2322354	6358.394512	−4417.394512		0.3945119	144.0924
68	6800	2357016	6453.295923	−4512.295923		0.2959225	108.0834
69	6900	2391678	6548.197333	−4607.197333		0.1973332	72.0744

70	7000	2426340	6643.098744	−4702.098744		0.0987438	36.0654
71	7100	2461002	6738.000154	−4797.000154		0.0001544	0.0564
72	7200	2495664	6832.901565	−4891.901565		0.901565	329.2896
73	7300	2530326	6927.802976	−4986.802976		0.8029757	293.2806
74	7400	2564988	7022.704386	−5081.704386		0.7043863	257.2716
75	7500	2599650	7117.605797	−5176.605797		0.6057969	221.2626
76	7600	2634312	7212.507208	−5271.507208		0.5072075	185.2536
77	7700	2668974	7307.408618	−5366.408618		0.4086182	149.2446
78	7800	2703636	7402.310029	−5461.310029		0.3100288	113.2356
79	7900	2738298	7497.211439	−5556.211439		0.2114394	77.2266
80	8000	2772960	7592.11285	−5651.11285		0.11285	41.2176
81	8100	2807622	7687.014261	−5746.014261		0.0142607	5.2086
82	8200	2842284	7781.915671	−5840.915671		0.9156713	334.4418

（2）與《日食典》日全食總表對照

此表基礎牢固，由於交點年係氐宿察日月地三者直連基礎。而且，以 1941 年 9 月 21 日全食爲基準，以此年數減去每百交點年折算回歸年數，得數也不誤。而每輪基數多出 9 個月又 21 日在下一輪重現。此數小於交點年日數，故無漏算。略回歸年每 54 年算法得最終年數與此算法導出年數相等。但 8200 交點年算得年數較之前者更簡易。

對照《日食典》，見 1941 年迄 B.C.2234 年全食匹配。而且，算得 1941 年日全食第 8200 逆輪返年折合 B.C.5840，此得數合乎前以每 54 年逆輪返算得狄宛一期基準日全食年。二者互相印證，得數可供參考。依 8200 交點年折算回歸年數，並計算其輪返，得知民國 39 年日全食前 7780 年發生日全食係狄宛聖賢以諸物表述之日全食。

4）狄宛一期曆算文明萌芽與發達兩段分割

（1）一期曆算文明萌芽於 B.C.5894

前算狄宛日全食逆輪返期計算導致一個關於中國文明斷代結論：B.C.5840 年 10 月 4 日係狄宛觀天象與曆算發達標誌。此番日全食去 1941 年 9 月 21 日 7781 年。此番日全食距今（1950 年）積年 7790 年，去 2016 年 7856 年。當年日全食也須發生於秋分前兩日。

　　前訓狄宛一期地穴尺寸度當曆術，以及觀星以辨赤經三百六十五日術算
係曆算文明高度發達產物，非萌芽產物。此謂萌發之發，而非萌芽。如此，
產生懸疑：狄宛曆算文明萌芽期在何時？我以爲，須照顧前訓援引石器記
錄日全食。如此，將全面辨識狄宛一期曆算文明萌芽到發達歷程。欲系統
解釋此題，須溯跡日全食逆輪返第 145 期。這樣，能見狄宛一期高度曆算文
明預備期。此期間亦係節氣認知與劃分嘗試期。日全食逆輪返前 1 期能饋給
佐證。

　　依此推算，狄宛前一期時代係前賢秋季認知積累期，也是初識日全食階
段。依前算法，逆輪返每番遞減 33 日，即係前溯相鄰日全食輪返。而且，前考
已知標本 H254：2 曆算兩輪返，須溯算 54 年。如此，算得狄宛曆算文明發達
前關鍵日全食發生於 5894 年，此年全食係狄宛曆算文明萌芽臨界年。

　　此年係中國春秋認知完成期，春、秋分節氣之別出現。此觀念係春秋播
種收穫觀念起點，耕種認知由此漸次深入。此年也是狄宛曆算文明萌芽上
限。如此查看狄宛文明，係連續視域，而非斷點考察考古文文化視域。這不
獨符合狄宛文明傳承特點，而且輔助曆紀遺物類別。此前，考古界未別石器
爲曆紀石器與非曆紀石器。前考圓石陀爲曆紀石器，而且圓石陀又係日食憑
據。此事恰係石器向瓦器變遷橋樑。如此，狄宛曆算文明從萌芽迄發達俱有
佐證。

　　此年日全食係分水嶺：自此年開始，狄宛曆算文明萌日趨成熟。18 年係
基準週期。察日全食促使他們觀星宿，最後見赤經面變動。此階段係狄宛曆
算文明產生與成長期，

　　西元前 5894 年係狄宛聖賢先輩曆算文明奠基期。此等功業係後世曆算發
達基礎。此等知識重見天日，佐證中國古史文獻湮滅甚多。後世見帝堯曆法
其實準乎赤經面變動爲曆，非陰曆。我推測它與陰曆匹配，以便計算交點年。
聖賢算陰曆日數旨在謀得計算交點年參數。此題將在未來深入考究。

　　（2）補遺：一期墓骨記合朔年暨舊測墓主卒年補正

　　前已申述狄宛一期墓骨出自聖賢骨骼。聖賢係觀天象、星象，以及爲曆
者。聖賢觀同週期日全食一輪返耗時五十四年有餘。觀測者得此數，寓意壽
數盡。而邑內掌事老祖母實施殺戮，或輔助自殺。觀星、爲曆聖賢怎樣死亡，
不是要題。關鍵話題是，他們死亡年齡涉及其觀測日全食。《發掘報告》附表
四舉狄宛一期見骨墓穴年長者骨殖大於五十歲。附表四記三穴骨屬 50 歲以上

男性。對照狄宛聖賢觀日全食爲曆，今知其死亡年齡絕非偶然。死亡年齡背後係聖賢觀同週期日全食輪返。某人察同週期日全食三次，用歲 54 年有餘，略算五十四歲。此係 M15 墓主死亡背後話題。我由此推斷，狄宛一期 M15 墓主卒年應等於 54～55 歲之間。M208 墓主卒年相同，M317 墓主卒年相同。M225 與 M228 墓主卒年應在 36 歲。附表四記成人骨殖，大抵應在 18 歲到 37 歲之間。M228 骨殖測量即其例。

此外，墓主骨殖年齡 18～37 歲含義涉及觀日全食。同期日全食每 18 年有餘返回，而兩番同週期日全食積年 36 歲以上。倘使邑內無 36 歲又 20 日犧牲，稍大者亦被選中，故其骨殖被埋。由此，得知狄宛一期墓主死亡俱涉日全食觀測，而疾病致死與傷殘死亡與此無關。

由此考證得知另一考證墓穴存骨之道：墓穴存骨涉及星象或天象觀測。這樣，墓穴考古獲得堅實基礎，不再恃粗疏推測。其結論將補足古遺址聖賢功業認知空缺，也將化爲彼時生存方式之佐證。迄今，民俗學係墓葬註解，而墓葬見物佐證日全食與星宿觀測將逼近喪葬習俗之本。文明與民俗源流關係將被澄清。文明考究領域，民俗討論將化爲次級話題，而非佐證初級話題之憑依。

三、河姆渡、裴李崗日全食志通述及逆輪返期斷代

（一）河姆渡圓瓦陀日全食曆紀

1. 河姆渡日全食志斷代基礎

1）依記日全食有無調曆類別

（1）河姆渡圓瓦陀別三等

河姆渡遺址有孔圓瓦陀出自燒製。這顯示，彼地聖賢曾將曆算先摹畫於粗坯表面。彼地圓瓦陀模樣豐富，紋樣眾多，係南方表意最複雜圓瓦陀。數年間，我多番間隔檢討自己辨識是否可靠。澄清狄宛聖賢陽曆系統後，今能安然修正原訓。訓釋其含義前，須先類別諸多圓瓦陀。在此，我捨棄器物類型說，唯準乎觀象文明察器辨用。

河姆渡有孔圓瓦陀須依調曆與否別爲三等：第一，兩面與有一平面，標本 T216（4B）：184，標本 T235（4A）：102，標本 T212（4B）：198。標本 T211（4A）：192 亦算入此等。第二，平底而隆起者，標本 T32（4）：65。第

三，上下面與有一平面，但棱邊凹陷。標本 T235（4A）：110，標本 T226（4A）：101 俱是。唯後者向內凹陷不深，凹陷邊緣不似對稱拋物線而已。

（2）圓瓦陀三等表意基礎

第一等圓瓦陀述日全食並調曆，由於上下與有一平面喻兩平。孔洞喻間隔期間氣行無阻，兩節氣關聯。兩節氣即春分與秋分。凡睹圓瓦陀面上或棱邊紋樣，俱能辨識其義。摹寫日全食後調曆已成。例證：標本 T216（4B）：184，素面。標本 T212（4B）：198，塞孔旋轉，能摹寫日全食。

第二等平底而隆起，故在平底喻某節氣為起點，某事發生於某年某季節，而此季節以隆起高度大小表述。隆起不高、不陡，即謂夏季。附加表意措施也涉關聯術算，譬如日全食致節氣延遲，一歲月數增加。例如，標本 T32（4）：65。

第三等圓瓦陀構圖難解：上下平須謂春秋分已平，但平置瓦陀，即見左右凹陷。其含義甚難把握。發掘者見此狀似滑輪，故以「滑輪」述其狀。但此命名非是，他們不知此物兩側狀摹春秋分時日照狀況，其標誌係赤經面與黃道面在春秋分日交合。將兩側模樣對偶，即見橢圓軌道面。側面凹陷較深，謂秋分，凹陷淺而且對稱，此謂春分。例如，標本 T235（4A）：110。河姆渡前賢與狄宛聖賢辨識天象能力相當，唯彼地曆算文明發達稍遲。首卷述圓底器起源已述中國南北聖賢先輩察知星體運行，匯集深入考究星宿與赤經變動基礎。當年發掘者以為，此類物件器形「粗糙」、「不規整」〔註 20〕不夠妥當。

2）圓瓦陀日全食志例釋

（1）標本 T235（4A）：102 記河姆渡黃道 180 當兩關聯節氣日數

河姆渡一期早期也曾發生了日全食，當地留存的多樣線陀是日全食志。今嘗試為其建類。河姆渡前賢不用槽線表達歲月數，也不用線紋交叉表達日數。他們有自己的曆日法，此曆日法與日全食緊密結合。河姆渡前賢曾為日全食志大略別 2 等：摹寫日全食，摹寫並行曆算。

摹寫並曆日術算例：標本 T235（4A）：102。一面飾一圈十五個三角形花紋，中央有 2 周圓圈線紋和三線組成的「十」字紋圖形，邊緣有斜線紋組成

〔註20〕浙江省文物考古研究所：《河姆渡——新石器時代遺址考古發掘報告》，文物出版社，2003 年，第 64～66 頁。

的圖樣。圖三九，3。

「十」於星宿謂斗柄南北指 1 番，圓圈合 360 度。所謂三角形花紋其實喻六，十五個六得數爲 90。此數須乘以二，由於此紋正反各一相配，90 乘以二，得數一百八十。此數用於兩面平而且有孔圓瓦陀，此謂得春秋分節氣。由此，可以推斷河姆渡前賢用數同狄宛聖賢。彼地也存在尺寸度當算法，此算法基準係 180 日當璇璣歲半歲，此數爲調曆平二分基礎。

（2）標本 T32（4）：65 記日全食發生時間

標本 T32（4）：65，鼓起一面邊緣及周邊飾圓窩紋 13 個，見平一面飾弧線組成的三分式圖樣。無論圓窩，還是弧線都有占數義。13 圓窩喻設閏月，由此得知，河姆渡一期某年曾見日全食，此致聖賢調曆，置閏一個月，得年 13 個月。此閏月置於年初、年中、還是年末，不得知。全食發生於幾月，無參數驗證，但有此物隆起截球狀爲證。但此物一面隆起，此狀述當年日全食發生於熱季：故在平底去隆起高點垂直距離甚小，此喻天低，天低即謂熱季。此理前已申述。另外，《河姆渡》述其平底有「三分式圖案」。細察此圖樣，見圓面內有三處不連三個扇面，每扇面有三層，總計九層。每扇面都異於其他兩扇面。倘使將兩處較大扇面扣合，見兩圖內層半小圈兩端點能夠匹配。如此，即得三個圓圈，大圓圈含小圓圈。小圓圈喻日圓，中圓圈述有中氣，大圓圈述日近。日近即謂夏季，夏至日最近。剩餘較小三層扇面唯述半月狀，三層半月當四十五日。此謂河姆渡某年大事發生於某日後第 45 日。此日係何日，須考究。

倘使加齊三組三紋，得九紋。以半圓喻半月，半月當一節氣，喻十五日，得數：

$$15×9＝135$$

此大抵謂日全食發生於當年第 9 節氣。推測第 9 節氣指大暑，第一節氣即春分。基於此，我判斷河姆渡聖賢以春分爲歲首。

（3）標本 T226（4A）：101 記置閏調曆平二分

《河姆渡》（上冊）圖四〇第 7 記標本 T226（4A）：101 模樣。發掘者以「輪軸」稱呼此物，述其「下部飾一週方格紋，齒狀輪邊。」輪軸說係無稽之言。方格紋謂圓週滿數斷割，不割此數不得爲滿。其數涉及滿與分術算。

此物外貌頗似標本 T235（4A）：110。唯兩側凹陷不對稱。如前述，標本

T235（4A）：110 述河姆渡聖賢已平春秋分。對照此二物，即知曾有一年，春秋分不平。聯繫前訓標本 T32（4）：65 述日全食發生時間，今知標本 T235（4A）：110 述日全食後平二分嘗試。

目測此物圖樣上層方格二十五，此數係聖賢深思熟慮後喻述曆紀，故是定數。二十五謂滿數別二十五，此滿數喻兩歲。二十五即兩歲滿二十五月。此月數多於朔望月一個月，歲見 13 個月。由此推知，當年聖賢曾置閏一個月，如狄宛聖賢。下層見方格約三十六。此數當月數，折合三年。推測此數喻三年節氣不誤。三年節氣不誤須算回歸年。基於當時聖賢觀測日全食，我推斷他們知曉回顧年。他們如何算得此數，我暫無佐證，也不欲考證。總之，河姆渡一期聖賢已知日全食，能調曆。

2. 河姆渡日全食志斷代

1）2009 年 7 月 22 日長江流域日全食為基準

（1）2009 年日全食為河姆渡一期斷代參照

2009 年 7 月 22 日，長江流域發生日全食，值己丑年六月初一，大暑前一日。最佳觀測點是浙江舟山一線，河姆渡在其範圍內。浙江上虞曾有人拍照，獲得食甚鑽石環。如何依此番日全食給河姆渡一期曆算文明斷代，是艱難話題。前考 1941 年 9 月 21 日日全食逆輪返計算堪為狄宛曆算文明萌芽與發達斷代依據。此處，仍依此術算給河姆渡文明斷代。

依《河姆渡》第七章第三節（文化分期與年代），^{14}C 測定河姆渡一期（第四地層）距今 7000～6500 年。

其上限約合 BC 年數：

7000－1950＝5050 年

此數折合日全食逆輪返：

5050÷54＝93.5185185

此數謂 2009 年 7 月 22 日全食在河姆渡須見 93.5 逆輪返。另需增算 2009 年迄 B.C.1 年日全食逆輪返：

2009÷54＝37.2037037

此日全食自 2009 年 7 月 22 日起逆輪返數：

7059÷54＝130.722222

此期間係日全食輪返時段，2009 年日全食逆輪返河姆渡 130 輪。

（2）西元溯推河姆渡日全食130逆輪返

依前算狄宛日全食逆輪返算法，今概算河姆渡日全食逆輪返，得數將依前算調整。

表四〇 2009年日全食河姆渡逆輪返

輪返期	全食日	輪返期	全食日	輪返期	全食日
0	2009.7.22	1	1955.6.19	2	1901.5.17
3	1847.4.14	4	1793.3.12	5	1739.2.7
6	1685.1.5	7	1631.12.3	8	1577.10.31
9	1523.9.28	10	1469.8.27	11	1415.7.25
12	1361.6.22	13	1307.5.20	14	1253.4.17
15	1199.3.15	16	1145.2.10	17	1091.1.8
18	1037.12.6	19	983.11.3	20	929.10.2
21	875.8.30	22	821.7.28	23	767.6.25
24	713.5.23	25	659.4.20	26	605.3.18
27	551.2.13	28	497.1.11	29	443.12.9
30	389.11.7	31	335.10.5	32	281.9.2
33	227.7.31	34	173.6.28	35	119.5.26
36	65.4.23	37	11.3.21	38	BC 65.2.16
39	119.1.14	40	173.12.13	41	227.11.10
42	281.10.8	43	335.9.5	44	389.8.3
45	443.7.1	46	497.5.29	47	551.4.26
48	605.3.24	49	659.2.19	50	713.1.18
51	767.12.16	52	821.11.13	53	875.10.11
54	929.9.8	55	983.8.6	56	1037.7.4
57	1091.6.1	58	1145.4.29	59	1199.3.27
60	1253.2.23	61	1307.1.21	62	1361.12.19
63	1415.11.6	64	1469.10.4	65	1523.9.1
66	1577.7.30	67	1631.6.27	68	1685.5.25
69	1739.4.22	70	1793.3.21	71	1847.2.16
72	1901.1.14	73	1955.12.12	74	2009.11.9
75	2063.10.7	76	2117.9.4	77	2171.8.2

78	2225.6.30	79	2279.5.28	80	2333.4.26
81	2387.3.24	82	2441.2.19	83	2495.1.17
84	2549.12.15	85	2603.11.12	86	2657.10.10
87	2711.9.7	88	2765.8.5	89	2819.7.3
90	2873.6.1	91	2927.4.29	92	2981.3.27
93	3035.2.22	94	3089.1.20	95	3143.12.18
96	3197.11.15	97	3251.10.13	98	3305.9.10
99	3359.8.8	100	3413.7.10	101	3467.6.7
102	3521.5.5	103	3575.4.2	104	3629.2.28
105	3683.1.26	106	3737.12.24	107	3791.11.21
108	3845.10.19	109	3899.9.16	110	3953.8.15
111	4007.7.13	112	4061.6.10	113	4115.5.8
114	4169.4.5	115	4223.3.3	116	4277.1.29
117	4331.12.27	118	4385.11.24	119	4439.10.22
120	4493.9.20	121	4547.8.18	122	4601.7.16
123	4655.6.13	124	4709.5.11	125	4763.4.8
126	4817.3.6	127	4871.2.1	128	4925.12.30
129	4979.11.27	130	5033.10.26		

2）河姆渡 2009 年日全食 7425 交點年逆輪返及一期斷代

（1）河姆渡一期日全食發生於 B.C.5037 年

照顧閏年算法，每 100 年欠 24 日，每 400 年又增虧 1 日，故每四百年須補 25 日。須補日數關聯日全食輪返期數，即能算出 7059 年寡算日數，此數每 400 年爲一組：

7059÷400＝17.6475

寡算日數求算：

〔（24×4）＋1〕×17.6475＝1711.8075

折合年數：

1711.8075÷365.2425＝4.68676975

此數顯示，第 130 逆輪返須補足 4.68477792 年，即此輪返日全食：

4.68676975＝4＋（0.68676975×365.2425）

零頭折日數：

0.68676975×365.2425＝250.8375

小數折合 20 小時。排序始於 B.C.5037 年 10 月 26 日，終於 1 月 27 日。最終得河姆渡一期基準日全食發生於 B.C.5037 年 1 月 27 日。

（2）2009 年日全食 7425 交點年逆輪返

表四一　2009 年日全食 7425 交點年逆輪返

輪返	每百交點年	交點年長	回歸年	西元全食年	日食典全食日	回歸年零頭	零頭折日數
1	100	34662	94.90141063	1914.098589	AD 1914.8.21	0.9014106	329.2332
2	200	69324	189.8028213	1819.197179	1820.3.14	0.8028213	293.2242
3	300	103986	284.7042319	1724.295768	1724.5.22	0.7042319	257.2152
4	400	138648	379.6056425	1629.394357	1629.6.21	0.6056425	221.2062
5	500	173310	474.5070531	1534.492947	1535.1.3	0.5070531	185.1972
6	600	207972	569.4084638	1439.591536	1440.2.3	0.4084638	149.1882
7	700	242634	664.3098744	1344.690126	1344.4.13	0.3098744	113.1792
8	800	277296	759.211285	1249.788715	1249.5.14	0.211285	77.1702
9	900	311958	854.1126956	1154.887304	1154.12.6	0.1126956	41.1612
10	1000	346620	949.0141063	1059.985894	1059.2.15	0.0141063	5.1522
11	1100	381282	1043.915517	965.0844831	965.8.29	0.9155169	334.3854
12	1200	415944	1138.816928	870.1830725	870.9.28	0.8169275	298.3764
13	1300	450606	1233.718338	775.2816619	776.4.22	0.7183381	262.3674
14	1400	485268	1328.619749	680.3802512	681.5.23	0.6197488	226.3584
15	1500	519930	1423.521159	585.4788406	585.8.1	0.5211594	190.3494
16	1600	554592	1518.42257	490.57743	490.8.31	0.42257	154.3404
17	1700	589254	1613.323981	395.6760194	395.4.6	0.3239806	118.3314
18	1800	623916	1708.225391	300.7746087	301.4.25	0.2253913	82.3224
19	1900	658578	1803.126802	205.8731981	205.7.4	0.1268019	46.3134
20	2000	693240	1898.028213	110.9717875	111.1.27	0.0282125	10.3044
21	2100	727902	1992.929623	16.07037686	16.2.26	0.9296231	339.5376
22	2200	762564	2087.831034	−78.83103376	BC 78.8.30	0.8310338	303.5286
23	2300	797226	2182.732444	−173.7324444	174.10.10	0.7324444	267.5196

24	2400	831888	2277.633855	−268.633855	268.5.4	0.633855	231.5106
25	2500	866550	2372.535266	−363.5352656	364.7.13	0.5352656	195.5016
26	2600	901212	2467.436676	−458.4366763	459.8.12	0.4366763	159.4926
27	2700	935874	2562.338087	−553.3380869	553.3.6	0.3380869	123.4836
28	2800	970536	2657.239498	−648.2394975	648.4.6	0.2394975	87.4746
29	2900	1005198	2752.140908	−743.1409081	744.6.15	0.1409081	51.4656
30	3000	1039860	2847.042319	−838.0423188	838.12.28	0.0423188	15.4566
31	3100	1074522	2941.943729	−932.9437294	932.1.27	0.9437294	344.6898
32	3200	1109184	3036.84514	−1027.84514	1027.8.21	0.84514	308.6808
33	3300	1143846	3131.746551	−1122.746551	1122.9.21	0.7465506	272.6718
34	3400	1178508	3226.647961	−1217.647961	1218.11.30	0.6479613	236.6628
35	3500	1213170	3321.549372	−1312.549372	1312.6.24	0.5493719	200.6538
36	3600	1247832	3416.450783	−1407.450783	1407.7.24	0.4507825	164.6448
37	3700	1282494	3511.352193	−1502.352193	1503.10.3	0.3521931	128.6358
38	3800	1317156	3606.253604	−1597.253604	1599.11.13	0.2536038	92.6268
39	3900	1351818	3701.155014	−1692.155014	1692.5.27	0.1550144	56.6178
40	4000	1386480	3796.056425	−1787.056425	1787.6.26	0.056425	20.6088
41	4100	1421142	3890.957836	−1881.957836	1881.1.19	0.9578356	349.842
42	4200	1455804	3985.859246	−1976.859246	1977.3.29	0.8592463	313.833
43	4300	1490466	4080.760657	−2071.760657	2071.4.19	0.7606569	277.824
44	4400	1525128	4175.662068	−2166.662068	2166.11.11	0.6620675	241.815
45	4500	1559790	4270.563478	−2261.563478	2261.12.11	0.5634782	205.806
46	4600	1594452	4365.464889	−2356.464889		0.4648888	169.797
47	4700	1629114	4460.366299	−2451.366299		0.3662994	133.788
48	4800	1663776	4555.26771	−2546.26771		0.26771	97.779
49	4900	1698438	4650.169121	−2641.169121		0.1691207	61.77
50	5000	1733100	4745.070531	−2736.070531		0.0705313	25.761
51	5100	1767762	4839.971942	−2830.971942		0.9719419	354.9942
52	5200	1802424	4934.873353	−2925.873353		0.8733525	318.9852
53	5300	1837086	5029.774763	−3020.774763		0.7747632	282.9762

54	5400	1871748	5124.676174	−3115.676174		0.6761738	246.9672
55	5500	1906410	5219.577584	−3210.577584		0.5775844	210.9582
56	5600	1941072	5314.478995	−3305.478995		0.478995	174.9492
57	5700	1975734	5409.380406	−3400.380406		0.3804057	138.9402
58	5800	2010396	5504.281816	−3495.281816		0.2818163	102.9312
59	5900	2045058	5599.183227	−3590.183227		0.1832269	66.9222
60	6000	2079720	5694.084638	−3685.084638		0.0846375	30.9132
61	6100	2114382	5788.986048	−3779.986048		0.9860482	360.1464
62	6200	2149044	5883.887459	−3874.887459		0.8874588	324.1374
63	6300	2183706	5978.788869	−3969.788869		0.7888694	288.1284
64	6400	2218368	6073.69028	−4064.69028		0.69028	252.1194
65	6500	2253030	6168.591691	−4159.591691		0.5916907	216.1104
66	6600	2287692	6263.493101	−4254.493101		0.4931013	180.1014
67	6700	2322354	6358.394512	−4349.394512		0.3945119	144.0924
68	6800	2357016	6453.295923	−4444.295923		0.2959225	108.0834
69	6900	2391678	6548.197333	−4539.197333		0.1973332	72.0744
70	7000	2426340	6643.098744	−4634.098744		0.0987438	36.0654
71	7100	2461002	6738.000154	−4729.000154		0.0001544	0.0564
72	7200	2495664	6832.901565	−4823.901565		0.901565	329.2896
73	7300	2530326	6927.802976	−4918.802976		0.8029757	293.2806
74	7400	2564988	7022.704386	−5013.704386		0.7043863	257.2716
75	7425	2573654	7046.429739	−5037.429739		0.429739	156.9588

依上表，零頭需折算：

156.9588＝156＋（0.9588×24）

以 7 月 22 日爲對照數，排得此番全食日是 B.C.5037 年 2 月 15 日。即使依 7500 交點年這一整數測算，零頭日數致全食日須在當年 12 月。

（3）河姆渡日食曆算文明萌芽於 B.C.5091

河姆渡一期基準日全食日數是 B.C.5037 年 10 月 26 日，此數字寡於 [14]C 測定河姆渡文明上限 B.C.5050 年 13 年。如何解釋此差數，是一個問題。我以

爲,此差數出自檢測者選檢材係河姆渡一期前某物。

解釋此誤差安穩途徑是,照顧河姆渡文明基準日全食與此日全食前一逆輪返。而且,依前考狄宛曆算文明萌芽期算法,河姆渡文明之曆算文明萌芽期也應溯算一輪。如此,即得接近精準斷代參數。

溯算此番日全食一輪返,得 B.C.5091 年 9 月 23 日。照顧百年內每四年有閏年,每 54 年見 13.5 日誤差,此日數須增補於前算日數,補後即 B.C.5091 年 10 月 23 日。大約在此日,河姆渡聖賢先輩目睹日全食,此年須是他們給曆算文明奠基年。

(二)裴李崗通行狄宛尺寸度當暨圓頭石盤日全食曆紀

1. 裴李崗通行狄宛尺寸度當曆紀

1)裴李崗曆紀瓦器通述

(1)三足器等曆紀瓦器

《1979 年裴李崗遺址發掘報告》(《考古學報》1984 年第 1 期)述此遺址出土物頗豐,細察其類,不異於狄宛物件,唯表達爲曆之器稍別。言其類同,故在此地也見三足器。三足器係補日器,即陰曆向陽曆轉變須補日須檢數字,此物爲證。陰曆補日以爲璇璣歲,再補三日,後平二分,即得陽曆歲365 日。

我講此地聖賢表達爲曆之器稍別,其證係標本 M38:5,圖一〇第 1 器,此物類似狄宛曆紀瓦片乃至瓦器。但裴李崗當地聖賢似乎更喜好琢磨石器,這大抵出自久守之欲,記數石器更耐磨。此物係長方體,一面有六個圓窩,每個圓窩都能表述月數。另一面有兩個圓窩。無論六個圓窩還是兩個圓窩,都處於長方體一面中部。六個圓窩非排列於直線上,而見高低錯落。截面圖見圓窩爲凹痕,每個凹痕輪廓頗似縮微半月狀。對面兩個圓窩一線排列,距離不遠,其一似乎被特別標誌。我以爲,此物係曆紀器,六個圓窩述某年第六個月,發生某大事。背面兩個圓窩述調曆。將二數相加,得八。此數恰係狄宛 H3115:10 陰曆補八日之旁證。依此得知,裴李崗聖賢也通行陰曆補八日。但墓穴尺寸度當指向裴李崗前賢不貴二分,而貴二至。而且,紫微垣與當年某日全食關聯。

(2)地穴與墓穴俱係爲曆佐證

此遺址發掘時所見地穴模樣不如狄宛地穴模樣多,有三等:圓口、橢圓

口、圓角長方形。地穴破壞嚴重。個別地穴殘深僅有 0.1 米。但也有較完整者，譬如 H18、口徑 0.95～1.1 米，深 0.35 米。出土三足缽，雙耳壺、夾砂鼓腹罐殘片等。其方向不清。

以上諸物都見於狄宛，而夾砂器用於述某種天象。缽能述半天球。基於此二者，今能判定，爲曆大事不限於狄宛，也在其他地域通行。兩地聖賢有無相與知識基礎，我僅能憑新仙女木事件後聖賢遷徙，認知天球，彼時或許埋下曆算文明萌芽之種。無論怎樣解釋裴李崗文明，其根本仍係曆算文明，而且其系統性顯弱於狄宛。此地未見觀象臺。

M95 墓主頭在南，面朝東。股骨殘跡在北。此墓穴南寬而北窄。與狄宛 M15 有相類處，述聖賢察中官星宿。石盤以子午線縱向豎立，此謂準乎北天極察星象。頭頂有三足壺，缽口向東。喻謀算春季。磨棒傾斜，與子午線交角在第四象限，約 23～25° 之間。此處係目視夏至日落之所，也是察北宿辨星宿之所，即觀測赤經面之所。磨棒緊鄰鼓腹罐，依前訓鼓腹罐寓意春秋分謀算。諸物指向一事：此墓墓主生前曾觀星象，嘗試爲曆有成。

此外，圓頭石盤一頭大、一頭小，狀似紫微垣。前訓狄宛、西山坪、原子頭、白家村地穴俱見此狀，絕不稀罕。

今依前訓狄宛地穴尺寸度當之道訓釋此墓，並對照地穴 H18 尺寸度當，揭示狄宛聖賢尺寸度當曆算通行於遠古中原。

2）H18 與 M95 尺寸度當正二至調曆初窺

（1）H18 尺寸度當曆紀及日全食發生於熱月佐證

察裴李崗墓穴南北走向，故須調整狄宛地穴尺寸度當算法。彼處準乎春秋分，此處準乎冬至、夏至調曆。今依訓得狄宛曆法推算裴李崗曆法大要。

短徑尺寸度當：

$0.95 \div 0.33 = 2.87$

$2.87 \div 3 = 8.58$

此謂某年夏至爲 5 月 8 日。

長徑尺寸度當：

$1.1 \div 0.33 = 3.33$

$3.3 \times 3 = 9.99$

折算 10 日，此數喻次年調曆冬至日在 11 日 10 日。

穴深尺寸度當：

$$0.35 \div 0.33 = 1.06$$

$$1.06 \times 3 = 3.18$$

$$3.18 \times 30 = 95.4$$

$$180 - 95.4 = 84.6$$

此謂當年節氣虧 84 日。依日全食致節氣延遲一月推算，這八十四日可別一組：

$$84 = 30 + (5 \times 10) + 4$$

4 日節氣虧折算 4.8 個月，0.8 個月折算 24 日。

表四二　裴李崗 H18 曆譜

4.8 月	第五年	第四年	第三年	第二年	頭　年
5 月 10 日	5 月 9 日	5 月 7 日	5 月 5 日	5 月 3 日	5 月 1 日
6 月 10 日	6 月 9 日	6 月 7 日	6 月 5 日	6 月 3 日	6 月 1 日
7 月 10 日	7 月 9 日	7 月 7 日	7 月 5 日	7 月 3 日	7 月 1 日
8 月 10 日	8 月 9 日	8 月 7 日	8 月 5 日	8 月 3 日	8 月 1 日
9 月 3 日	9 月 9 日	9 月 7 日	9 月 5 日	9 月 3 日	9 月 1 日
日全食 增 30 日	10 月 9 日	10 月 7 日	10 月 5 日	10 月 3 日	10 月 1 日
	11 月 10 日	11 月 8 日	11 月 6 日	11 月 4 日	11 月 2 日
	12 月 10 日	12 月 8 日	12 月 6 日	12 月 4 日	12 月 2 日
	1 月 10 日	1 月 8 日	1 月 6 日	1 月 4 日	1 月 2 日
	2 月 10 日	2 月 8 日	2 月 6 日	2 月 4 日	2 月 2 日
	3 月 10 日	3 月 8 日	3 月 6 日	3 月 4 日	3 月 2 日
	4 月 10 日	4 月 8 日	4 月 6 日	4 月 4 日	4 月 2 日
	補十日正二至	補十日正二至	補十日正二至	補十日正二至	補十日正二至

此曆譜告喻，裴李崗前賢算今歲多至日起於前歲多至日。當年日全食發生於熱月。當時，他們在日全食後補三十日，但不平二分、正二至。

（2）M95 尺寸度當曆紀與曆譜

訓釋裴李崗墓穴尺寸度當須照顧當地墓穴南北走向。墓內石盤南北走向，故須準乎多夏至求算，以爲調曆基礎。

穴寬尺寸度當：

$$1.1 \div 0.33 = 3.33$$
$$3.33 \times 3 = 10$$

穴長尺寸度當：

$$2.2 \div 0.33 = 0.6666$$
$$0.66 \times 3 = 20$$

穴深尺寸度當：

$$0.45 \div 0.33 = 1.36$$
$$1.36 \times 3 = 4.08$$
$$4.08 \times 30 = 122$$
$$180 - 122 = 58$$

此證 M95 墓主曾測得某年冬至時節氣虧 58 日。補足之法：

$$58 = （10 \times 5）+ 8$$

8 日未滿一年，折算 9.6 個月。此曆譜不涉日全食。

表四三　裴李崗 M95 曆譜

9.6 月	第五年	第四年	第三年	第二年	頭　年
5 月 20 日	5 月 19 日	5 月 17 日	5 月 15 日	5 月 13 日	5 月 11 日
6 月 20 日	6 月 19 日	6 月 17 日	6 月 15 日	6 月 13 日	6 月 11 日
7 月 20 日	7 月 19 日	7 月 17 日	7 月 15 日	7 月 13 日	7 月 11 日
8 月 20 日	8 月 19 日	8 月 17 日	8 月 15 日	8 月 13 日	8 月 11 日
9 月 20 日	9 月 19 日	9 月 17 日	9 月 15 日	9 月 13 日	9 月 11 日
10 月 20 日	10 月 19 日	10 月 17 日	10 月 15 日	10 月 13 日	10 月 11 日
11 月 20	11 月 20 日	11 月 18 日	11 月 16 日	11 月 14 日	11 月 12 日
12 月 20	12 月 20 日	12 月 18 日	12 月 16 日	12 月 14 日	12 月 12 日
1 月 7	1 月 20 日	1 月 18 日	1 月 16 日	1 月 14 日	1 月 12 日
	2 月 20 日	2 月 18 日	2 月 16 日	2 月 14 日	2 月 12 日
	3 月 20 日	3 月 18 日	3 月 16 日	3 月 14 日	3 月 12 日
	4 月 20 日	4 月 18 日	4 月 16 日	4 月 14 日	4 月 12 日
	補十日正二至	補十日正二至	補十日正二至	補十日正二至	補十日正二至

此曆譜告喻，前賢曾基於往年冬至日數計算曆法。

2. 石盤配石棒係日全食曆紀

1）圓頭石盤石棒功能不以研磨窮盡

（1）裴李崗寡圓瓦陀與多圓頭石盤之曆紀關聯

裴李崗遺址出土物斷無系統圓瓦陀，此題迄今未被考古界正視。無論發掘者還是研究者都未曾照顧當地物件兩極對立：寡見圓瓦陀，多見四足石盤，而且石盤係兩頭圓。倘使推斷當地前賢不能造曆紀圓瓦陀，此係誣妄。在此地，源頭石盤功用等同狄宛、河姆渡圓瓦陀。

前述裴李崗遺址出土粗糙有孔圓瓦陀，此物總計一種、二件，俱由瓦片改造，譬如標本 T310 ②：4。此物有孔。此外，此地也見無孔厚瓦陀，係泥質灰陶，標本 T310 ②：9，器身較厚，一面齊平，一面下凹成圓窩。標本 T111 ②：4，圓形，一面齊平，一面內凹。標本 T111 ②：5，略呈圓角方形，一面齊平，一面周沿高起，中間有一道橫脊。諸物證實，裴李崗聖賢也曾嘗試以瓦陀記述爲曆，但不夠系統。與此對立，彼地見眾多兩頭圓石盤，匹配石棒。由此對立，我推斷裴李崗聖賢將目光從圓瓦陀轉向圓頭石盤。

但是，在目光轉向圓頭石盤前，前賢已有天象認知，知曉曆法。其例證是，標本 T111 ②：5 略呈圓角方形，其一面齊平，一面周沿高起，中間有一道所謂「橫脊」。橫脊之名有無方向之別，此係根本問題。檢 M61、M38，見磨盤大致南北向放置。石棒匹配，南北擺放。由此，我得知當時聖賢必將有脊圓瓦陀橫脊南北擺放。圓頭石盤能狀摹紫微垣，石棒狀摹斗柄，二者匹配。這樣，紫微垣大頭小頭之別與斗柄指匹配。

（2）石盤石棒功在記錄日帶食而落

不少人以爲，此物係磨盤，係加工糧食顆粒之器，猶如石磨盤一般。其實，此說不夠公允。若欲爲研磨器，不須在兩頭琢圓。此物要義在於記述日全食帶食而落。裴李崗未見多樣而有繩紋圓瓦陀，故在圓頭石盤與石棒替代圓瓦陀及其面上繩紋等。其表意系統仍存在。

彼時聖賢造圓頭石盤有其故：此物狀摹當年曾見日食。此番觀測更新其日食認知，他們獲得關於曆算全新認知。故此，他們著力造圓頭石盤，並匹配石棒。

裴李崗遺址一期曾發生日食，此番日食是偏食，非全食。聖賢未見全食，故造述偏食之其，此器即石盤。證實當年見日食非全食之物係標本 T310 ②：4。此物非圓物，而且棱邊無全食時月殘日弧狀。另外，紋樣雜亂，不能

以計算澄清其含義。此物樣貌透露一個信息：那裡發生日食不是日全食。那裡發現圓瓦陀係泥質灰陶，灰色近黑，含義與晦、夜相當。此又旁證當年見食發生於傍晚，而非晨、午。日偏食帶食而落能見此狀。石盤俱以砂岩製造，故在造砂岩能反光，能喻帶食而落時日仍放光。

此物下見四足，四足者，氐宿也。在圓盤底畫四底釘三條連線，即見氐宿模樣。由此，我推斷，裴李崗聖賢也曾觀氐宿而察日月行道。倘使無此四底釘，我將判定此物唯述紫微垣仲冬與仲夏模樣。

2008 年 8 月 1 日值戊子年七月朔日，在大暑後 10 日，此日傍晚見全食模樣即其證。此日，新疆伊吾 19：03 見全食。傍晚，鄭州曾有人拍攝日闕圖片。殘日距地平線很近，係帶食而落。無食甚模樣。彼時，見月入日小半，而殘日較大，兩者對比見兩側明暗兩扇面小大不一。

小頭為月，大頭為日。將大頭與小頭距離視為變量，演示此番日全食，造器告喻，此物即石盤。而裴李崗在新鄭西北，當地前賢在彼時能見此番日食。M67 見前賢骨殖仰身直肢，頭南足北。這出自刻意擺放墓主骨殖，以喻墓主生前知此事涉東北天觀星。農曆七月初，太陽在西偏北落。此物在墓穴內南北擺放，已喻當時節氣燥熱。

2）裴李崗文明日食斷代

（1）溯推裴李崗日全食 139 逆輪返

發掘者未嘗測算石盤寬數，尺寸度當參數不全，不足以換算各參數月日度當，故依前兩例逕算帶食而落逆輪返，以便給裴李崗文明斷代。基於《1979 年裴李崗遺址發掘報告》述遺址一期距今上限 7445 折算，西元前上限合 B.C.5494 年，加 2008 年，得 7502 年，向上順延 1 年，此係計算帶食而落偏食逆輪返基礎。

$$7503 \div 54 = 138.944444$$

今準乎 139 逆輪返，溯算裴李崗日全食年月日。

表四四　2008 年裴李崗日全食逆輪返

輪返期	全食日	輪返期	全食日	輪返期	全食日
0	2008.8.1	1	1954.6.29	2	1900.5.27
3	1846.4.24	4	1792.3.22	5	1738.2.17
6	1684.1.15	7	1630.12.13	8	1576.11.10

9	1522.10.18	10	1468.9.16	11	1414.8.14
12	1360.7.12	13	1306.6.9	14	1252.5.7
15	1198.4.4	16	1144.3.2	17	1090.3.30
18	1036.2.25	19	982.1.23	20	928.12.22
21	874.11.19	22	820.10.17	23	766.9.14
24	712.8.14	25	658.7.12	26	604.6.9
27	550.5.7	28	496.4.4	29	442.3.2
30	388.1.29	31	334.12.27	32	280.11.24
33	226.10.22	34	172.9.19	35	118.8.17
36	64.7.15	37	10.6.12	38	BC 64.5.10
39	118.4.7	40	172.3.6	41	226.2.1
42	280.12.30	43	334.11.27	44	388.10.25
45	442.9.22	46	496.8.20	47	550.7.18
48	604.6.15	49	658.5.13	50	712.4.11
51	766.3.9	52	820.2.4	53	874.1.2
54	928.11.30	55	982.10.28	56	1036.9.25
57	1090.8.23	58	1144.7.21	59	1198.6.18
60	1252.5.17	61	1306.4.14	62	1360.3.12
63	1414.2.7	64	1468.1.5	65	1522.12.3
66	1576.10.31	67	1630.9.28	68	1684.8.26
69	1738.7.24	70	1792.6.22	71	1846.5.20
72	1900.4.17	73	1954.3.15	74	2008.2.10
75	2062.1.8	76	2116.12.6	77	2170.11.23
78	2224.10.21	79	2278.9.18	80	2332.8.17
81	2386.7.15	82	2440.6.12	83	2494.5.10
84	2548.4.7	85	2602.3.5	86	2656.1.31
87	2710.12.29	88	2764.11.26	89	2818.10.24
90	2872.9.22	91	2926.8.20	92	2980.7.18
93	3034.6.15	94	3088.5.13	95	3142.4.10
96	3196.3.8	97	3250.2.3	98	3304.1.1
99	3358.11.29	100	3412.10.31	101	3466.9.28

102	3520.8.26	103	3574.7.5	104	3628.6.2
105	3682.4.30	106	3736.3.28	107	3790.2.23
108	3844.1.21	109	3898.12.19	110	3952.11.17
111	4006.10.15	112	4060.9.12	113	4114.8.10
114	4168.7.18	115	4222.6.5	116	4276.5.3
117	4330.3.31	118	4384.2.26	119	4438.1.24
120	4492.12.23	121	4546.11.20	122	4600.10.18
123	4654.9.15	124	4708.8.13	125	4762.7.11
126	4816.6.8	127	4870.5.26	128	4924.4.23
129	4978.3.21	130	5032.2.17	131	5086.1.15
132	5140.12.13	133	5194.11.10	134	5248.10.8
135	5302.9.5	136	5356.8.3	137	5410.7.11
138	5464.6.8	139	5518.5.6		

（2）裴李崗一期日全食發生於 B.C.5522 年

照顧閏年算法，每 100 年欠 24 日，每 400 年又增虧 1 日，故每四百年須補 25 日。須補日數關聯日全食輪返期數，即能算出 7503 年寡算日數，此數每 400 年爲一組：

$$7503 \div 400 = 18.7575$$

寡算日數求算：

$$[(24 \times 4) + 1] \times 18.7575 = 1819.4775$$

折合年數：

$$1819.4775 \div 365.2425 = 4.9815602$$

此數顯示，第 139 逆輪返須補足 4.9815602 年，即此輪返日全食：

$$4.9815602 = 4 + (0.9815602 \times 365.2425)$$

增算 4 年於 B.C.5518，得全食日 B.C.5522.5.6，此數須增補零頭：

$$(0.9815602 \times 365.2425) = 358.507$$

零頭合 12.16 小時。

自 B.C.5522 年 5 月 6 日序溯算日數，算得 B.C.5523 年 5 月 12 日午時許發生日全食。

（3）裴李崗 2008 年日全食 7935 交點年逆輪返

表四五　裴李崗日全食 7935 交點年逆輪返

輪返	每百 交點年	交點 年長	回歸年	西元全食年	日食典 全食日	回歸 年零頭	零頭 折日數
1	100	34662	94.90141063	1913.098589	1914.8.21	0.901410626	329.2332
2	200	69324	189.8028213	1818.197179	1818.10.29	0.802821251	293.2242
3	300	103986	284.7042319	1723.295768	1723.6.3	0.704231877	257.2152
4	400	138648	379.6056425	1628.394357	1628.7.1	0.605642502	221.2062
5	500	173310	474.5070531	1533.492947	1533.8.20	0.507053128	185.1972
6	600	207972	569.4084638	1438.591536	1437.9.30	0.408463754	149.1882
7	700	242634	664.3098744	1343.690126	1343.4.25	0.309874379	113.1792
8	800	277296	759.211285	1248.788715	1248.5.24	0.211285005	77.1702
9	900	311958	854.1126956	1153.887304	1153.7.23	0.11269563	41.1612
10	1000	346620	949.0141063	1058.985894	1058.2.25	0.014106256	5.1522
11	1100	381282	1043.915517	964.0844831	964.3.16	0.915516882	334.3854
12	1200	415944	1138.816928	869.1830725	869.10.9	0.816927507	298.3764
13	1300	450606	1233.718338	774.2816619	774.11.8	0.718338133	262.3674
14	1400	485268	1328.619749	679.3802512	679.1.18	0.619748758	226.3584
15	1500	519930	1423.521159	584.4788406	584.8.11	0.521159384	190.3494
16	1600	554592	1518.42257	489.57743	489.9.11	0.42257001	154.3404
17	1700	589254	1613.323981	394.6760194	393.11.20	0.323980635	118.3314
18	1800	623916	1708.225391	299.7746087	299.6.15	0.225391261	82.3224
19	1900	658578	1803.126802	204.8731981	204.7.14	0.126801887	46.3134
20	2000	693240	1898.028213	109.9717875	109.8.14	0.028212512	10.3044
21	2100	727902	1992.929623	15.07037686	15.3.9	0.929623138	339.5376
22	2200	762564	2087.831034	−79.83103376	BC 79.9.9	0.831033763	303.5286
23	2300	797226	2182.732444	−174.7324444	174.10.10	0.732444389	267.5196
24	2400	831888	2277.633855	−269.633855	268.5.4	0.633855015	231.5106
25	2500	866550	2372.535266	−364.5352656	364.7.13	0.53526564	195.5016
26	2600	901212	2467.436676	−459.4366763	459.8.12	0.436676266	159.4926

27	2700	935874	2562.338087	−554.3380869	553.3.6	0.338086891	123.4836
28	2800	970536	2657.239498	−649.2394975	648.4.6	0.239497517	87.4746
29	2900	1005198	2752.140908	−744.1409081	744.6.15	0.140908143	51.4656
30	3000	1039860	2847.042319	−839.0423188	839.7.15	0.042318768	15.4566
31	3100	1074522	2941.943729	−933.9437294	933.2.7	0.943729394	344.6898
32	3200	1109184	3036.84514	−1028.84514	1028.3.9	0.845140019	308.6808
33	3300	1143846	3131.746551	−1123.746551	1124.5.18	0.746550645	272.6718
34	3400	1178508	3226.647961	−1218.647961	1218.11.30	0.647961271	236.6628
35	3500	1213170	3321.549372	−1313.549372	1313.1.10	0.549371896	200.6538
36	3600	1247832	3416.450783	−1408.450783	1409.3.20	0.450782522	164.6448
37	3700	1282494	3511.352193	−1503.352193	1503.10.3	0.352193147	128.6358
38	3800	1317156	3606.253604	−1598.253604	1599.11.13	0.253603773	92.6268
39	3900	1351818	3701.155014	−1693.155014	`1693.6.6	0.155014399	56.6178
40	4000	1386480	3796.056425	−1788.056425	1789.2.21	0.056425024	20.6088
41	4100	1421142	3890.957836	−1882.957836	1883.9.3	0.95783565	349.842
42	4200	1455804	3985.859246	−1977.859246	1977.3.29	0.859246275	313.833
43	4300	1490466	4080.760657	−2072.760657	2072.4.29	0.760656901	277.824
44	4400	1525128	4175.662068	−2167.662068	2167.5.29	0.662067527	241.815
45	4500	1559790	4270.563478	−2262.563478	2262.12.22	0.563478152	205.806
46	4600	1594452	4365.464889	−2357.464889		0.464888778	169.797
47	4700	1629114	4460.366299	−2452.366299		0.366299404	133.788
48	4800	1663776	4555.26771	−2547.26771		0.267710029	97.779
49	4900	1698438	4650.169121	−2642.169121		0.169120655	61.77
50	5000	1733100	4745.070531	−2737.070531		0.07053128	25.761
51	5100	1767762	4839.971942	−2831.971942		0.971941906	354.9942
52	5200	1802424	4934.873353	−2926.873353		0.873352532	318.9852
53	5300	1837086	5029.774763	−3021.774763		0.774763157	282.9762
54	5400	1871748	5124.676174	−3116.676174		0.676173783	246.9672
55	5500	1906410	5219.577584	−3211.577584		0.577584408	210.9582
56	5600	1941072	5314.478995	−3306.478995		0.478995034	174.9492

57	5700	1975734	5409.380406	−3401.380406		0.38040566	138.9402
58	5800	2010396	5504.281816	−3496.281816		0.281816285	102.9312
59	5900	2045058	5599.183227	−3591.183227		0.183226911	66.9222
60	6000	2079720	5694.084638	−3686.084638		0.084637536	30.9132
61	6100	2114382	5788.986048	−3780.986048		0.986048162	360.1464
62	6200	2149044	5883.887459	−3875.887459		0.887458788	324.1374
63	6300	2183706	5978.788869	−3970.788869		0.788869413	288.1284
64	6400	2218368	6073.69028	−4065.69028		0.690280039	252.1194
65	6500	2253030	6168.591691	−4160.591691		0.591690664	216.1104
66	6600	2287692	6263.493101	−4255.493101		0.49310129	180.1014
67	6700	2322354	6358.394512	−4350.394512		0.394511916	144.0924
68	6800	2357016	6453.295923	−4445.295923		0.295922541	108.0834
69	6900	2391678	6548.197333	−4540.197333		0.197333167	72.0744
70	7000	2426340	6643.098744	−4635.098744		0.098743792	36.0654
71	7100	2461002	6738.000154	−4730.000154		0.000154418	0.0564
72	7200	2495664	6832.901565	−4824.901565		0.901565044	329.2896
73	7300	2530326	6927.802976	−4919.802976		0.802975669	293.2806
74	7400	2564988	7022.704386	−5014.704386		0.704386295	257.2716
75	7500	2599650	7117.605797	−5109.605797		0.605796921	221.2626
76	7600	2634312	7212.507208	−5204.507208		0.507207546	185.2536
77	7700	2668974	7307.408618	−5299.408618		0.408618172	149.2446
78	7800	2703636	7402.310029	−5394.310029		0.310028797	113.2356
79	7900	2738298	7497.211439	−5489.211439		0.211439423	77.2266
80	7935	2750430	7530.426933	−5522.426933		0.426933142	155.934

　　依交點年算法測算裴李崗臨界日全食是 B.C.5522 年 2 月 26 日。我採此參數爲準。此年係裴李崗聖賢曆算文明發達之年。欲求算其日全食曆算文明萌芽期，須溯算一輪返。

　　　　5522＋54＝5576

　　溯跡減 33 日，得 B.C.5576 年 1 月 25 日爲逆輪返日。

3）三地陽曆對照暨中國日食曆算文明斷代

（1）太陰曆源於謀算合朔豫日月食

基於前算與考釋，今饋給歲曆月序表，以便對照狄宛、河姆渡、裴李崗陽曆、今陽曆，見狄宛等地聖賢觀象與曆算功業。

表四六　狄宛、裴李崗、河姆渡陽曆月

狄　宛	裴李崗	河姆渡	今陽曆
1 月	1 月	12	2 月
2 月	2 月	1	3 月
3 月	3 月	3	4 月
4 月	4 月	3	5 月
5 月	5 月	4	6 月
6 月	6 月	5	7 月
7 月	7 月	6	8 月
8 月	8 月	7	9 月
9 月	9 月	8	10 月
10 月	10 月	9	11 月
11 月	11 月	10	12 月
12 月	12 月	11	1 月

此表顯示，中國古聖賢知曉陽曆，而且稔熟陽曆。這恰解釋中國陰曆起源：謀算陽曆基於觀宿，而氐宿係中樞。此宿亦係察知日月食之所。知月斷日數爲陽曆基礎，此事似乎不難，但調曆平二分至難。前各推斷旁證，狄宛春、秋分求算係大事。日全食係此事成敗之界，故用功猶多，謀知日全食月日。而月、日、地三者處於直線，此係日月交食基礎。謀算未來節氣延遲，故須知交點年。謀知此事，係聖賢考究月曆之故。月食觀測事理相同。

比較四等曆日月紀，得知狄宛曆法更重視草木萌發，裴李崗曆法係其衍生。而河姆渡曆法計算基礎不異於狄宛算法，但月紀不同。此出自南方地氣熱，也重視以春分、秋分爲中氣，月次早於狄宛曆法一個月。

（2）日全食觀測與曆算係中國自生文明統一基石

涉及中國文明發生與演進，考古界迄今眾說紛呈。考古學迄今衍生三等

論題：考古文化、考古與民俗、考古文化與文明發生之關聯，前者傳播極廣。蘇秉琦先生文化譜系說影響面甚大。他別六個文化譜系：豫陝晉鄰境地區。山東及鄰省一部分地區。湖北和鄰近地區。長江下游地區。環繞鄱陽湖——珠江三角洲軸線之南方地區。以長城地帶為重心之北方地區。儘管蘇先生後來嘗試更改舊說，但用功於「類型多」這個判斷。區系類型說開始弘揚。有人傳揚中外交流致中國文明起源，此說本乎張光直先生。依此說，新石器時代晚期，文化之間交流加強，出現了文化相互作用圈。它是中國文明的溫床。此說基礎是「中外交流」說，中國文明自始似乎非自生文明〔註21〕。

佟柱臣先生把文明納入文化，他從新石器時代區域文化選代表性器物，而後類別，並舉七大「文化系統中心」：馬家窯文化系統中心，半坡文化系統中心，廟底溝文化系統中心，大汶口文化系統中心，河姆渡文化系統中心，馬家浜文化系統中心，屈家嶺文化系統中心，他用這七個大遺址遺物統略眾多遺址的文化水準，但不包含新石器時代的石陀、陶餅。其檢論指向立說中華文明之新石器時代源頭有「多中心」，而且各地發展「不平衡」〔註22〕。「平衡」或「不平衡」之言絕非質地判定，而係觀察者衡度。此說非立足於古代認識論溯跡，而在於研究者權衡。兩物相較，壓此即揚彼，故見不平。

涉及中華文明與文化關聯，考古界此前未曾形成狹義而系統論點與論據。此狀況出自考證不力，多年未能形成「一以貫之」學說，統略中國各地文明狀況。加之學界有人將「文明」概念變為流動而無時限名稱，而後突出某個時段某種氏族消亡、國家出現。夏鼐先生以「文明」稱呼某個社會演變階段，此階段氏族解體、國家組織、階級社會〔註23〕。但是，此系統不能解答中國「政治」起源。文明於我是一種知識系統，有此系統，生存狀況進益，前人能夠穩定心思，維持生存，而後繁衍。此認知從自然辨識開始，匯聚為曆算知識，而後凝結為曆紀。並在邑內傳授。此認知能力施加於人際，即見「相與」關係認知。此係聚落生存樣式以及聚落之間關聯之根基。後世各地人群無不蒙受初聖恩澤。

〔註21〕趙輝：《考古學關於中國文明起源問題的研究》，《古代文明》（第2卷），文物出版社，2003年，第9～10頁。

〔註22〕佟柱臣：《中國新石器時代文化的多中心發展論和發展不平衡論——論中國新石器時代文化發展的規律和中國文明的起源》，《文物》1986年第2期。

〔註23〕朱乃誠：《夏鼐與中國文明起源研究》，《考古學集刊》第16集，科學出版社，2006年，第59～63頁。

　　狄宛一期，中國各地文明其實是曆算文明，此文明之根基係日全食觀測、星宿觀測、爲曆與調曆、並造器物記錄曆算。對於狄宛聖賢，曆譜與朔冊在彼時已非稀罕物。無論圓石陀、圓瓦陀、兩頭圓石盤都能當朔冊。基於此考慮，我進言，宜以日全食觀測與曆算文明爲中國文明一統之憑依。

　　鑒於狄宛圓瓦陀日全食曆紀頻見繩紋，日全食曆紀文明研究將拓展研究範圍。狄宛一期以降諸多面施繩紋器考證將爲中國古曆算進益饋給豐碩佐證。

第六卷　大地灣本名狄宛暨消息畫爲卦畫之源考

一、狄宛係狄人故地考

（一）狄宛戎狄種系考

1. 狄宛爲星官與種系源頭

1）大地灣本名狄宛考

（1）發掘者稱大地灣含義不清

今施加引號，定「大地灣」三字含義待定。甘肅省天水市秦安縣五營鄉邵店村處於神奇之所。清水河南岸地貌在 1949 年之後，十年動亂期間罕有擾攘，其地封存著罕見文脈證物。遺物揭露係二十世紀文明遺跡發掘之重大事件。其物件表意序列完整、製造精良，係考證中國編年起點。前考諸多遺跡與文物俱係一支。文明如此發達之地迄今不見記述，使人思考。欲檢其故，須勘驗口傳、經籍關聯。而諸多話頭須始於遺跡歷史地名考究。

考古界言「邵店村附近」，此名係泛稱，馮家溝、閻家溝俱爲之囊括，後期房址出土地遠去兩村落，故不堪以村名稱謂。當初，發掘者善於詢問，從村民口呼此地得「大地灣」三字，匹配其發音。鄉民以此音呼第 IX、X 發掘區所在山坡。《發掘報告》用名基於此對音。

其實，對於天水方言，乃至隴南方言，我頗敬畏。多年前，拜望隴南成縣遠親，聞百姓問有無以「有有」，我頗驚訝，此方音乃殷商甲骨文孑遺。這使我疑心文史考證成湯故族源頭。與西和等地遠親交談後，我知天水當地方

言脣音、齒音難別，吐字去聲多於關中土音，平聲與去聲亦難甄別。由此，我聯想到邵店村附近鄉民答問後，其稱謂於發掘者並不清白。但鄉民久傳此名。由此，我斷定，「大地灣」三字唯記古音而已。其本名爲何，史籍不傳。另外，邵店村、馮家溝、閻家溝三名不足以記聖賢故地。基於此念，我萌發並考聖賢故地之名一念。

檢「大地」二字拆散毫無含義。大對立小，地對立天。何處無此？以「大地」爲一詞，毫無表述力。又檢金文記地字頗複雜，此證「地」觀念遲起。由此，我斷定，「大地」二字非古音。發掘者定此二字顯係權宜之果。而「灣」謂水曲，邵店村附近水曲並非中國唯一水曲之地，此字與聖賢遺跡毫無關聯。故「大地灣」之名須重新詁定。

（2）「大地」二字古音合當「狄」、「翟」

關隴土話讀聲似「地」聲者不少，如「祭」、「狄」「己」、「玘」。我擇「狄」字，故在此地在商周是狄舊地，又由於《後漢書·西羌傳》有狄道地名。此地屬西羌舊地。羌乃申戎族系名。狄道在今臨洮，邵店村一帶雖無狄名，但不能剔除此地爲狄人留居地史實。

「狄」名出自庖犧氏崇尚儷皮、麋角。狄道、氐道含義交叉。鹿角兩叉，偶爾似三角，每兩件三角狀鹿角匹配，能爲四邊形，摹寫氐宿。故氐、狄一音多義，都涉曆算。檢此物係庖犧氏乃至其先輩校驗冬至節氣必須之物：冬至鹿倒毛，絨毛將脱，鹿角解。此是溫氣消息所致，不可逆轉。關聯自然界景象，即氣數變遷歸於消息，此變動之力不得逆轉，故能歸納此景象有「力」。此景象又涉鹿角墜，雄鹿角鬥，發聲頗大，故《爾雅·釋獸》云：「麋，絕有力，狄。」郝懿行未知其要，未得舊義〔註1〕。

蓋「戎狄」之「狄」，初爲美稱。此名以翟述。翟初指某種雄山雞，頭有赤色，頸部有白毛環。二者匹配，化爲圖樣，即爲白色繞赤，象日全食。觀日全食須察氐宿，故其底義爲氐。字讀音本乎氐。族系之氐族係其一部。周政東播，舊事蹤跡隱没。隱公已不知舊事，臧僖伯諫之而不聽。不知古史者以「狄」爲蔑稱。於今日學界，此名係溫氣消息與冬至信仰，係曆算之證。

（3）「宛」「丸」通轉述日食以爲星官起源

此事於文化地理有證。史籍傳太昊伏羲氏都宛丘，又言炎帝都陳，地名

〔註1〕 郝懿行：《釋獸》，《爾雅義疏》，商務印書館，1936年，第1頁。

宛丘。此證炎帝承用先輩故地，不捨舊教。宛丘之宛須是隨庖犧氏後人一脈遷徙而得，絕非最早名稱。彼地發掘揭示其文明時代屬龍山時代，與三皇時代無涉〔註2〕。

　　在此時期，曾有五帝代興，而炎帝非申戎氏，唯係申戎氏一脈。申戎氏初居西土。關桃園二期有其蹤跡，而北首嶺下層也有佐證。豫州宛丘本宛虛，丘即虛，聖賢教化之地，爲故虛。許慎訓：「宛，屈草自覆。」（第七下）。「屈」即倒伏。但「屈草自覆」四字含義指向風氣與節氣。草密茂，故能覆。風吹即屈。由此，得知宛丘之宛涉及氣數說。推此名本乎聖人教化特點，非聖賢尊號。

　　深思許慎訓，得知此說並無指事特點。倘若詢問，何地見此景象，必難簡答。由此，須見此名本源。其實，宛本謂屈，即枉屈之屈。直物受力，故屈。草木俱受力而屈。但是，此景象絕非怪異事件。古名多涉怪異或今人難解名稱。依此考察，得知此屈述日喻節氣不直。日喻節氣不直即算日數謀節氣而失敗。其本係日屈。日屈即太陽被蠶食。「日」喻多義，故有此解。彼時，無日全食之名，但聖賢知「屈」，而宛字又通丸，日爲丸。狄宛一期遺物含不少陶丸，此即其例。若遇日全食，丸被引申爲屈，讀音爲宛。而「丸」係最初「天官」之名。多地聖賢都察天象，但能與庖犧氏後嗣直聯者，唯有此地。

　　基於上考，我認定，宛概括狄宛聖賢觀天象星宿，察日全食業績。後世已不知其本，但申戎氏後世沿用此名。連屬狄、宛二字，得狄宛。此應係此地本名。

2）狄爲犬種本乎埋犬司陰豫氣

（1）許慎、段玉裁說狄義疑

　　許慎訓狄以犬種，段玉裁未加補正。狄如何爲犬種，此題迄今無人澄清。若以生物種系論，犬如何與人爲偶而誕人？倘使不如此推測，又當如何解釋此題。照顧古傳存於口舌，百代不亡，須覓得解答。

　　其實，此題涉及中國最古曆算與觀星舊事。此題訓解不獨影響文明史認知，也影響種系史認知，關涉當今、未來中國乃至中亞與西亞族群關係，故而不得輕忽。今依狄宛一期、二期舊事申述此題，以爲古學端緒。

〔註2〕周建山：《宛丘古國探索》，《史前研究》，三秦出版社，2000年，第660～663頁。

（2）狄宛與白家村最早「埋犬下種」

犬種者，埋犬猶如下種也。此觀念係申戎氏時代殘跡。草木生根於地，非徒以人播種，鳥飛翔攜帶種籽，落於地上，風吹落土其上，晨露或小雨能助其發芽、生長。野獸亦能輔助植物種子發芽。但人下種而圖秋分收穫，此係申戎氏功業，非狄宛一期聖賢恩德。彼時，育種不發達。但是，埋犬於地，此事在狄宛一期。譬如，獸骨喻數認知係此時代術算一隅。埋犬骨事在兩地。臨潼白家村、狄宛二期I段。此兩地聖賢同宗。關中驪戎本乎白家村埋犬，而西土戎係關中戎人之祖。以犬下種觀念出自狄宛，非關桃園或白家村，甚或原子頭。關中腹地咸陽、長安、藍田、臨潼地名多含此義。譬如長安有地名狄寨、戎店、舊寨、新寨、兆寨、小兆寨等。武帝雖遷戎人於關中，但幽王時期戎人在長安東部是史實。「犬戎」係本地古人。

埋人骨係埋犬之先導。狄宛埋人骨係諸多古遺址最早例證。地穴能容人骨，亦能容獸骨。此係類同。後世「隨類上帝」本乎此等觀念。

白家村早期T203H25係以地穴，穴底南邊出土一具狗骨架。骨架呈捲曲狀側臥坑底，頭向前肢處彎曲，脊背隆起，《臨潼白家村》圖一二。此即最早犬種物證。狄宛二期M224埋犬觀念似乎更爲徹底：墓主屬50歲左右男性。僅在左側有完整狗骨架，《發掘報告》圖一九〇。此兩例俱係埋犬骨下種例。但不得以爲，犬種即謂人與犬交，得子爲人。突厥人古老相傳，本乎狼種，此說謬甚。其本係聖賢一脈，聖賢埋犬豫日月交食，訛傳於俗人，堅信剽悍，故擇狼而捨犬。

2. 埋犬喻觀氏宿掌日月交食係狄（氏）人文明綱要

1）方穴納犬告朔暨日月百八十度相守交食

（1）M224無器皿而葬犬略述

狄宛二期M224無隨葬器皿，考古界迄今未曾檢討。我對照白家村地穴納犬、見二者含義參差，但能互相印證。白家村T203H25見犬所在地穴模樣怪異，但猶有跡可稽，穴北有直線，當緯線，匹配春秋分線。犬背南而面北。此係聖賢刻意擺放。犬能嗅地氣，知寒暑氣動。處於暑期，寒熱難當，犬六月而張口吐舌。今聖賢以犬喻謀求立秋後秋分。穴背面直線係其解釋。但是，埋犬未必獨表此意。犬狀寓意深刻而其能多樣，故埋犬涉及聖賢舊知，今略述之。

埋犬有兩義：第一，犬司夜，知陰、嗅覺敏而知地氣升騰。第二，犬睹

異象而狂吠，能早於人察知日全食降臨。所謂蜀犬吠日，非謂蜀地犬狂，而謂某處犬預知日月食，狂吠而不別生熟，能暴起傷人。此謂犬於日食反應強烈，超過常人感知力，故須承用此物。日月食於人初係難知天象，而犬感覺靈敏。察月全食須在夜間，今望日值狄宛朔日。

（2）M224 豫日全食通解

檢狄宛 M224 平面圖，穴口狀似氐宿四星連線，犬骨被刻意擺放，故見前爪前有兩骨殖對偶平行，犬體不伏而近直。《發掘報告》述墓主 50 歲左右，依前訓狄宛聖賢觀同輪返日全食須 54 年，斷定墓主 54 歲以上。墓不盛斂器皿。此謂聖賢唯欲告此墓記述恃犬豫日全食。穴口南北寬窄之別支持此說：南窄北寬，此謂察天象不涉冬、夏至，有南謀兩物交點。墓主骨殖南北走向，合子午線。若畫墓東西邊延長線，見南方某處係交點，而此交點不在目視範圍。這顯示，當年聖賢不能不測此景象。知其地而不能睹，唯有日全食。全食傷目，古人知之。故有交點之所，而不以目察。由此推測，狄宛一期、二期之間察日全食傷目者絕非少數。墓主顱骨殘缺，殘存者告喻，墓主面天，但猶向東偏。畫赤線而見墓主向南天而面東見某天象。此天象構成：月自西來，於朔日。非日全食而何？犬司夜，而面西即謂察月出所。《詁志》記月、日生、亡之所係觀象者傳告，係旁證。月何日出自西？月初三傍晚見於西南，人能睹。但朔日後半夜已在西天。其後晝日承此日，故全食見於此日。

圖一三二　M224 氐宿掌日全食暨犬骨寫西察月

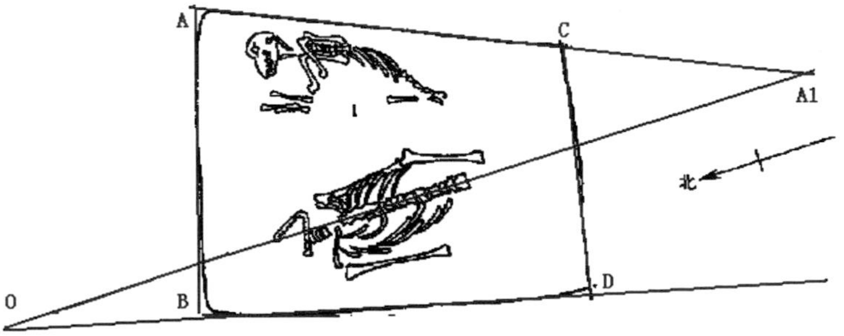

AB 與 CD 之間構造絕非平行線，而是觀象見東窄西寬，此係日月行道。日在天空，過氐宿，月自西來，也見於氐宿。二者在直線上，即 180°，∠O 與∠A1 俱係換算角度。北天觀北方星宿正冬至、南方對照夏至。此二者區間

即秋分時節。故而，此穴記述聖賢恃犬告喻狄宛民國 39 年日全食輪返。

以史籍考證，M224 墓主係《大荒北經》之「白犬」，白犬者，伯犬也。以犬喻日月相匹合朔也。此係交點年計算之旁證。後世犬戎之祖其實在兩地：狄宛、白家村。而且，白家村此俗祖狄宛，其本爲一。

2）經籍涉犬佐證暨「天狗吃月亮」氐宿觀測説

（1）戎「人首三角」考

涉及戎人祖，《山海經·海內北經》記之。此記與地下出土物件堪爲陰陽之配。前者出自聖賢口傳，後者爲聖賢埋藏。是書含舊事珠玉綴連，熠熠生光，致人眼暈頭昏，難見眞章。

檢「戎，其爲人，人首三角」。郝懿行注引《廣韻》謂其人身有三角（《山海經箋疏》，第十二，光緒版第 3 頁。）《山海經校注》（第 368 頁）引圖見人頭戴三根獸角，呈三叉狀。橫亙頭頂。「人首三角」是否該當如此摹寫，值得考究。

察「人首三角」有兩義。第一，古聖賢觀宿察日軌道，辨識赤經面與黃道交。繪圖樣如半坡遺址彩陶盆內圖樣。第二，人頭佩戴三獸角。獸角須直。但二者含義相通。半坡時代圖樣難以摹畫，由於其基礎係觀日宿所。但其本在於，察知赤經面變動，以得歲三百六十五日。既不能圖摹此畫，須替代表述，故以三獸角佈置頭頂，替代此圖，記述補太陰歲曆日。三日補乾坤冊，即璇璣歲三百六十。剩餘二日係平二分之數。賀蘭山曾見岩畫。學人考究其狀，見《海內北經》與半坡魚紋盆關聯，係不誤辨識，但以爲此述神話[註3]，此説非是。以獸角替代圖畫之念，出自麋角逢冬至解落之目察與心得。故如此更改，仍有觀象爲曆與調曆痕跡。

（2）王季伐「鬼戎」俘十二翟王考

王季已爲周公廟考古隊與陝西考古研究所在岐山縣出土甲骨文佐證[註4]。周人與戎人關係頗涉古史，以及中國種系命氏與名姓起源。此事又涉周人遠祖尚《易》教舊事，今存《周易》多見其例。此處唯述王季伐鬼戎之本。

《後漢書·西羌傳》:「季歷伐西落鬼戎。」李賢注引《竹書紀年》云：「武

[註3] 李祥石：《解讀岩畫》，黃河出版傳媒集團，2012 年，第 115 頁。
[註4] 楊西民：《甲骨文首現文王之父季歷》，《寶雞日報》2009 年 3 月 26 日，第 2 版。

乙三十五年，周王季伐西落鬼戎，俘二十翟王也」〔註5〕。依《夏商周斷代工程 1996～2000 年階段成果報告》（簡本）（四）之表二十二，（夏商周年表），武乙在位於 B.C.1147～1113 年〔註6〕。武乙三十五年當 B.C.1113 年。檢《日食典》日食總表，見 B.C.1113 年 10 月 10 日發生日全食。此時值秋季。戎人早獲天文曆算知識，鬼戎爲其嫡系後嗣，能造精良器械。王季面對敵人難以相與，雖有商邦國君資助，遠水難解近渴，征伐爲何能成？

檢王季征伐得成，故在當年天水附近曾有日全食，西落地望當在天水周圍某地。原子頭遺址龍山時代底層上覆壓先周文明地層。此係先周人群活動之證。由此，他們由高而低，進入狄宛文明腹地。而日全食發生係進入狄宛腹地之事由。即使無武乙資助，王季也能憑藉民心攻戰。此番日食被視爲狄人首領德衰之證。以狄宛爲中心地帶，民眾知翟王紀年衰敗，節氣變更。而此係古例。帝堯晚年德衰，其理本同，俱係狄宛等地聖賢觀象改元之證。依此，得知王季曾知交點年推算。既知此番日食，故從天而徵，附近並無較大敵抗。而周人傳《易》係西土舊傳，是有易氏之外傳承。其卜辭傳承久遠，每見大事，堪爲史鑒，俱見於《周易》。文王、周公善卜，其本俱在知算交點年與節氣變遷。以《逸周書・周月解》察此事，其本係「革命」，如殷革夏命一般。命即天命，天命本乎得天數，節氣之正，此係政治之本。武乙豈能不知？至帝辛不知天命，喪紀而敗。此外，關桃園遺址西周文化層之下有地穴，含西周遺物，例如 H47。此證在先周到西周存在文明過渡。此地顯係西岐入天水通道，由此溯渭水能及天水，輾轉能及狄宛。自此地向北，而後左轉而向西，也能進入狄宛附近。兩地遺物都涉先周人深知曆算。地穴乃爲曆之證。

「西落」二字謂何，王國維等不曾訓釋。今案「西落」不是一地之名，是狄宛附近久存天象觀測信仰。「西落」有三義：第一，述日歸於西。第二，綴讀朔。第三，這二義俱用，但含義頗難勘驗。察「西落」係狄宛聖賢曆算標尺，彼地聖賢後嗣以此自呼，外地人不知，故記音。連屬二者，得完整古義：朔日前夜，日西落。此日爲朔日，此夜間月在後半夜。但日全食發生於晝日。

「鬼戎」乃戎人別宗。戎人祖神戎氏，神戎氏係西土人氏。故地在今天

〔註5〕范曄撰、李賢注：《後漢書》，中華書局，1998 年，第 1075 頁。

〔註6〕夏商周斷代工程專家組：《夏商周斷代工程 1996～2000 年階段成果報告》（簡本），世界圖書出版公司，2000 年，第 88 頁。

水南、西、東。南達武都南，蜀地屬之，其一部後東北行，迄嘉陵江上游，今陝西鳳縣有其後嗣。餘者今暫不考。向西者北遷平涼、或以狄道北遷，及蘭州，後向河西延伸。東遷者別數途，原子頭爲一路、南行及關桃園，或先及天水，沿渭水東流，及關桃園，沿渭水東行。沿線見狄宛二期遺跡眾多。而白家村爲驪戎之祖，晉獻公得驪姬而政敗，故在驪姬多智，非獻公能降。

鬼戎別於驪戎。鬼者，歸也。於人爲死葬。中國葬俗本乎埋聖人骨，非如今日，昏瞶無能者皆得善終，入土爲安。在狄宛周圍，此名涵褒義。周人承用「生霸（魄）」「死霸（魄）」等名，此係古傳。王季有古傳，與戎狄同信仰，故能以聖賢故業訓教彼地。此係王季舊事一斑。

（3）「天狗吃月亮」係聖賢以犬喻觀星豫日全食孑遺

《山海經・西山經》「又西三百里，曰陰山。濁浴之水出焉，而南流注於蕃澤，其中多文貝。有獸焉，其狀如貍而白首，名曰天狗，其音如榴榴，可以禦凶。」郭璞注：「或作貍」、「或作貓貓。」豹郝懿行順此注云：「貓貓蓋聲如貓也。貓貓與榴榴聲又相近……又經內亦有單言，其音如榴者，此經注疊字蓋衍（第26頁）。」袁珂《山海經校注》（第63頁）錄天狗圖樣狀似豹貓，口似銜蛇。

檢迄今不少譯註，俱不顯此經要義。郝氏音訓不可從。依郭璞見古本，彼時已見兩傳。此兩傳係大禹之後多地傳者依受教傳習。兩者係一事。但別源流與先後。我觀「榴榴」說早，而「貓貓」說遲起。又檢榴榴本讀「幽幽」、或「有有」，係幽明之教佐證。《誥志》記虞史傳教爲其本相。此等稱謂本述紀年、紀族系，久遠難知。

而「有」又涉日食。許慎訓「不宜有」，並舉《春秋》傳「日月有食之」爲證（第七）。《春秋左傳・昭公十七年》昭子曰：「日有食之，天子不舉。」平子對言「唯正月朔。」今知此番日食係全食。「有」字從月，故在全食發生即謂月冒日，陽損傷氣數，故不宜。察獸即守，爲守日月交食，故而事涉日全食。幽幽爲其一斑。命此物爲天狗，以述其能。「白首」者，以知日月交食而伯也。季旭昇引 字，唯言象形。以何爲形，季先生未講（《說文新證》下冊，第63頁）。檢此字從三角，本乎角宿認知，又涉日食。觀日月交食以氐宿，不以方天，但每十五度分割中官星區，能精準觀測日月行道，爲察氐宿之根基。故此字初謂「道」即導日月行。能以觀星宿而導日月行者，爲伯、君宜矣！

「禦凶」唯讀「豫凶」，日全食爲凶德。能知日月行道，故能預斷日全食致動物行止混亂爲害，躲避存身。「陰山」言星空爲高，某地山高，自山谷觀星象，天愈高。身在谷中，兩邊無陽，故言陰。「濁浴」謂濁谷。其水南流，猶如隴地岍水，南流注於渭水。水有貝，或矛蚌、或珠蚌，俱係貝。貝爲狄宛二期聖賢衍算重消息之器，後將申述。狄宛一期聖賢放蚌而爲標本 H398：72 即其初例。

此外，傳聖教者欲以日每能睹者曉諭聞者，故取咼骨取肉傳告。但少昊以降，祭祀混亂，古教痕跡喪失殆盡，致「幽幽」之義傳而難遠。此後，三苗舊事遠播，貍如狗而四足，靜止類犬，四足比擬掌方，端居四方而豫氏宿日月行道。故此說便於傳播，《山海經》圖已取此說，但仍以銜蛇喻此獸模樣述事涉庖犧氏。蛇、蝮、虺等述物俱涉庖犧氏舊教，此處不欲陳述。

郭璞《圖贊》最有心得：「乾麻不長，天狗不大。厥質雖小，攘災除害，氣之相王，在乎食帶。」此處「食帶」非謂日食帶。而謂「飲食」與「冠帶」。前者能養萬民，後者曉諭禮節本乎約束。此二者係律法之根基，人倫升華之坦途。「乾麻」者，觀宿在天如睹麻點，放眼蒼穹，拉近距離，此謂縱目。三星堆銅器爲證。「天狗不大」謂守數在微，精細計算爲要。「攘災除害」者，豫日全食而避害也。知氣數故能佐助公侯事農桑，故言相王。相者，爲卿相也。言天狗吃月亮而不敢言天狗吃日，其事有本。天狗知陰而能豫陰，係攘日全食災異之器，故不得自吃天日。此傳言係厭惡日全食之證。聖教以此折射。

（二）狄宛形色消息盈虛之日行道觀測

1.形色與消息

1）寒溫、圓方與赤白表意

（1）寒溫與圓方暨捨近而逐遠

於人知而言，圓方與寒溫之覺非同時產生。二者以寒溫之察早起，而圓方之覺後起。寒溫於人喻生死，溫爲生寒爲死。故向溫避寒乃本性。寒溫爲內，圓方爲外。寒溫爲近，圓方爲遠。世俗以飲食爲重，其故本此。《莊子‧外物》言「外物不可必」出自此察。一人目視某物爲菱形，旁人目睹之爲矩形，此皆歸於視域與光照有別。不能知此者貿然斷是非。狄宛一期，聖賢從先輩獲得舊知。較之寒溫觀察，他們更貴重察圓方，此於他們乃謀求破開節氣困厄之途。故而，他們須縱目遠處。基於此，他們造器俱涉此事。今舉數

例以述。

狄宛一期圓器多樣，但方器甚寡。但能憑側視辨識狄宛聖賢圓方之別。側視標本 T323 ⑤：22，不能睹圓，但能見方。標本 H10：1，《發掘報告》圖二九，第 2。發掘者謂之陶模。此乃聖賢方物之證。爲瓦器棱邊固是用途，但不必獨用於此。

地穴之圓者甚多，方穴亦多見。方穴之方別於方石。掘地爲穴貴方，此記聖賢方天圓別區。譬如眾多墓穴俱係方穴。但狄宛無一墓穴爲長方體虛室，恒見兩長邊不得平行。圓物象天球，半圓物喻半天球，此題前已申述，不再贅言。

（2）加白彩於赤陶喻寒溫之變術算異常

《發掘報告》圖三〇迄圖三四俱述赤陶有赤、白紋（文）。此題出自體系表述，我察諸物係狄宛聖賢日食記事體統之局部。今略述如後。

赤色紋記述溫氣變動，此記概括溫氣增減。溫氣增減即謂寒暑之變，此謂常。赤數紋即直合紋，前已言及。每歲寒溫氣變動俱堪以赤紋記述，不須白紋。但聖賢施白彩於瓦片，而且在加工瓦片之後，此謂他們經過深思熟慮。故而，白紋絕非簡單施彩導致，而係不得已而爲。赤紋不足以記述一歲溫氣盛衰，故在某歲寒溫氣變數超越常識，而且此等變故唯堪以赤色對立色記述。以白喻月色寒氣，此寒氣非地上寒氣漸次盛壯，而來自天空。故而，聖賢準乎皎白月色研磨白料，又照顧赤色直合紋曆算施白彩。此係赤白之色譜系之源。諸多物件都屬此系統。

2）五統白赤日冊源考

（1）五統赤色日冊瓦片

依前考，圖三〇迄圖三二赤陶器腹片內面赤紋係日冊直合紋。但問，瓦片異乎瓦器。瓦器有底，深淺不一。深淺之別告季節參差。而直合紋雖述日冊，但何涉一歲節氣？前雖述瓦片棱邊俱有定數，但未曾細述。而此題涉及狄宛聖賢術算用數體系。

檢諸圖俱瓦片，見棱邊俱爲五，偶見一例六邊瓦片，此係磕琢不慎所致，絕非異常。我檢其棱邊爲五出一歲陽曆須補五日。置之於某穴，匹配此穴曆譜，即能見爲曆紀年。補五日即璇璣歲補五日，而後見陽曆。陽曆者，日赤經面兩歲春分與黃道面相交年長也。狄宛聖賢爲常曆用璇璣歲補五日。故而，赤陶片俱見五邊。

　　五邊瓦片出自瓦罐，而非盆、杯，故在含水瓦罐喻平置能出水，但仍見鼓腹部殘存水面，水面平行於地面。地面喻黃道。故鼓腹罐述春秋分為曆。平二分須恃曆算，補日亦循此數。諸曆紀瓦片前已俱引，不再拓圖樣。

（2）五統涉白色日冊瓦片

　　《發掘報告》圖三三俱三標本，亦出自瓦罐腹壁，內壁有涉白赤紋。多數瓦片白紋前已訓解，不再申述。此等瓦片也有五邊。五邊仍謂為曆須恃陽曆，多於璇璣歲五日。如前述，赤紋述日數與其數合常，而白紋述節氣異常。此等異常出自特別狀況。依前訓，其本在乎日全食致節氣延遲。日全食致節氣異常亦屬聖賢能調氣數，故而聖賢未嘗廢五，他們承用五以調曆算，得平春秋分，故而磋琢此等瓦片為五邊。

　　此等曆算記於瓦罐瓦片內壁，故在渭水流域曆算之要在乎謀平二分。春秋分平，即告得曆算，否則亂節氣。這樣，狄宛聖賢以五統節氣之常，又統節氣異常。兩五匹配，全合自東、自西查看遺跡 F342、F3371、F372、F378 連線得數。用五係狄宛曆算統一之旁證。

2.形色與盈虛說起源

1）黃道與天極暨圓方相摩

（1）黃道與天極

　　探索中國天文起源至難一題在於考究黃道、天極佐證。前述圓底缽係其一部，但俱不能逕證黃道觀念起源。圓底缽口沿雖述日全食，但不能佐證黃道，由於口沿抹光能喻食甚見日外圍光線，但不能佐證聖賢深知此日赤經與黃道關係。換言之，不能證實聖賢稔熟交點年計算必不能盡證狄宛曆算文明各側面。

　　檢前述標本 H398：18 能述斗柄週旋，也能述黃道認知。此物在今時看似小巧，在彼時實為聖賢信物。幼時目睹家父用金屬吊線錘，驚歎不已，迄今難忘。察中國現代工匠用兩器本乎狄宛一期：第一，測地平之器。鄉間以透明水管測地平，此理本乎狄宛聖人以鼓腹罐平置地面找平。第二，吊線錘。H398：18 等係其本。我言後者述黃道與天極，故在此物係橙黃泥陶。此器燒製前泥色難調。一期寡見此等物件。由此推斷，聖賢謀造此物甚久，精心調配陶土，燒結而成。以其平底著地，尖銳向上，並照顧其黃色，即見此物係中國天文學史「黃道」名源。於春秋分，黃道必謂地平面晨昏與赤經面相交。此係求算春分、秋分點參照。尖銳一端述天極，即中官星宿之所。

（2）圓物相摩而留跡於方

狄宛一期方石料之一類頗難定義。標本 H397：5 與 H12：5，圖四三第 1，第 2 器被發掘者呼爲石磨盤。發掘者述前者近長方形，扁平體，正面有凹陷研磨面，盤面有赤色礦物顏料，係變質石英砂岩打製而成。H12：5 被呼爲磨盤。其中央凹陷。其圖樣如後：

圖一三三　摹圓物相摩留跡於方

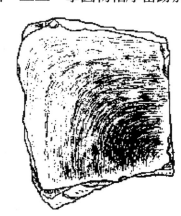

我觀此物係夾砂赤色圜底缽一類器物匹配物。此物承用甚久，故磨損出凹陷。但此物用途絕非隨意磨損所致。察此物表面，磨損在中央，而且研磨痕跡係轉圈研磨所致。用筆墨者皆知，直磨墨錠異乎轉圈磨墨：推墨錠而直磨，唯磨一邊。旋轉即能全磨底層。但是，聖賢磨顏料不須方石，在野外任一石料平面上也能研磨，爲何擇此物？

我勘其故在於，聖賢以此物喻氐宿。即日月交食俱在氐宿，去而復返。過氐宿但不滯留於氐宿，故見石盤表面有圓周四分之一。此謂三百六十度四分。此石塊表面爲平，並喻黃道面。三百六十度即地球公轉度數，每九十度可對照分、至。此物面上不見赤色外顏色，赤色研磨，類比月殘日，刮削一些熱氣，故日全食後熱氣不足，致節氣日延遲。

2）全食曆紀及陰陽盈虛說

（1）陶缽喻日全食食甚

系統查看狄宛一期遺物，見赤陶圜底缽能俱係記全食之器。此等陶器口沿抹光，而且爲素面。抹光喻日全食之食甚，日周圍有光澤。將圜底缽口背向觀察者，直視敞口沿，見口沿抹光帶述光亮，譬如標本 H370：2，質料係夾

細砂紅褐陶。細砂喻星宿，白日見宿，故在日全食致黑暗降臨。紅陶喻日照非弱，須在春秋季。褐色喻夜。白晝日全食即類夜。

　　紅色寬帶紋與此同類，都述日全食景象。標本 H3116：10，夾細砂紅陶。口沿見一道赤色條帶紋，沿外抹光後施赤色寬帶紋。口部以下施交錯細繩紋。狄宛一期多見赤色寬帶紋陶器。

　　食甚無日，唯見周圍光環，其色不一。圜底鉢既能喻食甚，自地面察之，見月盈日。此謂實。但此狀況維持片刻即喪：給圜底鉢裝滿熱水，瞬間見其傾斜，水流出。此謂虛。傾斜瓦鉢從實到虛須片刻光陰。此喻日全食虛實變遷：起初，月不殘日，此謂陽滿而未以陰實之。陰陽兩處，不相憑依。但初虧，見陽初缺。食甚見陽愈寡。最後，食既見陰蓋陽，陽以陰實。陰陽虛實變遷。

　　此係陰陽轉換：陽初盛，但月殘之，故陽虛而陰實。此係陽實轉而爲陽虛。陰最初處於不睹之所，此謂虛。今覆蓋陽，此謂陰實而陽虛。陰陽虛實變遷，此間見寒氣消息，此即消息盈虛說本相。

（2）赤陶丸爲其匹配

　　狄宛一期出土陶丸 2 件。但發掘者以網墜呼之，此不搞。彼時人寡而獸眾，草茂而水豐，水行通暢，但狄宛古河道不在高低落差較大處，河道彎曲故能見洄水。撒網即可，何須網墜？如此，陶丸何用？

　　我檢此物係月侵日而日不爲目睹之狀。此物爲泥質赤陶。狄宛瓦器赤色較之棗紅略亮，但非橘紅色。故而，此二物能述日全食食甚日狀。由此，我認定，所謂陶丸其實也是曆紀器，述日全食發生。置此物於圜底盆，也能喻日在天際行走，此題前已申述。比較二者，知陶丸述月食甚日狀效果最佳。此物爲灰陶。無日全食日不得顯灰色，唯全食食甚時分能睹日狀如此。此係日由陽實轉爲陰實之證，陰覆壓陽而爲陰盈。

二、狄宛日全食計算之蚌殼朔冊與蚌殼消息盈虛

（一）數納消息之形色說

1. 一期陰陽消息畫之形色與朔冊

1）日全食消息盈虛暨交點年

（1）蚌殼朔冊與陽氣層疊及陽消陰息爲消息畫基礎

　　狄宛一期地穴出土河蚌殼數枚。譬如，標本 H398：63，長徑 37、短徑

14 毫米。標本 H3115：12，長徑 44、短徑 22、孔徑 2 毫米。標本 H398：8，直徑約 33、孔徑 5 毫米，穿小孔一眼。關於此物功用，迄今不見檢討。我察無孔蚌殼內面能喻月殘日，即陰息而陽消。完整蚌殼內面喻稍消之陽，而外面喻已息之陽與漸消之陰。故蚌殼一枚，實係陰陽消息之象徵，計算節氣之器。蚌殼年輪喻歲。此題前已申述，不贅言。

但問，單個蚌殼鑽一孔有何含義？我察此孔頗似圓瓦陀中央鑽孔。而圓瓦陀中央對鑽圓孔，係聖賢告喻觀日全食而能為曆算，交點年與回歸年計算通達。這樣，鑽孔蚌殼與無孔蚌殼之義參差。基於此點，我斷定狄宛一期聖賢已知交點年朔冊，而此辨識又匹配 F371 等記察觀象臺觀赤經面變動舊事。

（2）陰陽消息之數各為三之器物佐證

狄宛一期前一輪返日全食曾為聖賢先輩觀測，他們傳告相關知識，此係狄宛一期聖賢造器基礎。標本 H363：54，圖二九第 3 係最佳佐證。發掘者以為，此物係陶模，此說半是半非。凡狄宛器物圜底恃此物而為，此說不誤。但逢日全食，此說非是。

此物側視圖是月殘日，唯餘殘陽。陽衰而陰盛，自陽實而轉變為陰實前，陰實陽即為陰盈。標本 H398：3 上白色紋飾狀似月殘將盡，猶如今陰曆一月末殘月之狀。寒氣未盡，陽氣未盈。此瓦片有三邊，非如前述五邊器。此二等物件類別不同。此處，三邊夾砂陶記述日全食事，而三邊能容納陰陽盈虛變遷。如此，陰陽畫連屬各限於三之消息盈虛畫萌芽。察 H363：54，見側面如月殘日，日有殘餘，此係三陽剩餘一陽之數。自西向東查看，陰陽比例係 2：1，匹配後世陰陽消息畫（卦畫），此狀為艮，即二陰先在，而後有一陽，為殘陽。其俯視與側視圖如後。

圖一三四　月殘日陰陽消息為三

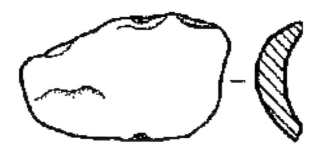

2. 一期消息畫係二期消息畫之源

1）一期寒溫消息納於八之形色與術算根據

（1）H398：72 白紋寫陰陽消息三三遞變係陰陽六爻畫起源

檢蚌狀瓦片標本 H398：72 白色畫作，今勘定此畫其實是日月消息畫。日以陽曆 18 年消一番，每三番見於同地。月以 19 交點年消陽一番。三番爲滿。於是，陰陽消息術算獲得堅實基礎：二者都以三爲變率。三陰消三陽。一陽之消同一陰之息。於消息畫即爲一陰、一陽相互替代。單言陽消，此爲三消息。單言陰爻，亦爲三消息。若言陰消陽而陰息，陰退陽而陽息，即爲六消息。三消息者，後世單卦也。六消息者，後世六爻也。

依此思考反觀 H398：72 白畫上部一對白紋畫，即知此畫含重消息之義。翻轉此畫，見右邊模樣似一陰。左邊模樣似二陽。對照日全食得知，日消月息與日息月消能連屬，以日初息爲先，以月初息爲後，一陽與兩陽納三陰之畫初成，即得 🦋。中央爲白畫之月，有三陰。單陰之三得以保全。如此，六重消息之畫成，六重卦成矣！

自右向左得一陽，夾三陰，末爲二陽。序之即見一陽三陰二陽。排序即得《周易》大象之「雷風」，即《恒》卦。文王卦曰：「利有攸往」，「利」謂禺割，月殘日是也。「有」，日全食。「攸往」者，行節氣之平也，旨在謀平二分。《象》：「立不易方」。案：以《否》蒞氣數變於地上。「不」，否也。《否》卦六陰爻。易，變更，指術算遞補，猶如狄宛曆法一般。方，地上陰陽氣數。漢《易》注釋皆不完備，而《易林》含義最深，京房《易》頗傳古誼，但舊說破碎，頗難勘破。唯狄宛消息畫舊說係疏解文王《易》說之鑰匙。

（2）八六統數以標本 H3115：10 術算佐證

前述狄宛一期聖賢造設單消息、重消息形色，但未涉用八。其實，此題前以標本 H3115：10 配數澄清。其術算俱乾冊八分、坤策八分。後以三判分，得數十八。三比二之數成。其算法大要：

$$216 \div 8 = 27$$
$$144 \div 8 = 18$$

而 27、18 合乎老陽老陰九六之比：

$$27 \div 3 = 9$$
$$18 \div 3 = 6$$

　　檢狄宛 H3115：10 造於聖人觀象而爲陽曆，得交點年認知。交點年認知促使他們並解兩難：第一，精算春秋分日，平二分。第二，日全食在地上打破節氣術算，故 H3115 隱藏算法是續補兩日。原補八日，再補二日，爲陽曆畢。涉「八」爲減筆消息畫，此體將在後述。

　　2）二期減筆日全食消息畫略要

　　（1）二期陶缽「刻劃符號」舊説

　　狄宛遺址發掘者在二期地層獲得某種陶缽，其口沿有刻劃。他們出土有刻劃殘缽陶片 32 件，類別 16。面對此等刻劃，學界有兩説：其一以爲刻劃係「記事符號」，其二以爲刻劃即早期文字。發掘者未述己見，頗顯謹慎。

　　我檢《發掘報告》表一二（《第二期刻劃符號登記表》）十六等刻劃俱述陽氣消息，但並非每件都堪脱離缽沿訓解。缽有上下，口沿可向上，也可向下，扣缽於地，能述北半天球。置缽於地而口向上，能喻日南遷後日宿之星隱沒。其變率爲半年。細察表一二，見一等刻劃重複列舉。左列自上數第二、三係一文，第五、六係一文。再察此二者，其實係一文顚倒。加於某器，而此器不必倒置。但其餘刻劃能夠依缽翻轉而顚倒記事。此處多見半坡、姜寨刻劃鼻祖。若論能顚倒刻文，僅見十四等。

　　（2）消息減筆勒刻類別

　　照顧狄宛二期消息畫之減筆勒刻難訓釋，禁忌頗多，今唯擇四例別赤經面變動畫與陰陽消息勒刻疏解，即表一二右欄第 1、6、7、8。今給諸勒刻次第：

　　例一，G300：P56。此係赤經橢圓軌道面減筆畫。揭前 F371 觀象臺之赤經觀測訓釋。第二，T7 ④：P5。係單消息畫。第三，T314 ④：P2，此係重消息畫。第四，H235：P13，也係重消息畫。

圖一三五　狄宛二期減筆消息畫類略

　　此等刻劃出自兩等畫技：第一等畫技出自狄宛一期 F371 等記錄觀象者觀測赤經於黃道面相交所得。此等畫作關聯日消息圓狀，即化爲橢圓黑邊赤色底模樣。圓狀能以日月消息概括，狄宛二期、北首嶺下層、半坡與姜寨早期

多見此類消息畫。後三者出自一等畫技，其基礎係標本 H398：72 上白色消息畫。此三者俱係陰陽重消息勒刻，其本係狄宛一期日全食。這三者出自一期聖賢之手，傳於後嗣。

例一係「天垂象示吉凶」之示，字從赤經面與子午線相交而不透。子午線與黃道見垂直與斜線相交，故赤經面與黃道有夾角。此字述赤道面春秋分日與夏至日變動。今日地理學說仍用此例，但追加了天軸與南天天極與北天極。此字無變更方向餘地，觀天者不能察異常，故不得孳乳，以此模樣傳於後世。竹書卦畫有此例。

3）單消息勒刻與重消息《恒》疏暨《恒先》篇間詁

（1）T7 ④：P5 單消息震、艮暨《說卦》長男少男說疏

第二畫爲單消息畫震，寫月退出日體，初見一陽，存二陰。依狄宛聖賢缽堪平置、亦堪倒扣之理，翻轉此畫一百八十度，即黃道面變遷一百八十度，但循春分迄秋分或秋分迄春分之理，得單消息艮。此二者係狄宛單消息畫之源。

標本 T7 ④：P5 消息畫係陰消而陽初息，陽一而陰二。陰二將退，而陽初唯一。此畫係日全食日復圓初見右側之日。《說卦》謂震爲長男。長男者，令陽長也。草木長即謂地吐出。日全食食既月覆日，此謂陰，類地。故初見一陽爲長。男喻陽。

反此重消息，即得初見二陰，末見一陽。於日全食初虧後食甚，此即陰將全覆陽。《說卦》謂艮爲少男。少者，小也。減算也。減日全食，陰息而消陽，陽愈寡，故小。小者，少也。

（2）重消息《恒》疏暨竹書《恒先》篇名間詁

例三係重消息之「雷風」，係重述狄宛一期標本 H398：72 以白色摹寫重消息《恒》。中央丨不得訓如陽爻。此消息畫係《易》教重卦畫初祖。戰國竹書記「恒先」。學界迄今研究此篇竹書局限於「導」學之氣論，甚或以宇宙觀解釋，但又不究「道」本。馬王堆《道原》篇「恒先之初」述中國人種系起源在朔，即聖賢初察知日全食在朔日。但此言未受史學者足夠重視。檢《恒先》爲《道原》之姊妹篇，又檢前者述重消息之教起源，與《繫辭傳》互證。講其述重消息之教起源之證有二：第一，恒先即《恒》先，謂重消息之教本乎重消息《恒》，其餘重消息畫基於此而產生，故言其先。第二，此篇言依李零先生校讀，篇首見「恒先無又」、「虛」、「自厭不自忍，或乍」等。我

察此數言述重消息《恒》起源：謂重消息《恒》畫之先，日全食頻仍。此期間，目不睹而在者仍在。「虛」謂陰處於不為人知之所，但日全食顯之。但知氣行者察日軌道變動，以《否》養其知氣之能，憂慮邑人或後嗣不能紀年，故畫赤經面變動。「無有」者，舞又也，謂日全食頻仍。此係赤經面與黃道面變動致日全食。「又」如前訓，謂日全食。「自厭」，以氣滋養。自者，鼻息也。知腥臭而逐食，睹草木茂盛而謀果蓏。草木盛衰者，氣行退也。厭，足食欲。「不自忍」，以《否》揚其知氣之能。「不」讀否。「自」覺氣行退。「忍」，能也。「或」，以為邑人或後嗣不知起迄，時失紀。作，乍也。乍字在狄宛狀如 **ヒ**，謂赤經面變動而給年次。兩平行畫述兩歲氣平。節氣平即謂紀年無誤。

我檢《恒先》《道原》兩篇作者係同宗之教。《原道》別述《易》源，而其傳者係利氏，軑侯利倉係其後嗣。殷末賢人膠鬲應係其先輩。此人與周初西土周族交好。我推斷此人為帝辛時代知《易》者。利氏其實是鬲氏，傳《易》須定名鬲氏《易》傳。學術界考究此事不精，以致《易》傳承研究局限一隅。今略溯謬識脈絡。

于豪亮先生曾言，帛書《六十四卦》堪呼為別本《周易》，六十四卦序、卦辭、爻辭俱異乎田何傳本〔註7〕。李學勤先生以為，此書係馬王堆本《周易》〔註8〕。劉大鈞先生遜以為，此書係今能見《周易》最早版本〔註9〕。今案，于先生以《周易》別本稱呼馬王堆出土帛書，已欠妥。李學勤先生以馬王堆本稱呼《易》六十四卦版本去本題更遠：馬王堆名在後，而利氏墓在早。帛書係利氏隨葬物，故須從利氏稱呼此版本。呼為利氏《易》傳，這不影響文王功業。以此說不足故，宜視帛書《六十四卦》為鬲氏《易》傳。

4）標本 H235：P13 重消息《頤》勒刻疏

（1）重消息構造與舊說

檢標本 H235：P13 勒刻述重消息《頤》，陰陽次第：陽、陰、陰、陰、陰、陽。此係先序震，後序艮。連屬二者而成。此更改係狄宛二期消息重畫重大事件，與重消息《恒》有同工之妙，唯其出現晚於《恒》。

〔註7〕于豪亮：《帛書周易》，《文物》1984 年第 3 期。

〔註8〕李學勤：《帛書繫辭上篇析論》，《江漢考古》1993 年第 1 期。

〔註9〕劉大鈞：《帛、今本易經今古文字考（乾迄蹇）——兼及帛、今本卦爻辭疑問辨析》，《周易研究》2003 年第 6 期。

文王述：「頤，貞吉。觀，頤，自求口實。」《象》：「頤之時義大矣哉。」此係殘陽與復圓前一陰相匹，令陰爲陽，得重消息如此。虞翻以旁通解卦，去文王讀甚遠（《周易集解》卷六，第141頁）。

（2）文王重消息《頤》述今疏

疏：「平二分，卜算二至，去天刑。準乎重消息《觀》，得食。此謂二分平而氣數容於方而草木榮。檢陸德明定頤音夷，夷謂平，平二分是也。卜正曰貞，涉二至。吉謂去天刑。觀，《觀》卦也。其重消息之序：下坤而上巽，「風地」也。春風將臨，花萼繽紛，秋季得果。自求者，以氣數能得日數。口，納也。實，依《經上》謂榮，草木萌發將有果實也。

術算：

9＋（6×2）＋（6×2）＋9＝42

得數爲陽曆年數，此數乘以年長365日：

42×365＝15330

算交點年：

15330÷346＝44

此謂四十四個交點年見日全食。以陽曆年同輪返日全食降臨此地須時：

54×42＝12

12×6＝2

此謂過兩個六年即得節氣之正。爻當年數爲整數。

這個年數與重消息《觀》術算相似：

（6×3）＋6＋（9×2）＝42

此係《象》言《觀》之故。「時義」指正二至、平二分。能平二分，即能採集穀物。

（二）二期朔冊640以爲「十有八變重消息」與畫例擇釋

1. 朔冊交點年計算係二期重消息畫深入發展之命脈

1）狄宛蚌殼朔冊交點年與陽曆年計算

（1）蚌殼別有孔無孔之疑

《發掘報告》第四章（三）「骨、角、牙、蚌器」述，出土穿孔圓底珠蚌131件。穿孔短褶矛蚌160件。F224土臺上發現一堆蚌殼113件，其頂部最厚處鑽孔。又見無孔圓頂珠蚌235件，此算法將在後考疏。比較陝西前仰韶

時期遺址，無論原子頭遺址、關桃園遺址、還是白家村遺址與龍崗寺遺址，乃至甘肅西山坪遺址，都不見大量有孔或無孔完整蚌殼。河南濮陽西水坡大墓見蚌殼布爲龍、虎（《1988 年河南濮陽西水坡遺址發掘簡報》，《考古》1989年 12 期）。若問擺放如此圖樣用蚌幾何，發掘者不能解答。這使我疑心，1988年西水坡遺址發掘者迄今不曉蚌殼於狄宛二期、三期時代聖賢之貴重。基於此點，我斷定大墓述文明細節尙需深入研究。

與上述狀況對立，殷墟婦好墓出土海貝 6880 枚。關於海貝之用，《殷虛婦好墓》作者以爲，貝爲貨貝〔註10〕。黃錫全先生以爲，此物當時用如貨幣〔註11〕。但我仍疑心此說堪否信賴：貝數較大雖非卜辭涉及「錫貝」，但仍能記述術算。而彼時能爲曆算者皆係知星宿、月、日、年及日月交食者。旁人不須知此，循太史告朔行動而已。而貨貝說根本不通：推斷婦好有諸多海貝，此謂推斷下葬者欲「追賀」。婦好生前喜好如此嗎？況且，何人給婦好下葬本係疑問。即使推斷貨貝爲交易之中間物，須斷定婦好生前喜好貿易。但卜辭唯能證實，她能治軍，頗能征伐。她並非貪財之人。既如此，舊說喪失方寸。

（2）聖人以 640 朔冊匹配 348 日交點年與 366 日陽曆年

蚌殼、貝殼在殷商之前絕非貿易中間物，而是「君子」一類人曆算之器。此曆算非佈歲冊，而佈交點年朔冊。故而，爲朔冊者需蚌殼甚衆。今先澄清狄宛蚌殼爲朔冊話題。

蚌殼數與樣貌：穿孔圓底珠蚌 131 件、穿孔短褶矛蚌 160 件、F224 土臺上有頂部鑽孔蚌殼 113 件、無孔圓頂珠蚌 235 件。此處涉併算。

表四七　交點年長 348 日與十有八變成卦（重消息）

四組 1～4 與和	甲：1、2、3 和	乙：1、2、4 和	丙：1、3、4 和	丁：2、3、4 和
131	405	527	479	509
161	戊：1、2 和	己：1、3 和	庚：1、4 和	辛：2、3 和
113	292	244	366	274

〔註10〕中國社會科學院考古研究所：《殷虛婦好墓》，文物出版社，1980 年，第 220頁。

〔註11〕黃錫全：《先秦貨幣通論》，紫禁城出版社，2001 年，第 13 頁。

少陰方十倍	甲	乙	丙	丁
235	壬：3、4和			
	348			
640				
少陰方十倍	甲：和同老陽四十五倍	乙：減180同347交點年長	丙：減陽曆年長同老陰19輪	丁：減陽曆年長餘坤策
十有八變成卦				
	戊：寡交點年日數同少陽乘少陰	己：乾冊216加28	庚：陽曆年長	辛：九分後得陽曆歲月日數
	壬：交點年長加平二分	己1：乾冊同全食四輪返		
		己2：28爲少陽四番		

　　640 蚌殼配數，其基礎係狄宛一期之前聖賢觀日全食，及二期而算得日全食逢交點年輪返。《易》術算細節大略在各欄。天干有阿拉伯數字者皆係配數細節。諸多蚌殼分組即得八組八枚蚌殼，十倍即爲總數。方八爲六十四，係重消息之數，倍數十統五、五。陰陽各五以配璇璣歲三百六十日，此日數即黃道週旋度數。此數統方上物象六六之變。不獨交點年長毛算 348 日見於配數，而且陽曆歲長 366 日也見於配數。366 日數後傳於龍山時代，陶寺遺跡不外此術算與觀象佐證，而《堯典》記歲 366 日本乎此事。

　　這 640 枚蚌殼其實是彼時聖人謀算合朔之冊，爲後世典冊。依此得知，今傳《堯典》術算初係蚌殼合朔，絕非類似甲骨文之類文字，疑古派謀求彼時文字，豈非夢囈？由此亦能推知，夏、殷、周三代聖賢遺跡必多含蚌殼。640 枚蚌殼佈算大要見表四七及註解。《繫辭傳》「十有八變而成卦」係塙言。狄宛二期聖賢佈 640 蚌殼配數，謀算日全食輪返有成。此算法與前舉民國 39 年日全食 54 陽曆年溯算輪返算法相稱。此術算旁證，狄宛一期標本 H3115：10 用八例其實是陽曆算法局部，涉及朔冊計算後平二分。我曾以爲，此標本述太陰曆補日爲 363 日（《安康學院學報》2015 年第 6 期，第 52～55 頁），今在此更正。

　　（3）640 枚蚌殼分陰分陽「十有八變」重消息體系略疏

　　今將 640 枚蚌殼佈算，溯跡狄宛聖人爲六十四重消息本相，以顯聖人如何分陰、分陽、疊用柔剛之事局部：

表四八　640 蚌殼陳「十有八變」重消息

總數 640	分大組	分陰陽爻	盡算陰陽爻數
分陰、陽盡算日全食	640＝540＋100	540＝6×9×10	10＝5＋5
輪返十分後陰陽爻	5.4＋5.4＝10.8	10.8×5＝54	54＝6×9
每輪返當重消息	54＋10＝540	6×90＝540	90＝64＋26
餘數分陰分陽	26－24＝2	24＝4×6	2＝1＋1

　　出土蚌殼有所謂「破損」者，此係聖人刻意而爲，非偶爾破損。此等破損佐證第二欄第二行少半之數與多半之數。此表各組配數顯示，《易》六十四卦本乎狄宛二期聖賢謀算日全食輪返。《易》學界多見以八卦生六十四卦述《周易》卦源，此乃私見，不得謂之大道。大道者，狄宛聖人之道也。

　　（4）駢枝：婦好墓海貝朔冊斷代旁證

　　基於前考，今認定聖賢婦好墓見海貝實係紀年朔冊，紀年數即其所屬族系傳承史，此年係其卒年。其算法：

　　　　6880÷348＝19.77

　　此數係交點年數。算陽曆：

　　　　6880÷365＝18.849

　　此數等於一輪返日全食之三分之一多：

　　　　0.849×365＝309.885

　　此數除以 18 日，即爲婦好卒年族系綿延年數，均分 17 日有餘。此謂此日全食毛算十九番，淨算僅十八番，折算六輪，合乎六爻佈算。由此，算出婦好世系存續長：

　　　　19×18＝343

　　依此計算，武丁時期婦好世系溯跡前 343 年，她是貴族後嗣。我依此墓骨匕有㚸字推斷，婦好係女媧族在中原最後傳人。她與武丁關係頗複雜，值得深入檢討。

　　2）H379：139 重消息《中孚》畫疏

　　（1）彩紋舊說無端無歸

　　狄宛二期是狄宛一期聖人曆算與觀象能力拓展與進益時期。《發掘報告》述圖一〇一第 5 曰：標本 H379：139，底綏圓，腹飾對三角、對半圓構成的圖

案。如此定名出自安特生影響。此說今宜休矣。

　　檢此缽收口，較深有圜底，以此皿戴頭，有難脫之義。故而此缽口沿畫作涉及寒日節氣。畫循口沿展開，此喻節氣涉春秋分。前訓陶缽俱涉半天球劃分，而且口平能喻黃道面。從皿底中央向上畫延長線能中分此畫。此畫本有兩幅模樣相同圖樣，發掘者擇一半展示。從缽中央畫垂線，均分此畫爲二後，每畫含義應相當。照顧前算狄宛一期尺寸度當，每 180 日能摹寫關聯春分迄秋分之璇璣歲日數，此數係基準，能爲曆、調曆，以平二分。此缽沿見兩畫，故其述歲必係 360 璇璣歲日。而此期間節氣劃分須見中氣。此係中央畫線平分二畫之義。由如上表意基礎得知，此畫摹寫冬至。中官星宿觀測係謀算冬至必由之路。

（2）巽兌夾陰盈重消息《中孚》畫

　　檢此畫須倒扣檢討，以合聖賢構圖模樣。翻轉之後，見天極去人遠。而黃道在下。黑色與底色關係是：底色係赤陶色，赤色喻陽，黑色喻陰。基於前疏二期減筆重消息畫，此處訓釋完整圖樣。

　　我檢此畫係狄宛二期若干吉祥畫之一，其消息畫自右向左：兩陽、兩陰、兩陽。連算爲六陰陽，此係三陰陽單消息畫之重疊。後世有言文王重畫者、有言炎帝重畫者，俱係謬說。值得驚訝者在於，此畫中央狀類果狀物。此物係日全食食既狀，即月覆陰狀。陽氣散射於兩旁。狄宛聖人後嗣以此畫記述謀算第二番日全食不誤。而第一番日全食耗時五十四年。迄此畫構圖，此缽焙燒完成，推測已流逝 108 年。基於前疏，今名此畫曰巽兌夾陰盈。此畫有匹配物，譬如二期橢圓磨邊陶 F2020：20，圖一四三，第 1。此狀述日影長，日遠人，即天體學之遠地點。右邊距離長即述此。

図一三六　H379：139 巽兌夾陰盈重消息畫

　　此畫係後世重消息《中孚》之本。《易》大象謂之巽兌，風澤。此消息畫係冬至得正之畫。而《序卦》言「《中孚》，信也。」此係章句古傳，述交點年計算日全食，以及節氣日數不誤。

（3）交點年與回歸年曆算

今依次疏文王述《中孚》，以對照此畫：「豚魚吉，利涉大川，利貞」。此三句謂：仿效幼豕、游水之魚，將去天地造設之刑。察今歲水上氣動靜而謀來年氣動，正得來年冬至、夏至。璇璣歲補三日，後平二分。

豚魚即二吉。寒日無果木，但豚得生存，故在母豬得地氣，拱地覓食。雖寒冷，但魚仍能在水中游動，以地氣動而寒水下凝故也。「凶」字從凵，謂不得攀登之坎，即天地造設之凵，引申用《莊子・養生主》「天之刑」。「利涉大川」者，依今歲曆算謀彼岸果實，彼岸者，來年也。凡涉皆終於登岸。「利貞」，卨正也。即調曆正冬至。此器有正冬至節氣之義。《周易集解》引諸家說俱不關聯古《中孚》含義，去文王《易》遠矣！

術算：

$$（9×2）＋（6×2）＋（9×2）＝48$$

本輪返積日數：

$$48×365＝17520$$

去本日全食輪返年月日數

$$54×365＝19710$$

$$19710－17520＝2190$$

$$2190÷346＝6.032947977$$

$$0.32947977×346＝114$$

未來有六個交點年，剩餘 114 日，這個日數能用六爻除盡：

$$114÷6＝19$$

佈算 19 重消息即得此數。

3）F310：5 重消息《乾》日全食陰陽消息說

（1）舊說欠妥

《發掘報告》圖一一〇第 1 如後，《發掘報告》作者云：標本 F310：5，腹飾對三角、平行橫線花紋。爲何有平行六線，考古界迄今未述，而彩陶畫研究者也未檢討。我檢一期四座觀象 F342、F371、F372、F378 遺跡之連連線重現於此，此喻二期文明內涵沿襲一期文明基調，故紅黑相間對三角有本。其六條平行線應與此關聯。今以狄宛一期日全食觀測致知日行軌道面爲基礎，疏此重消息畫。

圖一三七　F310：5重消息《乾》畫

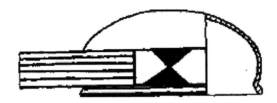

　　檢此畫出自用五、用六，另有每橫線含義當某數，此須求算。而求算須照顧狄宛一期基準日全食觀測與曆算。交點年、回歸年須是求算基礎。又檢考古發掘所得此卦名，馬王堆利氏傳本依帛書整理小組定卦名《鍵》，此名近古，但非本名。推此重消息名後起，但其曆算早有，楚竹書字作畫。二者同源。田何傳《乾·象》用「健」。但此二名已非狄宛聖人造重消息六陽畫之義。彼時，無二十八宿但聖人已察知建六星，但不得言建星名。今不深究其本，來日再考。今暫用田何傳本《乾》。

　　（2）重消息《乾》係七八交點年暨九六陽曆年朔冊疏

　　涉及重卦之源，《易》學界迄今無人能夠澄清。推其本在於，單消息起源不清，而漢《易》推數較多者不過《易林》。而焦贛之學仍未越郯子之學，《昭公十七年》郯子曰：「自顓頊以來，不能紀遠，乃紀於近。爲民師而命以民事，則不能故也。」郯子此言告喻《易》在關東傳承已有變遷。紀遠、紀近俱涉紀年。紀元及遠，此謂紀遠。紀元及近，此謂紀近。紀元遠者，一號統數個日全食輪返，後嗣承用母、父之號。紀於近者，日全食一輪返之內大事須紀。郯子此言與《誥志》虞史伯夷言陰陽幽明之言互補。狄宛聖人紀遠，此不須疑，狄宛一期日全食曆志俱爲其證。而朔冊彼時已有，但不如二期出現之重消息《乾》表意明快。

　　此畫平行線六，此喻六番。六番者，六歲春秋分平也。故畫平行於口沿直線六。陰陽交五，此赤經面變動期間，能得平春秋分。平春分，故春分線能連續劃分。平秋分，其線也能劃分。二者間隔一百八十日，此黃道謂三百六十度。在畫上別兩個黑三角，內角度數爲三百六十度。兩個赤三角，內角度數也是三百六十度。赤三角與黑三角之別在於，黑三角述仲冬、仲夏，而赤三角述秋分、春分。冬夏二至準乎冬至，玄色爲本。縱向者，分割春秋分故也。

　　此畫六線，每線當一倍，計六倍，每線喻陽曆九年，得年數五十四年。

重消息《乾》每爻爲陽爻，陽爻於數爲九，在此記九年，以合狄宛一期聖賢觀氐宿、格星等，能算五十四年一輪返。此算得得日數：

54×365＝19710

此日數除以交點年：

19710÷346＝56

此間差數等與兩年，即陽曆每五十四年寡於交點年兩年，每 108 年寡四年。當然，計算日全食不得簡單累積年數，而應算起點輪返年月日。

此算得出結論：每六九個陽曆年等於八個七交點年。此數係紀遠之本。郊子之學有本。而此消息畫又是最簡便朔冊，係中國最系統乘法匯集，也是謀算春秋分之器，係狄宛二期重器。其術算逯承狄宛一期日全食曆算。發掘者定此物出土地 F310 屬二期 I 段，誠是。

依此檢討文王述《乾》，含義清白，而子夏之後，此說失傳。文王云：「乾，元亨利貞。」今疏：交點年二十八兩番，新紀興起。依歲補三日平秋分，得冬至，陽氣蒸騰。乾，建也。斗柄週旋，每輪二十八宿，當每歲節氣平於前歲節氣，二十八宿須乘以二，得五十六年，此年數即交點年數。滿此數即見同一日全食輪返。此後，新紀開端，故曰元。亨，地氣蒸騰，冬至氣正是也。利，鬲也。歲補三日得陽曆，平二分，故得陽曆年三百六十五日。貞者，正也。以《乾》六陽爻正之。此即五十四年。

孫星衍《周易集解》引李鼎祚《周易集解》周氏云：「『元』，始也。於時配春。言萬物始生，得其元始之序，發育長養。『亨』，通也。於時配夏。夏以通暢，合其嘉美之道。『利』者，義也。於時配秋。秋以成實，得其利，物之宜。『貞』者，正也。於時配冬，冬以物之終，納幹正之道。」又引《史徵〈周易〉口訣義》魏徵曰：「始，萬物爲元。遂萬物爲亨，益萬物爲利。不私萬物爲貞。」〔註12〕眾說繚繞難從，去文王《易》遠矣。

狄宛消息畫在二期成熟，其重消息畫總數達六十四，此事不可疑。我舉其證是，〉K 謂《恆》，此畫係勒刻減筆，於數爲十八，八夾十（揭前 H3115：10 考）。十於數爲斗柄週旋，設四方。此數含義：方八乘以十，其數是 640。此數不異於二期出土蚌殼總數。

〔註12〕孫星衍：《周易集解》，《續修四庫全書》第 25 冊，上海古籍出版社，2002 年，第 131 頁。

2. 狄宛聖人後嗣傳重消息魚畫於魚化寨及半坡疏

1）半坡魚畫重消息《大過》疏

（1）狄宛二期聖人寄消息之教於魚畫

半坡遺址發掘出土大量彩陶盆，盆外壁頻見魚畫。這在當時引發圖畫解析說，美術界也參與此事。《西安半坡》第五章「花紋的複合演化的推測圖」之（一）、（二）、（三）頗招矚目（第 183～185 頁）。今察其第（二）係狄宛標本 F310：5 重消息《乾》之演變，半坡舊教不得爲本。考古界以半坡器物定半坡類型其實毫無文明史依據。

我察半坡遺物魚畫屬聖賢「魚化」功業蹤跡，其本在狄宛一期之末，二期 I 段鼎盛。聖賢寄消息之教於魚狀。此等畫作傳及北首嶺，而後在關中腹地廣泛傳播。此文明一角似乎同時在西安西郊與滻河畔發達。如論地名表述聖人田魚之教，恐怕應凸顯魚化寨，而非半坡。寨者，戎狄先輩宿所也。半坡地名猶如仰韶地名，俱無文明蹤跡。考古界應以「魚化寨」標誌以魚畫爲特點之彩陶文明。

（2）半坡遺址魚畫 P.4740 重消息《大過》疏

半坡遺址出土彩陶皿之一係雙魚畫陶盆。標本 P.4740 圖樣如後。我依狄宛一期五邊赤陶赤色直紋斷定，魚畫左邊係消息畫，含陰、陽氣消息。其中央四條橫線述狄宛二期標本 F310：5 上陽爻。由此，我定此畫係重消息《大過》。

圖一三八　半坡重消息魚畫《大過》

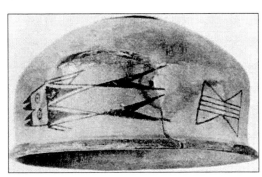

此處，重消息畫係後世重卦遠祖。卦畫始於下而向上爲續。下爲巽、上爲兌，故爲《易》大象之澤風，後世名曰《大過》。重消息《大過》係《中孚》

之反。由此得知，半坡前賢係狄宛聖賢後嗣，如北首嶺、姜寨前賢一般。

文王讀卦曰：「棟撓。利有攸往。亨。」疏：春秋分不平，曆算日全食後平二分，後正冬至，地氣升騰。棟撓者，木兩端在平臺而中央凹也。找平高臺類比地平，地平乃黃道線，係春秋分交點。撓者，彎曲也。潮木兩端置於平地，而凹。利，禼也。三足器。補璇璣歲爲三百六十三日曆法，平二分。能正冬至，行氣如水行，故亨。猶如蒸發潮木水分。

其術算準乎陰爻計六年，陽爻計九年，故見：

　　$12 + 36 = 48$

折算日數：

　　$48 \times 365 = 17520$

折合交點年：

　　$17520 \div 346 = 50$

此謂第 50 交點年見日全食，但陽曆年爲四十八年，差六年，由於節氣延遲，故須調曆。《象》傳：「時義大」在此凸顯。《周易集解》俱虞翻等說遠去文王卦釋。田何傳本雖不誤，但知之者鮮矣。此等重消息畫技傳及後世，綿延未絕，竹書重卦畫九六模樣相類。

2）半坡減筆《泰》《否》疏暨中國文明以象形書傳近八千年

（1）半坡減筆重消息《泰》《否》疏

半坡遺址瓦器殘片也見一種刻劃，此等刻劃模樣繁多。《西安半坡》發掘者定 P.4075 上圖樣 Ⴉ 爲英文字母 K 狀，圖一四一，第 25。儘管石先生等人辨識此刻劃模樣不誤，但其含義迄今未曾澄清。我觀此勒刻係減筆重消息畫《泰》，而翻轉一百八十度，即得《否》。依前訓缽、盆口

圖一三九　半坡減筆重消息《泰》《否》勒刻

（2）減筆勒刻重消息《泰》疏

若論重消息畫技，半坡此畫或多或少須視爲後世重卦鼻祖。姜寨有類似重消息畫。第一勒刻今轉爲黑色塗抹，但含義未變。其消息排序：三陰、三

陽。一劃代三劃，而三陽在下，三陰遠去，故此減筆勒刻係重消息《泰》。文王述此重消息：「泰：小往大來，吉，亨。」《象》：「天地交而萬物通。」虞翻：「坤陰詘外，為小往。乾陽信內，稱大來。天地交，萬物通，故吉亨（《周易集解》卷4，第75頁）。」

疏：曆日無滯澀，自日全食54年減陰陽消息積算，去節氣之刑，地氣將蒸，正夏至。泰者，曆算無滯澀，許慎訓滑，不誤。小，少也，減算即用少陽。積算老陽老陰，復以日全食大數減此數，得一陽為獲得冬至節氣之回歸年。此年數匹配交點年，以平二分。術算以陰爻為六年，陽爻為九年，年即回歸年，計365日：

$$6 \times 3 = 18$$
$$9 \times 3 = 27$$
$$18 + 27 = 45$$
$$45 = 6 \times 9$$
$$54 - 45 = 9$$
$$9 \times 365 = 3285$$
$$3285 \div 346 = 9.5$$
$$0.5 \times 346 = 173$$
$$180 - 173 = 7$$

以日全食54年輪返算陰陽消息數算迄今算得四十五年，剩餘整數，即九年回歸年。齊等交點年與回歸年數，得冬至日。後一百八十日即得夏至。0.5交點年約合171日，此數寡於180日7日。此數較之9日為小，故少。舊說謬甚。

（3）減筆重消息勒刻《否》疏

翻轉前勒刻即減筆重消息《否》之勒刻。顧漢《易》學謬解文王述卦，故述《否》前須重新標點，以便讀者檢校：「否：之匪人，不利。君子貞大往小，來。」

疏：「以六九陽曆算將來，不容平二分之曆。依調曆補三日，以鼓腹尊正冬至日，算五十四年之期，縮度及小，調曆。」否，依《唐韻》讀方九切。方九者，大禹中黃實之法。其本係狄宛二期《乾》九六陽曆算日全食輪返。「之匪人」自孔子之後，大抵無人塙讀。虞翻以盜解，謬甚（《周易集解》卷4，第80頁）。匪乃器，器容水，狄宛二期魚畫盆之水係喻氣蒸騰之器，以正冬

至日求算。「人」，讀夷，甲骨文多有其例，謂二分平。不，失納，指數未盡。利，鬲也。璇璣歲補三日，以爲平二分基礎。君子：依尊而謀算冬至，二字讀尊殛。君讀尊，子讀殛，謂極。術算始於子，乃天軸與地平北天極之差數。天軸在東北，地平之天極在正北。正北，乃中官大星之所，以正仲冬。貞，卜算正冬至，即未來冬至日。大，長也。日全食同週期用五十四年，此爲長，寡於此數，譬如十八、三十六、俱爲少。少者，小也。來，釐、調曆也。

術算：

$$9 \times 3 = 27$$

$$6 \times 3 = 18$$

$$27 - 18 = 9$$

$$54 - 9 = 45$$

此謂四十五個陽曆年後，日全食回歸。此數不堪以交點年術算容納：

$$45 \times 365 = 16425$$

$$16425 \div 346 = 47.47$$

此得數循環不盡。0.47 交點年折算 162 日，此日數不得視爲二分、二至日數，較之 180 日寡 18 日，此日數超過一個節氣日數。《周易》二分以夷（人）定，二至以通定。此處無通、無夷。上疏解釋文王述重消息。舊說多不可靠。

基於前疏，今知齊田遷杜傳《易》，其源即孔子學魯周公傳典，周公傳文王之教於後嗣。溯推而知，文王先輩承狄宛舊教，傳此教於文王。《繫辭傳》「十有八變而成卦」係塙言。《易》學界有人以 50 根蓍草抽一根不用，盡用剩餘 49 根，給此數分組，每組不寡於 6 根，而後抽取，存爲配爻之數。此法遠去狄宛聖人之教。

（4）勒刻消息畫爲象形書傳文明近八千年

考古界多年來研究半坡刻劃之文字史含義，但疏於考究諸刻劃與聖人傳消息畫關聯。而且，我察減筆消息畫係聖賢傳教之簡便途徑，唯臨潼姜寨與西安半坡有此等復古遺風。此等畫技導致象形字出現，而象形字摹寫之形即重消息之形。

涉及六書之象形，清末以降六書研究者用功深湛。《說文解字詁林》前編（中）記六書說。但是，學人都輕忽《保氏》篇言「書」，而不言「字」。而

許慎以「畫成其物」定象形，此四字之義猶如謎團，不爲古字研究者重視。趙伯義先生以爲：「象形就是要描繪客觀實物。」〔註13〕何謂「客觀實物」，趙先生無論。季旭昇先生《六書簡論・象形》以岩畫爲證，述圖畫線條化，漸漸變成象形文字。他以爲，許說象形其實是象形的基本形──獨體象形。基於此，他將象形字分四類：獨體象形、合體象形、省體象形、變體象形。季先生將書轉換爲文字。半坡時代刻劃究竟能否上升爲文，古文字史學界並不操心。裘錫圭先生操心「完整的文字體系」，並不究討彼時刻劃能否爲書。他講「我們絲毫沒有掌握它們已經被用來記錄語言的證據。從民族學的角度看，也難以相信原始社會時期使用的幾何形符號會具有眞正的文字的性質。」〔註14〕裘先生基於體系文字之標準，否認「幾何形符號」有文字性能。察前言，得知裘先生以爲，文字本用於記錄語言。此等關聯似乎順理成章，但此說係蘇俄文字語言關係說孑遺。中國古人以刻劃記曆算。而彼時史家能定刻劃之音，揭前龍紀、水紀訓。換言之，中國史志爲言語初祖。今裘先生以後世每人用字爲基礎，論定所謂「原始社會」無今人言語之文字，豈非思路循環？此等觀念實屬學術界「莫須有」說。

裘先生係我在本土今世最敬仰學人。其識字詁音，考定流變，尤精於鐘鼎樂史考訂之力，我不能及。儘管如此，我須申明，其「體系文字」檢討理路脫離《周禮》保氏傳六書本義。

其實，六書之象形係曆紀，係日冊志，爲書而不爲體系文、亦非體系字。許慎敘曰：「箸於竹帛謂之書，書者如也。」盤銘亦當名曰書。書字從聿，涉斗柄之曆算參照義。而如謂遵從，《說苑・指武》「伐崇令」：「有不如令者，死無赦」之「如」訓從，動足從文王法度是也。於周保氏，從謂循天道，天道即日月經天而交食。其事在狄宛重消息《乾》交點年與回歸年曆算。我基於此斷定，六書之象形其實係史志，其起算點係某番日全食。於渭水流域，史志本乎狄宛聖賢初記 B.C.5840 年日全食，自此之後，中國文明傳承未絕。依此，我定中國文明傳承近八千年。無論史家如何看待史志，狄宛聖人肇造之功係文明大體認知之根基。無論何人欲敗壞史書，其力較之日月，猶蚍蜉於參天之木。以此，我終結初聖爲曆功業祖述。

〔註13〕趙伯義：《〈説文解字〉象形發微》，《河北師範大學學報》(社會科學版) 2002年第 3 期。

〔註14〕裘錫圭：《文字學概要》，商務印書館，1988 年，第 83 頁。

參考文獻

一、**經史**（援引庫書與《釋文》依原版頁碼）

1. 陸德明：《周易音義》，中華書局，1983 年。

2. 李鼎祚：《周易集解》第 2 冊，商務印書館，1936 年。

3. 孫星衍：《周易集解》，《續修四庫全書》第 25 冊，上海古籍出版社，2002 年。

4. 楊履泰：《周易倚數錄》，《續修四庫全書》第 34 冊（同上）。

5. 張惠言：《周易虞氏消息》，《續修四庫全書》第 26 冊（同上）。

6. 張惠言：《周易虞氏義》，《續修四庫全書》第 26 冊（同上）。

7. 高亨：《周易大傳今注》，齊魯書社，1979 年。

8. 尚秉和：《周易尚氏學》第十一卷，中華書局，1980 年。

9. 冒廣生撰述，冒懷辛、毛景華整理：《冒鶴亭京氏易三種》，巴蜀書社，2009 年。

10. 孫星衍撰，陳抗等點校：《尚書今古文注疏》，中華書局，1986 年。

11. 朱右曾：《周書集訓校釋》（卷六），《續修四庫全書》第 301 冊（同第 3 種）。

12. 楊筠如：《尚書覈詁》，陝西人民出版社，1959 年。

13. 臧克和：《尚書文字校詁》，上海教育出版社，1999 年。

14. 鄭玄：《毛詩鄭箋》卷一，中華書局，1936 年。

15. 王先謙：《詩三家義集疏》，中華書局，1987 年。

16. 姚際恒：《儀禮通論》，《續修四庫全書》第 86 冊（同第 3 種）。

17. 張惠言：《讀儀禮記》，《續修四庫全書》第 90 冊（同第 3 種）。

18. 朱彬：《禮記訓纂》，中華書局，1996 年。

19. 王聘珍撰，王文錦點校：《大戴禮記解詁》，中華書局，1983 年。

20. 孔穎達等：《春秋左傳正義》，《續修四庫全書》第 118 冊（同第 3 種）。

21. 楊伯峻：《春秋左傳注》，中華書局，1981 年。

22. 左丘明：《鄭語》（卷第十六），《國語》，中華書局，1936 年。

23. 郝懿行：《山海經箋疏》，光緒十二年還讀樓版。

24. 郝懿行：《爾雅義疏》，商務印書館，1936 年。

25. 瞿曇悉達：《開元占經》，中央編譯出版社，2006 年。

26. 陳瑚撰，邵廷烈校：《築圍說》，《續修四庫全書》第 975 冊（同第 3 種）。

27. 焦循：《孟子正義》（卷六），《續修四庫全書》第 158 冊（同第 3 種）。

28. 王緇塵講述，朱劍芒等校定：《孟子讀本》，粹芬閣，1936 年。

29. 楊伯峻：《孟子導讀》，中國國際廣播出版社，2008 年。

30. 司馬遷撰，裴駰集解、司馬貞索隱、張守節正義：《史記》，中華書局，1959 年。

31. 班固撰，顏師古注，陳抗等點校：《漢書》，中華書局，1962 年。

32. 王先謙：《漢書補注》，中華書局，1983 年。

33. 范曄撰，李賢注：《後漢書》，中華書局，1998 年。

34. 何寧：《淮南子集釋》，中華書局，1998 年。

35. 楊寶忠：《論衡校箋》，河北教育出版社，1999 年。

二、字書與韻書（下依年次）

1. 許慎：《說文解字》，中華書局，1963 年。

2. 中國科學院考古研究所：《甲骨文編》，中華書局，1965 年。

3. 段玉裁《說文解字注》，上海古籍出版社，1988 年第 2 版。

4. 古文字詁林編輯委員會：《古文字詁林》，上海教育出版社，1999 年。

5. 陳彭年等：《宋本廣韻》（附永祿本韻鏡），江蘇教育出版社，2005 年。

6. 季旭昇：《說文新證》（上冊），藝文印書館，中華民國 91 年。

三、專題著作

（一）域內

1. 馬承源：《仰韶文化的彩陶》，上海人民出版社，1957 年。

2. 石興邦：《半坡氏族公社》，陝西人民出版社，1979 年。

3. 李迪：《中國數學史簡編》，遼寧人民出版社，1984 年。

4. 裘錫圭：《文字學概要》，商務印書館，1988 年。

5. 劉金沂、趙澄秋：《中國古代天文學史略》，河北科學技術出版社，1990
年。

6. 方酉生：《田野考古方法論》，武漢大學出版社，1992 年。

7. 于海廣等：《田野考古學》，山東大學出版社，1995 年。

8. 何寧：《淮南子集釋》，中華書局，1998 年。

9. 張光直：《仰韶文化的巫覡資料》，《中國考古學論文集》，三聯書店，1999
年。

10. 武家璧：《觀象授時——楚國的天文曆法》，湖北教育出版社，2000 年。

11. 彭浩：《郭店老子校讀》，湖北人民出版社，2000 年。

12. 詹希美等：《人體寄生蟲學》，人民衛生出版社，2001 年。

13. 黃錫全：《先秦貨幣通論》，紫禁城出版社，2001 年。

14. 柳冬青：《紅山文化》，內蒙古大學出版社，2002 年。

15. 李友謀：《裴李崗文化》，文物出版社，2003 年。

16. 張之恒：《中國新石器時代考古》，南京大學出版社，2004 年。

17. 陳遵媯：《中國天文學史》，上海人民出版社，2006 年。

18. 鄭慧生：《認星識曆——古代天文曆法初步》，河南大學出版社，2006
年。

19. 馮恩學：《田野考古學》，吉林大學出版社，2008 年。

20. 楊鴻勛：《楊鴻勛建築考古學論文集》（增訂版），文物出版社，2008 年。

21. 于恩華，李靜平：《人體解剖學》第 3 版，北京大學醫學出版社，2008
年。

22. 劉克明：《中國圖學思想史》，科學出版社，2008 年。

23. 劉操南：《古代天文曆法釋證》，浙江大學出版社，2009 年。

24. 方擁：《中國傳統建築十五講》，北京大學出版社，2010 年。

25. 馮時：《中國天文考古學》（第三版），中國社會科學出版社，2010 年。

26. 李祥石：《解讀岩畫》，黃河出版傳媒集團，2012 年。

27. 張光直著，印羣譯：《古代中國考古學》，三聯出版社，2013 年。

28. 王新生：《日本簡史》（增訂版），北京大學出版社，2013 年。

（二）域外

1. J. G. Andersson: An Early Chinese Culture, Ministry of Agriculture and Commerce, the Geological Survey of China, 1923.

2. Eliot Goldfinger: Anatomy for Artists-The Elements of Form, Oxford University Press, 2004.

四、發掘紀實暨專輯（以地名援引對應發掘報告專輯）

（一）專輯

1. 《河南濬縣大賚店史前遺址》，《田野考古報告》（專刊之十三），商務印書館，1936 年。
2. 《廟底溝與三里橋》，科學出版社，1959 年。
3. 《西安半坡——原始氏族公社聚落遺址》，文物出版社，1963 年。
4. 《大汶口——新石器時代墓葬發掘報告》，文物出版社，1974 年。
5. 《殷虛婦好墓》，文物出版社，1980 年。
6. 《殷墟發掘報告 1958～1961》，文物出版社，1987 年。
7. 《姜寨——新石器時代遺址發掘報告》，文物出版社，1988 年。
8. 《龍崗寺——新石器時代遺址發掘報告》，文物出版社，1990 年。
9. 《寶雞福臨堡——新石器時代遺址發掘報告》文物出版社，1993 年。
10. 《臨潼白家村》，巴蜀書社，1994 年。
11. 《陝南考古報告》，三秦出版社，1994 年。
12. 《師趙村與西山坪》，中國大百科全書出版社，1999 年。
13. 《新疆察吾呼——大型氏族墓地發掘報告》，東方出版社，1999 年。
14. 《河姆渡——新石器時代遺址考古發掘報告》，文物出版社，2003 年。
15. 《隴縣原子頭》，文物出版社，2005 年。
16. 《秦安大地灣——新石器時代遺址發掘報告》，文物出版社，2006 年（援引上冊不注明）。
17. 《夏商周斷代工程 1996～2000 年階段成果報告》（簡本），世界圖書出版公司，2000 年。
18. 《中國歷史日食典》（夏商周斷代工程叢書），世界圖書出版公司，2006 年。

（二）簡報

1. 《長江西陵峽考古調查與試掘》，《考古》1961 年第 5 期。
2. 《河北磁山新石器遺址試掘》，《考古》1977 年第 6 期。
3. 《1977 年寶雞北首嶺遺址發掘簡報》，《考古》1979 年第 2 期。
4. 《河北武安磁山遺址》，《考古學報》1981 年第 3 期。
5. 《吉林永吉星星哨石棺墓第三次發掘》，《考古學集刊》第 3 集，1983 年。

6. 《遼寧牛河梁紅山文化「女神廟」與積石冢群發掘簡報》,《文物》1986 年第 8 期。

7. 《宜昌伍相廟新石器時代遺址發掘報告》,《江漢考古》1988 年第 1 期。

8. 《甘肅省天水市西山坪早期新石器時代遺址發掘簡報》,《考古》1988 年第 5 期。

9. 《山西吉縣柿子灘中石器文化遺址》,《考古學報》1989 年第 3 期。

10. 《河北徐水縣南莊頭遺址試掘簡報》,《考古》1992 年第 11 期。

11. 《內蒙古敖漢旗興隆洼聚落遺址 1992 年發掘簡報》,《考古》1997 年第 1 期。

12. 《河南鄧州八里崗遺址 1998 年發掘簡報》,《文物》2000 年第 11 期。

13. 《甘肅武都縣大李家坪新石器時代遺址發掘報告》,《考古學集刊》(第 13 集),2000 年。

14. 《甘肅秦安縣大地灣遺址仰韶文化早期聚落發掘簡報》,《考古》2003 年第 6 期。

15. 《內蒙古呼倫貝爾輝河水壩細石器遺址發掘報告》,《考古學報》2008 年第 1 期。

16. 《1997 年河北徐水南莊頭遺址發掘報告》,《考古學報》2010 年第 3 期。

17. 《甘肅秦安考古調查紀略》,《文物》2014 年第 6 期。

五、檢論

(一)地質史

1. 王蘇民、吉磊等:《內蒙古扎賚諾爾湖泊沉積物中的新仙女木事件記錄》,《科學通報》1994 年第 4 期。

2. 李彬、袁道先等:《桂林盤龍洞石筍中新仙女木事件及全新世氣候變化記錄》,《地質學報》1998 年第 4 期。

3. 覃嘉銘、袁道先等:《新仙女木及全新世早中期氣候突變事件:貴州茂蘭石筍氧同位素記錄》《中國科學》(D 輯,地球科學)2004 年第 1 期。

4. 吉篤學、陳發虎,R. G. Bettinger 等:《末次盛冰期環境惡化對中國北方舊石器文化的影響》,《人類學學報》2005 年第 4 期。

5. 周靜、王蘇民:《新仙女木事件及全新世早中期降溫事件——來自洱海湖泊沉積的記錄》,《氣候變化研究進展》2006 年第 3 期。

6. 羅超、彭子成等:《新仙女木事件在羅布泊湖相沉積物中的記錄》,《地球科學》(中國地質大學學報)2008 年第 2 期。

7. 張麗蓉、舒強等:《新仙女木事件在蘇北盆地德勝湖沉積物中的記錄》,《地質科技情報》2011 年第 1 期。

（二）天文、醫家

1. 鮑夢賢：《淺說回歸線漂移的天文成因》，《天文愛好者》1999 年第 2 期。
2. 白雲蘭：《太陽直射點回歸運動解讀》，《教育實踐與研究》2006 年第 7 期。
3. 程之穎：《日全食持續時間的簡析》，《物理教師》2009 年第 11 期。
4. 尹周安、龍玲、羅成宇：《論氣血津液精之「盈虛通滯」理論在〈方劑學〉教學中運用》，《現代中醫藥》2013 年第 5 期。

（三）遺跡、遺物、遺教

1. 竺可楨：《二十八宿起源之時代與地點》，《思想與時代》第 34 期（1944 年 5 月）。
2. 王仲殊：《墓葬略說》，《考古通訊》1955 年創刊號。
3. 雷海宗：《曆法的起源和先秦曆法》，《歷史教學》1956 年第 8 期。
4. 郭義孚：《考古測量》，《考古通訊》1955 年第 4 期。
5. 沈文倬：《對「〈士喪禮〉〈既夕禮〉中所記載的喪葬制度」幾點意見》，《考古學報》1958 年第 2 期。
6. 任步雲：《甘肅秦安縣新石器時代居住遺址》，《考古通訊》1958 年 5 月。
7. 李仰松：《從瓦族製陶探討古代陶器製作上的幾個問題》，《考古》1959 年第 5 期。
8. 安志敏：《略論新石器時代的一些打製石器》，《古脊椎動物與古人類》1960 年第 2 期。
9. 佟柱臣：《從考古材料試探我國的私有制和階級的起源》，《考古》1975 年第 4 期。
10. 孫作雲：《洛陽西漢卜千秋墓壁畫考釋》，《文物》1977 年第 6 期。
11. 邯鄲市文物保管所：《河北磁山新石器遺址試掘》，《考古》1977 年第 6 期。
12. 王仁湘：《新石器時代葬豬的宗教意義——原始宗教文化遺存探討札記》，《文物》1981 年第 2 期。
13. 閻渭清：《甘肅秦安大地灣新石器時代早期遺存》，《文物》1981 年第 4 期。
14. 蘇秉琦、殷瑋璋：《關於考古學文化的區系類型問題》，《文物》1981 年第 5 期。
15. 商承祚：《〈石刻篆文編〉字說》，《古文字研究》第 5 輯，中華書局，1981 年。
16. 蘇秉琦、殷瑋璋：《地層學與器物形態學》，《文物》1982 年第 4 期。

17. 張鵬川等：《甘肅秦安大地灣遺址 1978 年至 1982 年發掘的主要收穫》，《文物》1983 年第 11 期。

18. 金則恭：《仰韶文化的埋葬制度》，《考古學集刊》第 4 集，中國社會科學出版社，1984 年。

19. 于豪亮：《帛書〈周易〉》，《文物》1984 年第 3 期。

20. 賈鴻恩：《內蒙古翁牛特旗三星他拉村發現玉龍》，《文物》1984 年第 6 期。

21. 孫守道：《三星他拉紅山文化玉龍考》，《考古》1984 年第 6 期。

22. 佟柱臣：《中國新石器時代文化的多中心發展論和發展不平衡論——論中國新石器時代文化發展的規律和中國文明的起源》，《文物》1986 年第 2 期。

23. 楊鴻勛：《論石楔及石扁鏟——新石器考古中被誤解了的重要工具》，《建築考古學論文集》，1987 年。

24. 謝世俊：《節氣史考源》，《尋根》1988 年第 2 期。

25. 邵望平：《〈禹貢〉「九州」的考古學研究》，《考古學文化論》（2），1989 年。

26. 楊陽：《「聖人以神道設教」辨》，《孔子研究》1990 年第 1 期。

27. 謝駿義：《甘肅西部和中部舊石器考古的新發現及其展望》，《人類學學報》1991 年第 1 期。

28. 賀聖迪：《周易「尚象制器」說與傳統科技》，《周易研究》1990 年第 2 期。

29. 〔美國〕斯坦利‧J‧奧爾森撰，同號文節譯，李有恒審校：《中國是動物早期馴化的一個中心》，《人類學學報》1993 年第 2 期。

30. 陳國慶、孟華平：《大溪文化陶支座用途剖析》，《江漢考古》1991 年第 3 期。

31. 李學勤：《帛書〈繫辭〉上篇析論》，《江漢考古》1993 年第 1 期。

32. 何星亮：《華夏第一龍探析》，《東南文化》1993 年第 3 期。

33. 張聞玉：《釋「辰」》，《貴州大學學報》1994 年第 2 期。

34. 王正書：《甲骨「鬼」字補釋》，《考古與文物》1994 年第 3 期。

35. 龐樸：《談「玄」》，《中國文化》1994 年 8 月，第 10 期。

36. 朱乃誠：《元君廟仰韶墓地的研究》《考古學集刊》第 9 集，1995 年。

37. 姜念思：《從筒形罐談陶器器形的起源》，《遼海文物學刊》1995 年第 1 期。

38. 石玉學、曹嘉穎：《中國高粱起源初探》，《遼寧農業科學》1995 年第 4 期。

39. 李文傑：《中國製陶工藝的分期和類型》,《自然科學史研究》1996 年第 1 期。

40. 布穀：《豬龍根三部曲》,《昭烏達蒙旗師專學報（漢文哲學社會科學版）》1996 年第 1 期。

41. 蔡運章：《屈家嶺文化的天體崇拜——兼談紡輪向玉璧的演變》,《中原文物》1996 年第 2 期。

42. 李文傑、郎樹德、趙建龍：《甘肅秦安大地灣一期製陶工藝研究》,《考古與文物》1996 年第 2 期。

43. 王瑞功、許峰：《從龍鳳形象的塑造論東夷文化的歷史進程》,《臨沂師專學報》1996 年第 4 期。

44. 張忠培：《黃河流域空三足器的興起》,《華夏考古》1997 年第 1 期。

45. 吳耀利：《新石器時代早期文化陶三足器初論》,《考古》1997 年第 3 期。

46. 張江凱：《裴李崗文化陶器的譜系研究》,《考古與文物》,1997 年第 5 期。

47. 錢耀鵬：《關於環壕聚落的幾個問題》,《文物》1997 年第 8 期。

48. 孫天健：《中國陶器起源的探索》,《景德鎮陶瓷》1998 年第 1 期。

49. 李錦山：《古史傳說時代的「丘」與「虛」》,《傳統文化與現代化》1998 年第 2 期。

50. 楊權喜：《大溪文化豬嘴形陶支座》,《江漢考古》1998 年第 2 期。

51. 于省吾：《釋**盅**雨》,《甲骨文字釋林》,1999 年。

52. 陳望衡：《〈周易〉「神道」析》,《周易研究》1999 年第 2 期。

53. 王煒林、王占奎：《試論半坡文化「圓陶片」之功用》,《考古》1999 年第 12 期。

54. 裘錫圭：《郭店〈老子〉簡初探》,《道家文化研究》第 17 輯,三聯書店,1999 年。

55. 周建山：《宛丘古國探索》,《史前研究》,2000 年。

56. 何周德：《史前窖穴初步研究》（同前）。

57. 王志俊：《中國新石器時代人類的食物與進食工具》（同前）。

58. 廣新菊、許清海等：《河北平原沉積物中記錄的新仙女木事件》,《雲南地理環境研究》2000 年第 1 期。

59. 庾潍誠：《論周易的「制器尚象」》,《周易研究》2000 年第 2 期。

60. 趙朝洪,吳小紅：《中國早期陶器的發現、年代測定及早期製陶工藝的初步探討》,《陶瓷學報》2000 年第 4 期。

61. 周崇發：《論中華龍的起源》,《江漢考古》2000 年第 4 期。

62. 鐘曉青：《秦安大地灣建築遺址略析》，《文物》2000 年第 5 期。

63. 張敬國、楊竹英：《凌家灘發現我國最早紅陶塊鋪裝大型廣場》，《中國文物報》2000 年 12 月 24 日，第 1 版。

64. 白雲翔，張建鋒：《黃河流域前期新石器時代墓葬的研究》，《華夏考古》2001 年第 2 期。

65. 馬清林、胡之德、李最雄：《大地灣遺址出土彩陶顏料以及塊狀顏料分析研究》，《文物》2001 年第 8 期。

66. 李文穎：《龍文化起源的時間地點》，《安陽師範學院學報》2001 年第 6 期。

67. 王仁湘：《中國史前彩陶地紋辨識》，《21 世紀中國考古學與世界考古學》，2002 年。

68. 曹興山、赫明林等：《河西走廊地質記錄中的新仙女木事件及其前後古地理環境演變》，《甘肅地質學報》2002 年第 1 期。

69. 趙伯義：《〈說文解字〉象形發微》，《河北師範大學學報》（社會科學版）2002 年第 3 期。

70. 倉林忠：《龍源考辨》，《江蘇廣播電視大學學報》2002 年第 4 期。

71. 郎樹德：《大地灣遺址的發現和初步研究》，《甘肅社會科學》2002 年第 5 期。

72. 郎樹德：《大地灣遺址房屋遺存的初步研究》，《考古與文物》2002 年第 5 期。

73. 趙輝：《考古學關於中國文明起源問題的研究》，《古代文明》（第二卷），2003 年。

74. 王仁湘：《我國新石器時代墓葬方向研究》，《中國史前考古論集》，2003 年。

75. 趙朝洪、吳小紅：《中國早期陶器的發現及相關問題的討論》，《考古學研究》（五），2003 年。

76. 王暉：《西周蠻夷『要服』新證——兼論『要服』與『荒服』、『侯服』之別》，《民族研究》2003 年第 1 期。

77. 戶曉輝：《豬在史前文化中的象徵意義》，《中原文物》2003 年第 1 期。

78. 劉大鈞：《帛、今本易經今古文字考（乾迄塞）——兼及帛、今本卦爻辭疑問辨析》，《周易研究》2003 年第 6 期。

79. 郎樹德：《甘肅秦安大地灣遺址聚落形態及其演變》，《考古》2003 年第 6 期。

80. 謝駿義、陳善勤：《記甘肅大地灣遺址剖面和舊石器遺存》，《第九屆中國古脊椎動物學學會年會論文集》，2004 年。

81. 李乃勝、張敬國等:《我國最早的陶質建材——凌家灘「紅陶塊」》,《建築材料學報》2004 年第 2 期。

82. 劉宗迪:《華夏上古龍崇拜的起源》,《民間文化論壇》2004 年第 4 期。

83. 朱乃誠:《中國陶器的起源》,《考古》2004 年第 6 期。

84. 馬蕭林:《史前隨葬豬下頜骨現象的思考》,《中國文物報》2004 年 10 月 15 日,第 7 版。

85. 楊建華,〔美〕羅恩:《史前房屋佈局變化的比較及其意義》,《古代文明》(第 3 卷)2004 年。

86. 王吉懷:《史前時期的雕刻與陶塑》,《東南文化》2005 年第 1 期。

87. 王昌燧,劉歆益:《早期陶器芻議》,《中國文物報》2005 年 11 月 11 日,第 7 版。

88. 張青:《半坡史前聚落居民營造技術初探》,《史前研究》2006 年。

89. 朱乃誠:《夏鼐與中國文明起源研究》,《考古學集刊》2006 年。

90. 謝端琚、甌燕:《黃河上游史前陶器符號與圖像研究》,《考古學集刊》第 16 集,2006 年。

91. 羅平:《磁山人住的房子》,《文物春秋》2006 年第 1 期。

92. 鄭萬耕:《「神道設教」說考釋》,《周易研究》2006 年第 2 期。

93. 晁福林:《試論先秦時期的「神道設教」》,《江漢論壇》2006 年第 2 期。

94. 趙世綱:《篦紋的起源與傳播》,《中原文物》2006 年第 2 期。

95. 龔丹:《屈家嶺文化中的兒童甕棺葬》,《上海文博》2006 年第 3 期。

96. 趙春青:《禹貢五服的考古學觀察》,《中原文物》2006 年第 5 期。

97. 龔丹:《屈家嶺文化中的兒童埋葬方式探析》,《東南文化》,2006 年第 5 期。

98. 曲辰:《「河圖」「洛書」與洛邑之營建及神道設教——關於「河圖」「洛書」的新揣測》,《周易研究》2006 年第 6 期。

99. 吳泓:《「神道設教」的文字意義及其演繹》,《中山大學學報論叢》2006 年,第 26 卷第 8 期。

100. 申禮成等:《磁山——農曆最早發源地》,《中國文物報》2006 年 9 月 22 日,第 4 版。

101. 葛英會:《中國數字的產生與文字的起源》,《古代文明》第 6 卷,2007 年。

102. 羅運兵:《漢水中游地區史前豬骨隨葬現象及相關問題》,《江漢考古》2008 年第 1 期。

103. 朱乃誠:《紅山文化獸面玦形玉飾研究》,《考古學報》2008 年第 1 期。

104. 何如樸等：《甘肅史前建築和大地灣文化遺存》，《建築與文化》2008 年第 2 期。

105. 陳葦：《武都大李家坪遺址分期及相關問題再探》，《四川文物》2008 年第 4 期。

106. 羅運兵：《試論我國早期家豬飼養的方式與規模》，《農業考古》2008 年第 4 期。

107. 李定文：《「神道設教」諸說考辨》，《福建論壇》（人文社會科學版）2008 年第 7 期。

108. 楊西民：《甲骨文首現文王之父季歷》，《寶雞日報》2009 年 3 月 26 日，第 2 版。

109. 鮑夢賢、冒蔚等：《「紀日」芻議》，《廣西民族大學學報》（自然科學版）2009 年 S2 期。

110. 蔣曉春：《「灰坑」的概念及田野工作方法再探》，《江漢考古》2009 年第 3 期。

111. 蘇海洋：《論大地灣一期文化與中國農業起源的關係》，《西北農林科技大學學報》（社會科學版）2009 年第 6 期。

112. 楊燕：《〈觀〉卦的祭祀內涵與儒家哲學的關係》，《周易研究》2010 年第 1 期。

113. 郭靜雲：《史前信仰中神龍形象來源芻議》，《中原文物》2010 年第 3 期。

114. 程曉鐘：《大地灣居住遺址的復原推測及初步研究》，《考古與文物》2010 年第 3 期。

115. 馬嚴峰、方愛蘭：《大地灣出土彩陶鼓辨析》，《民族音樂》2010 年第 5 期。

116. 徐旺生：《中國新石器時代北方的養豬業》，《豬業科學》2010 年第 5 期。

117. 紫玉：《世界上最古老的陶器——繩紋陶器》，《收藏界》2010 年第 9 期。

118. 陳東菊等：《甘肅大地灣遺址距今 6 萬年來的考古記錄與旱作農業起源》，《科學通報》2010 年第 10 期。

119. 李鋒、陳福友、高星、劉德成等：《甘肅省水洛河、清水河流域 2009 年舊石器考古調查》，《人類學學報》2011 年第 2 期。

120. 張良仁：《農業和文明起源》，《考古》2011 年第 5 期。

121. 金岷彬，陳明遠：《沒有陶器技術就沒有青銅器時代》，《社會科學論壇》2012 年第 2 期。

122. 吳小紅、張弛、Paul Goldberg 等：《江西仙人洞遺址兩萬年前陶器的年代研究》，《南方文物》2012 年第 3 期。

123. 陳明輝：《「灰坑」詞源考》，《中國文物報》2012 年 5 月 25 日，第 6 版。

124. 祁繼慶，馬小慶：《彩陶起源的仿生學分析》，《絲綢之路》2013 年第 18 期。

125. 陳淳：《聚落考古與城市起源研究》，《杭州師範大學學報》（社會科學版）2014 年第 1 期。

126. 張遠山：《陶器之道，開天闢地——上古四千年伏羲族曆法史》（上），《社會科學論壇》2014 年第 3 期。

127. 俞水生：《古代盥洗禮儀漫談》，《尋根》2014 年第 4 期。

128. 劉彬：《中華史表：6477 年「日誌」》，《光明日報》2014 年 7 月 16 日，第 5 版。

129. 趙藝蓬：《臨潼零口遺址新石器時代「圓陶片」的功用淺析》，《西安文理學院學報》（社會科學版）2014 年第 4 期。

130. 吳小鋒：《天人古今：司馬談的學問結構》，《南海學刊》2015 年第 1 期。

131. 許永傑：《再審半坡文化和廟底溝文化的年代關係——以疊壓打破和共存關係爲視角》，《考古》2015 年第 3 期。

132. 張睿祥，歐秀花等：《7.8～4.8 ka BP 秦安大地灣遺址房屋遺存相關問題研究》，《天水師範學院學報》2015 年第 5 期。